크리스천 청년을 위한 배우자 선택법
살아 꿈틀대는 '성경적 남녀관계 지침서'

너는 내 갈비뼈

| 최대복 지음 |

생명의말씀사

너는 내 갈비뼈

ⓒ **생명의말씀사** 2008

2008년 10월 20일 1판 1쇄 발행
2012년 4월 25일   16쇄 발행

펴 낸 이	김창영
펴 낸 곳	생명의말씀사
등 록	1962. 1. 10. No.300-1962-1
주 소	110-101 서울 종로구 송월동 32-43
전 화	(02)738-6555(본사), (02)3159-7979(영업부)
팩 스	(02)739-3824(본사), 080-022-8585(영업부)
지 은 이	최대복
기획편집	김정옥, 윤나영
디 자 인	박소정
일러스트	박윤희
인 쇄	영진문원
제 본	정문바인텍

ISBN 978-89-04-14114-2(03230)

저작권자의 허락없이 이 책의 일부 또는 전체를
무단 복제, 전재, 발췌하면 저작권법에 의해 처벌을 받습니다.

너는 내 갈비뼈

크리스천 청년을 위한 배우자 선택법

| 추천의 글 |

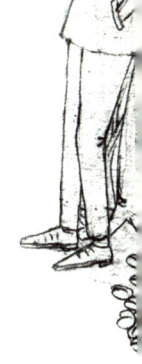

'Sweet Home'을 꿈꾸며…

삼일교회는 '젊은 교회'다. 1만여 명의 미혼의 청년들이 있기 때문이다. 젊은이들이 전 교인의 80% 이상을 차지한다. 이들의 최고 관심사는 단연 '연애와 결혼'이다. 헌금봉투에 적힌 기도제목의 대부분도 '배우자와의 만남과 결혼'이다. 특별새벽기도회 때마다 '배우자를 위한 안수기도'를 해주는데 청년들이 인산인해를 이룬다. 이런 노력과 기도 덕분인지 1년 동안 삼일교회에서 결혼하는 커플만 해도 250쌍이 넘는다. 기네스북에 기록될 경이적인 기록이다.

이렇게 청년들이 많다 보니 가장 빈번히 발생하는 문제도 '남녀문제'다. 어떤 교회에서는 교회 내에서의 이성교제를 아예 금지한다고 한다. 어떤 선교단체에서는 남녀가 따로 앉아서 예배드린다고 한다. 머리 아프니 원천적으로 봉쇄하자는 것이다. 하지만 "재채기와 사랑은 감추지 못한다."고 했다. 남녀문제가 막는다고 해결이 되던가? 반대하고 막을수록 더욱 더 흥왕(?)하는 것이 남녀문제다.

인생에서 가장 중요한 것 중의 하나가 '배우자와의 만남'이라면 오히려 교회가 나서서 '성경적인 배우자 선택의 원리와 방법'을 청년들에게 가르쳐 주는 것이 마땅하지 않겠는가? 그래서 이전에 삼일교회에서는 몇 주에 걸쳐 주일 저녁예배 때 '매력녀'라는 주제로 설교를 했고, 최근에는 '사랑 심리'를 주제로 메시지를 전하고 있다.

하나님은 우리에게 '이성에게 끌리는 마음, 성적 욕구, 가정에 대한 그리움'을 주셨다. 우리는 이제 이러한 욕구들을 억제할 것이 아니라 하나님이 원하시는 정당한 방법으로 채우는 법을 배워야 할 것이다.

'가정과 결혼'이라는 제도는 하나님께서 직접 만드신 것이다. 하나님이 최초의 주례자, 중매쟁이시다. 그리고 가정은 가장 작은 조직이면서도 가장 핵심적이고 중요한 조직이다. 가정이 모여서 사회가 되고, 교회가 되고, 민족이 되기 때문이다. 마귀는 가정이라는 '킹핀King Pin'만 무너뜨리면 모든 것이 다 무너진다는 것을 알기 때문에 가정을 파괴시키기 위해 발악을 하고 있다. 지금 우리나라의 이혼율이 절반에 가깝다고 한다. 교회라고 별반 다르지 않다. 교회 성도들의 가정 중에서도 깨어진 가정이 상당수가 되는 것을 보게 된다.

주위에서 교회 중직자들의 자녀들이 불신자와 결혼하는 경우를 간혹 보게 된다. 이것은 많은 부분 영적 지도자들의 잘못이다. 같은 영적 지도자로서 책임을 통감한다. 만약 영적 지도자들이 믿음의 교제와 가정이 얼마나 중요한 것인지, 불신 만남과 결혼이 얼마나 위험한 것인지, 말씀으로 교회 청년들에게 계속 상기시켜 주었다면 그런 일은 사전에 예방할 수 있었을 것이다. 청년들은 눈에 보이는 대로 따라가기 쉽다. 그래서 말씀의 끈으로 단단히 묶어두지 않으면 누구라도 불신 만남과 불신 결혼을 할 수 있는 여지가 있다.

이러한 흉흉한 때에 최대복 목사님의 이번 저서 『너는 내 갈비뼈』는 믿음의 배우자를 위해 기도하고 있거나 결혼을 앞둔 청년들에게 시원한 생수와 같은 역할을 할 것이라고 확신한다.

그는 27살 때 삼일교회에 와서 거의 13년이라는 세월을 청년들과 함께 동고동락했다. 그래서 누구보다도 청년들의 이성에 대한 가슴앓이를 잘 이해하고 있다. 그는 경건한 목회자 가정에서 어릴 때부터 말씀으로 잘 양육받았다. 그래서 그의 필체에는 특유의 유쾌함과 함께 말씀의 날카로운 칼날이 숨어 있는 듯하다. 그의 글은 독자들의 눈을 확 열어 주고, 가슴을 시원케 하는 매력이 있다.

부디 이 책을 통해서 많은 젊은이들이 배우자와 가정에 대한 명확한 성경적인 가치관을 확립하여 더 이상 잘못된 만남, 잘못된 선택을 하게 되지 않기를 바란다. 그리고 그들이 이삭과 리브가와 같은 하나님이 예비하신 믿음 있고 건강한 짝을 만나서 '스위트 홈'을 이루게 되기를 간절히 소망한다.

삼일교회 전병욱 목사

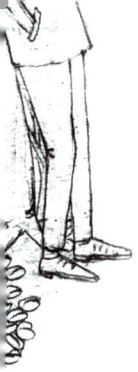

| 프롤로그 | p r o l o g u e

　삼일교회 청년들과 이성교제 상담을 해보면 남녀 사이에서 발생할 수 있는 모든 상황이 다 연출되는 것을 발견할 수 있다. 이것들을 모아서 기록한다면 이 세상이라도 그 기록된 책을 두기에 부족할 것이다.
　나 또한 미혼시절 배우자를 만나고 결혼하기 위해 무던히도 애썼고 많은 시행착오를 거쳤다. 맞선도 전국각지를 돌며 수십 번은 본 것 같다. 지금에 와서야 후회되는 것이 있다면 "왜 내가 진작 이미 결혼한 믿음의 선배들을 더 많이 찾아가서 조언을 듣지 못했던가? 왜 더 일찍 만남과 결혼을 놓고 기도하지 못했던가? 왜 이성교제와 결혼에 관한 성경적 지침이 담긴 책들을 독파하지 못했던가?" 하는 것이다.
　주위의 미혼 청년들을 둘러보면 이성교제, 결혼에 대한 명확한 성경적 가치관도 없이, 기도의 준비도 없이, 믿음의 선배들의 조언도 받지 아니한 채 인생의 가장 중요한 대사大事를 홀로 결정하는 우를 범하는 경우가 많다. 그러한 모습들을 안타까워하는 맘으로 펜을 들게 되었다. 특별히 하나님 나라와 교회를 위해 오랜 시간 헌신하면서도 아직 믿음의 짝을 만나지 못한 나이 찬 청년들에게 이 책을 바치고 싶다.

내가 이 책을 쓴다고 하니 아내가 옆에서 이렇게 쏘아 붙인다.

"연애도 한번 제대로 못해 본 사람이 어떻게 그런 책을 쓴다고 그러세요?"

맞는 말이다. 나도 이 책을 써 내려가는 나의 모습이 우스울 따름이다. 그럼에도 불구하고 이성교제와 결혼에 대한 나의 짧은 지식과 경험을 총동원하여 크리스천 청년들의 길잡이가 되고 싶어서 이렇게 부끄러움을 무릅쓰고 펜을 들었다.

부디 하나님께서 이 책을 읽는 모든 크리스천 청년들에게 '배우자를 순적하게 만나는 은혜'를 베풀어주시기를 기도한다. 아울러 배우자와 결혼에 관한 성경적 지침에 잘 순종하여 하나님의 아들들이 세상 딸들의 아름다움을 좇아가는 우를 범하지 않기를 바란다.

이 자리를 빌어서 감사할 분들이 참 많이 있다. 먼저, 이 원고를 채택하여 출판하여 주신 생명의말씀사와 직원들의 수고에 감사드리며, 또한 나의 부족한 원고를 잘 다듬어 주고 책 제목을 정하는데 결정적인 역할을 해 준 나의 사랑스런 동역자 김진선 간사와 멋진 프로필 사진을 찍어 준 이 시대 최고의 신랑감 오훈열 간사와 나의 충성스런 18명의 2진 간사들에게 이 책을 바친다. 특별히 나의 평생의 스승 되시는 전병욱 목사님께 깊은 감사를 드리고 싶다.

주여! 돌아오는 봄에는 사랑하게 하소서!
주여! 돌아오는 가을에는 결혼하게 하소서!

최대복 목사

4 추천의 글
8 프롤로그

제 1 막 **연애,**
그 벅찬 설레임

1. 삼일 청년들이 추천하는 일등 배우자

019 잘 웃기만 해도 남자들이 몰린다
023 선교 3관왕을 잡아라
025 자취 10년, 현숙한 여인을 만든다
028 킹카, 퀸카는 새벽에 몰린다
033 팀 활동에 적극적인 사람이 연애도 적극적이다
036 강추! 예배 잘 드리는 사람
040 뭐든지 꾸준한 사람은 믿어도 좋다
044 열정적인 남자에게 끌린다
047 예수 잘 믿는 사람을 만나야 하는 이유
051 책임감으로 똘똘 뭉친 남자

2. 연애의 기술

055 베일에 가려진 여자가 매력적이다
058 첫 만남은 편안하게
061 무심코 흘린 한마디도 놓치지 않는 센스!
065 결혼의 기술 _ 결혼한 선배 5명에게 들으라
068 꽉꽉 티 내는 사랑, 오래가기 힘들다
071 헤어졌다면 함구하라
074 공통분모를 찾으면 쉽게 친해진다
079 찬란한 미래의 청사진을 보여주라
082 일대일 만남의 위험 Vs. 함께 어울림의 유익
085 집착하면 도망가느니라
088 남자의 눈물, 그리고 진실
091 연애 성공, 기도에 달렸다
093 첫사랑은 왜 아픔으로 끝날까?
096 과거는 묻지 마세요
099 첫인상의 위력

3. 싱글 탈출

103   명절에 고향에 못 내려가는 이유
105   30번 선 본 남자
107   기도하면 안 되는 게 어디 있겠니?
110   생각나는 대로 마구 기도하라
112   내 짝, 뼈에 사무쳐야 만날 수 있다
115   연상녀 & 연하남
118   못생긴 여자가 더 사랑받는 이유
120   절반을 포기하면 쉽게 만난다
123   은혜가 임하면 속전속결!
125   묵상과 대시(Meditation & Dash)
129   "늦었어요!"라고 말하지 마라
131   준비된 사람이 준비된 사람을 만난다
134   내 님은 가까이에!
137   외모에 별 다섯 개
141   성격이 좋으면 얼굴도 예뻐 보인다
145   내 짝은 내가 고른다
148   자주 봐야 정든다
153   집중의 원리
155   고백의 법칙
159   돕는 배필의 법칙

4. 이런 남자, 이런 여자는 No!

163 꽃뱀주의보 발령
166 눈이 높은 것도 죄다
170 어린 여성만을 고집하는 남자
172 소극적인 이성은 사절
174 모임의 지각생은 인생의 지각생
177 내 아들아! 이런 여자 만나지 마라
   혈기 충만한 여자
   수다쟁이 여자
   사치스러운 여자
   머릿속이 복잡한 여자
187 내 딸아! 이런 남자 만나지 마라
   불성실한 남자
   부정직한 남자
   중독에 빠진 남자
   폭력적인 남자
   믿음 없는 남자

제 2 막

결혼,
그 황홀한 연합

5. 배우자 체크 리스트

- 199 하나님과 사랑에 빠져 있는가?
- 201 나를 웃길 수 있는가?
- 204 어떤 물에서 놀았는가?
- 206 남산 등반을 같이 해보라
- 209 다이어트에 성공한 경험이 있는가?
- 211 나는 전투적으로 밥 먹는 사람이 좋다
- 213 시간의 테스트를 받았는가?
- 215 서로 Up되는 만남인가?
- 217 상대를 향한 내 사랑을 확신하는가?
- 219 주위의 축복을 받고 있는가?
- 222 약점도 아름다운가?
- 223 비전이 같으면 더 강력해진다
- 225 하나님 말씀에 뿌리 내린 만남인가?
- 228 신앙의 색깔도 중요하다
- 230 존경할 만한 구석이 있는가?

6. 결혼은 장난이 아니야!

233 돌이킬 수 없는 아픔, 불신 결혼
237 눈에 보이는 대로 따라가면 망한다
239 여성들이여, 선녀로 남아 있으라
241 외모 유통기한, 1년
244 성격, 기성품이다
246 서두르면 망친다
249 지금 가정에서의 모습이 결혼 후의 모습이다
251 많이 싸운 커플이 잘산다
253 기도의 리더십을 회복하라

7. 짧은 선택, 긴 만남 결혼, 이래서 중요하다!

257 하나님의 작품이기 때문이다
264 사명의 전초기지이기 때문이다
268 천국의 모형이기 때문이다
273 하나님 사랑의 체험장이기 때문이다
276 민족과 교회의 근간(根幹)이 되기 때문이다
279 경건한 자손의 모판이 되기 때문이다
282 배우자와 함께할 시간의 길이 때문이다

285 에필로그

1. 삼일 청년들이 추천하는 일등 배우자
2. 연애의 기술
3. 싱글 탈출
4. 이런 남자, 이런 여자는 No!

제 1 막

연애,
그 벅찬 설레임

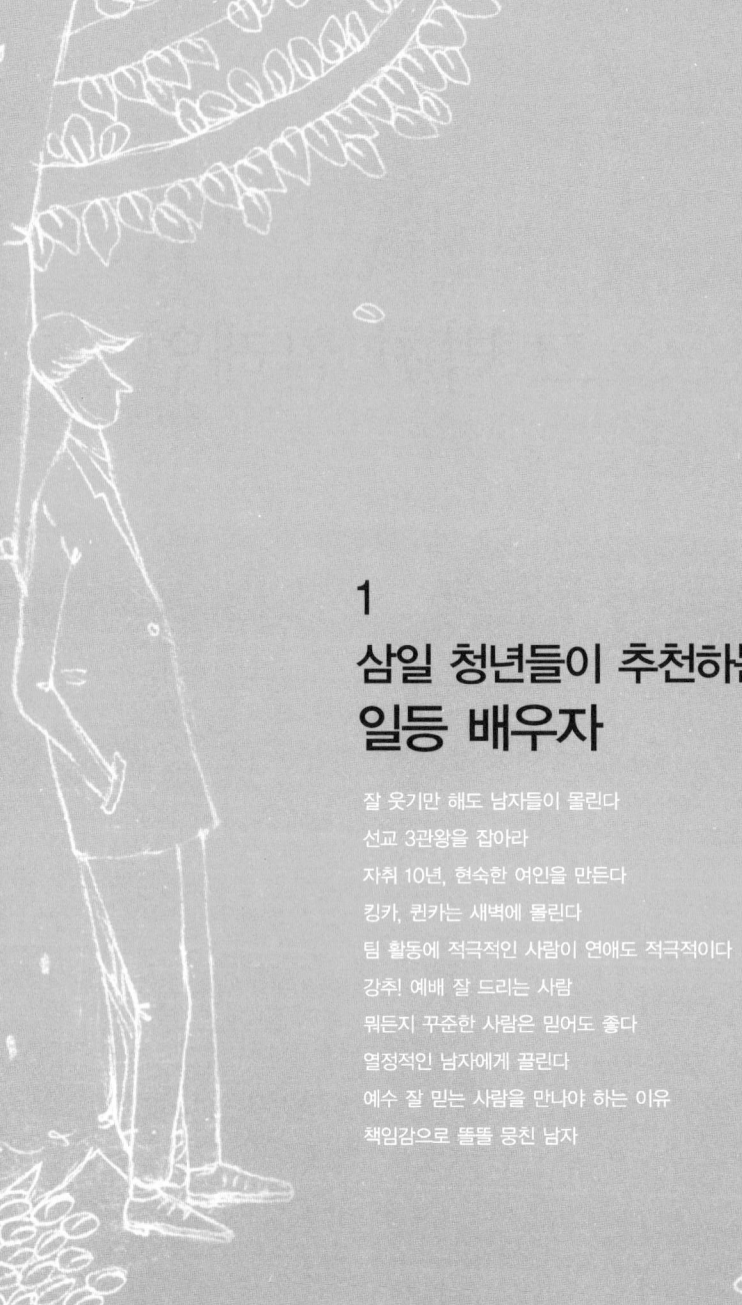

1
삼일 청년들이 추천하는
일등 배우자

잘 웃기만 해도 남자들이 몰린다
선교 3관왕을 잡아라
자취 10년, 현숙한 여인을 만든다
킹카, 퀸카는 새벽에 몰린다
팀 활동에 적극적인 사람이 연애도 적극적이다
강추! 예배 잘 드리는 사람
뭐든지 꾸준한 사람은 믿어도 좋다
열정적인 남자에게 끌린다
예수 잘 믿는 사람을 만나야 하는 이유
책임감으로 똘똘 뭉친 남자

잘 웃기만 해도 남자들이 몰린다

예수 믿는 사람들의 현저한 특징이 있다면 바로 '생기발랄'한 모습이다. 왜일까? 우리 안에는 하나님의 생기가 있기 때문이다.

한가인같이 쌍꺼풀이 있는 커다란 눈, 구혜선같이 뽀얀 피부, 전지현같이 쭉쭉빵빵 몸매가 아니어도 좋다. 입 꼬리가 올라가고 눈이 안 보일 정도로 활짝 웃어보라. 형제들이 정신을 잃게 될 것이다. 어디를 가든지 생기가 넘치는 사람은 매력을 발산한다는 것을 잊지 마라. 그러므로 인기 있는 사람이 되고 싶다면 외모가 좀 처지더라도 밝게 웃고 자신감과 생기로 충만한 사람이 되어라. 얼굴의 원판은 변화시킬 수 없어도 표정은 얼마든지 밝고 환하게 변화시킬 수 있다.

주위 여성들을 한번 떠올려 보라. 얼굴은 예쁘지만 표정이 마귀 사촌 같은 사람과, 얼굴과 몸매는 기도가 필요하지만 자신감과 생기가 넘치는 사람 중에 누가 더 매력적인가? 당연히 후자일 것이다. 선교 현장에서도 마찬가지이다. 머리 감고 화장하는 데만 신경 쓰다가 예배에 지각하는 자매와, 화장 안하고 머리 안 감아도 예배시간에 생기 넘치는 자매 중 누가 더 매력적인가? (전자라고 생각하는 사람은 이 책을 여기서 덮어 주길 바란다.)

이처럼 생기 넘치는 모습은 하나님께 가까이 나아가 은혜 받은 사람에게 생긴다. 생명의 원천이신 하나님과 교제하면 당연히 생기 충만한 사람이 되지 않겠는가? 크리스천이라면 이런 생명감에서 오는 생기와 매력을 마음껏 발산해야 할 것이다.

지금까지 경험을 볼 때, 남자들에게 가장 인기 있는 여성이 어떤 여성인 줄 아는가? 남자의 말 한마디, 행동 하나에 "그래요. 맞아요. 옳아요."라고 맞장구 쳐주고, 큰소리로 웃어 주는 여성이 남자들의 마음을 사로잡는다. 반대로 "다 아는 얘기잖아요. 뭐 재미있는 얘기 없어요?"라고 시큰둥하게 반응하면 남자는 그녀 앞에서 다시는 입을 열지 않을지도 모른다. "1분 말하고, 2분 듣고, 3분 맞장구 쳐주면 그 데이트는 성공"이라는 말도 있다. 어쨌든 여자가 남자 편에 서서 맞장구를 쳐준다면 그 남자는 일이 있을 때마다 그 여성을 찾아와 위로를 받거나 상담을 청하게 될 것이다.

여성들이여, 이제부터 남자와 얘기할 때 맞장구부터 쳐주자.

"그래, 맞아. 듣고 보니 그런걸? 넌 정말 대단해. 어떻게 그런 생각을 할 수 있니? 내가 힘이 될 수 있다면 도와줄게. 네가 옳아."

이런 식으로 맞장구만 잘 쳐줘도 당신은 최고의 인기를 누리게 될 것이다.

혹시 당신 주위에 이런 여성이 있는가?

"저 여자는 내가 보기에는 별로인데 왜 남자들이 따라다니는 걸까?"

그녀를 유심히 관찰하고 지켜보라. 남자들에게 인기 있는 여자 중에 꾸어다 놓은 보릿자루같이 무뚝뚝하고 무표정한 얼굴로 앉아 있는 사람은 거의 없다. 그들은 한결같이 남자들의 말에 맞장구 쳐주고, 큰소리로 잘 웃어 준다는 사실을 발견하게 될 것이다.

솔직히 나도 아내의 천진난만한 웃음소리에 반해 교제를 시작했고, 지금도 그 청량제 같은 웃음소리를 들으면서 하루를 시작할 힘을 얻는다(팔불출이라고 해도 괜찮다). 아내는 지금도 처녀 시절 주위에 항상 남자들이 들끓었다고 교만한(?) 말을 내뱉는다. 뭐 자신의 웃음소리에 넘어가지 않는 남자가 없었다나?

웃음에는 힘든 삶의 피로를 풀어 주는 어떤 힘이 있는 것 같다. "웃는 얼굴에 침 못 뱉는다."고 하지 않던가? 여자의 애교 섞인 웃음 앞에서 무너지는 것이 남심男心이다. 웃으면 복도 오지만, 멋진 남자도 따라온다는 것을 기억하라.

오래전 일이다. O자매는 누가 봐도 특출난 것 없는 평범한 자매였다. 그런데 그녀에게는 형제를 녹이는 강력한 무기가 하나 있었으니, 바로 '자지러지는 웃음'이었다. 그녀는 누가 옆에서 조금만 재미있는 얘기를 해도 "까르르" 크게 웃었다. 왜 그렇게 큰소리로 웃느냐고 물으면 자매 왈, "예수 믿는 것이 즐겁고 행복해서 그냥 웃는다."는 것이다. 그녀가 어떻게 되었겠는가? 두 말하면 잔소리다. 교회에서 최고의 킹카로 불리던 L형제와 행복한 가정을 이루고 잘살고 있다. 지금도 가끔씩 사는 게 힘들게 느껴질 때면 피로회복제 같은 그녀의 웃음소리가 그립다.

많은 여자들이 이런 착각에 빠져 있다.

"나는 예쁘고 능력도 있는데 왜 주위에 괜찮은 남자가 없는 걸까? 내가 부족한 것이 도대체 뭐가 있길래!"

나는 그녀에게 이런 질문을 던지고 싶다.

"사람들에게 얼마나 많은 웃음을 선물해 주었는가? 얼마나 사람들이 하는 말에 잘 반응했는가? 혹시 요조숙녀처럼 무표정한 얼굴로 앉아 있기만 하지는 않았는가?"

남자들은 자기보다 더 유능하면서 잘 웃지 않는 여성을 오히려 부담스러워하고 심지어 무서워한다. 그런 여성은 동경의 대상이 아니라 공포의 대상이 될지도 모른다. 남자의 굳게 닫힌 마음을 무너뜨리는 가장 강력한 무기는 여자들의 생기발랄한 모습, 밝고 환한 웃음임을 기억하라.

여성들이여!

지금 당장 목젖이 보일 정도로 크게 한번 웃어보라. 남자의 말에 맞장구도 쳐보라. 조만간에 그대는 멋진 남자들에게 포위당하게 될 것이다.

선교 3관왕을 잡아라

삼일교회는 매년 10번 이상의 국내외 단기선교를 떠난다. 1년 내내 선교하는 교회라고 해도 과언이 아니다. 하지만 그렇게 기회가 많아도 막상 선교 현장에 가려고 하면 다들 왜 그리 바쁜지 동참하기가 쉽지 않다. 초창기 때만 해도 전 교인의 70-80% 이상이 동참했는데 지금은 그렇게 많이는 가지 못하는 것 같다.

하기야 직장인들이 선교 때문에 금쪽 같은 휴가를 포기한다는 것이 쉽지만은 않을 것이다. 학생들도 바쁘기는 매한가지다. 아르바이트다, 어학연수다, 학원이다, 계절학기다 해서 직장인들보다 더 바쁜 게 요즘 학생들이다. 그렇다고 백수라고 해서 시간이 남아 돈다고 생각하면 오산이다. 본래 노는 사람들이 더 바쁘고 피곤한 법이다. 만날 사람, 부르는 곳, 놀러갈 데가 너무 많아 쉴 시간도 없다. 거기다가 가족들의 눈치 보느라 정신적인 고통까지 당한다.

이처럼 바쁜 와중에 선교 3관왕 자리에 올랐다는 것은 대단한 헌신이 아닐 수 없다. 여기서 '선교 3관왕'이란 한 분기에 3번 연속 선교에 동참하는 사람을 일컫는 말이다. 삼일교회에서도 보기 드문 일이다.

Y형제는 겨울 분기에 '장흥, 일본, 대만' 세 선교에 다 동참했다. 그는 자타가 공인할 정도로 바쁜 사람이다. 그렇다고 물질이 풍부한 것도 아니다. 내가 "요즘은 좀 한가한가 보죠?"라고 물었더니, 그 형제 왈, "더 바빠지면 선교에 많이 못 갈 수 있으니 이 정도 바쁠 때 갈 수 있는 선교는 다 가려고요."란다. 그 생각이 얼마나 기특하고 대견한가? 그 형제 외모는 비록 중국집 주방장 보조처럼 생겼지만 이런 헌신과 열정에 반한 미모의 자매를 만나 알콩달콩 잘살고 있다(그 자매 참 사람 볼 줄 아는 눈이 있다).

삼일교회 선교를 가 본 사람은 알겠지만 보통 힘든 일이 아니다. 장시간 차를 타고 이동해서, 돗자리 한 장 깔고 맨 바닥에서 자야 하고, 일주일 동안 머리 한번 못 감을 때도 있다. 또 기후와 풍토가 맞지 않아 고생하기도 하고, 전도하다 어려움과 수모를 겪기도 다반사다. 이런 여러 가지 어려움들을 기쁨으로 잘 감당할 수 있는 사람이라면 앞으로 어떤 고난이 닥쳐와도 잘 헤쳐나갈 수 있는 최고의 배우자감이라고 할 수 있다.

결혼하면 '헌신'이 절대적으로 필요하다. 아이 낳아 키우며 살림하는 것만 해도 벅찬데, 각종 대소사까지 혼자일 때와는 너무나 다르다. 그런데 이러한 헌신과 희생은 하루아침에 생기지 않는다. 결혼 전에 그런 모습이 없다면 결혼 후에도 마찬가지다. 하루아침에 베짱이가 개미로 변화될 수 있겠는가? 결혼 전에 섬긴 경험이 없는 사람은 결혼해서도 손에 물 한 방울 안 묻힐 가능성이 농후하다. 그래서 최고의 배우자감은 선교와 같은 섬김의 현장에서 찾는 것이 좋다.

선교 3관왕은 올림픽 3관왕만큼이나 값지고 귀하다. 이런 귀한 사람을 놓친다는 것은 큰 손실이 아닐 수 없다.

자취 10년, 현숙한 여인을 만든다

　나는 중학생 때부터 시내에서 누나 둘과 자취를 했다. 당시만 해도 시골집에서 시내로 나가는 버스가 하루에 네다섯 번밖에 없어서 부득이하게 자취를 해야만 했다. 한번도 부모님 곁을 떠나본 적이 없는 나로서는 객지에서의 자취생활이 낯설고 외롭고 힘들었다. 처음에는 하늘의 별을 보고 눈물도 많이 흘렸고, 어머니가 보고 싶어 자전거를 타고 한밤중에 집으로 달려간 적도 있었다. 가장 힘들었던 것은 학교에서 돌아와도 반겨 줄 사람이 없다는 것이었다. 학교 갔다 오면 반겨 주고 안아주던 어머니가 얼마나 그리웠는지 모른다.

　내 사촌 조카는 난생 처음 부모 곁을 떠나 대학 기숙사에 입사하게 되었는데, 입사 첫날 엄마가 보고 싶다고 야간 탈출을 감행하기도 했다. 그만큼 어린 나이에 객지생활을 하는 것은 외롭고 힘들다.

　삼일교회 청년들의 절반 정도는 지방에서 서울로 올라온 유학생들(?)이다. 그래서 자취하는 청년들이 많다. 객지생활은 누구나 힘들겠지만, 특히 여자들의 어려움이 크다. 남자들보다 더 여러 가지 위험에 노출되어 있기 때문이다. 그러다 보니 신앙생활에도 장애가 많다. 새벽예배에 나오는 것도 그렇고, 철야예배 마치고 귀가하는 문제도 그렇다. 자매가 이런 어려운 환경 속에서 10년 정도 지냈다는 것은 여러 가지 의미를 내포하고 있다. 외로움과 슬픔을 꿋꿋이 견뎌냈다는 증거요, 부지런하고 생활력이 강하다는 증거다. 나도 대학다닐 때 혼자 자취해 본 경험이 있어서 어려움을 잘 알고 있다. 공부하기도 힘들었을 텐데 혼자서 집안일까지 다하고 믿음까지 잘 지켜냈으니 잠언서에 나오는 현숙한 여인의 조건은 다 갖춘 자매라고 할 수 있다.

잠언 31장에 나오는 하나님께서 추천하시는 '현숙한 여인'의 모습은 어떠한가? 핏기 없는 하얀 얼굴, 부러질 듯한 가느다란 몸매, 남자들을 혼미케 하는 섹시한 눈빛인가? 아니다. 현숙한 여인의 가장 큰 특징 중 하나는 아침 일찍 일어나는 부지런함이다. "그는 양털과 삼을 구하여 부지런히 손으로 일하며……밤이 새기 전에 일어나서 그 집 사람에게 식물을 나눠 주며 여종에게 일을 정하여 맡기며" 잠 31:13, 15.

P자매는 서울에서 자취한 지 거의 10년이 다 되어 간다. 대학 때문에 혈혈단신 서울에 올라와 산전수전 다 겪었다. 몇 년 전부터는 동생들까지 합세해서 돌봐주고 있다. 그 자매 팀과 한번은 MT를 같이 갔다. 가서 보니 자매의 요리 솜씨는 거의 일급 요리사 경지에 올라 있었다. 반면 집에서 손에 물 안 묻히고 곱게 자란 J자매는 할 줄 아는 게 거의 없었다 (사과를 깎으라고 했더니 깍두기를 만들어 놨다). 종가집 맏며느리처럼 현란한 요리 솜씨를 뽐내는 P자매는 단연 돋보였다. 그 뿐만이 아니다. P자매는 교회에서 한 팀의 간사를 맡고 있는데, 양들을 돌보는 모습이 마치 열두 자녀를 둔 어머니처럼 그렇게 헌신적이고 섬세할 수가 없다. 팀원들도

어렵고 힘들 때면 자매를 찾아와 안식을 누린다.

나는 결혼 전에 의문점이 하나 있었다. 미혼자들이 배우자를 고르는 기준과 기혼자들이 추천하는 배우자감이 왜 그렇게 다를까 하는 것이었다. 미혼자들은 주로 무엇을 보는가? 상대방의 외적 조건들을 많이 본다. 남자들은 여자의 미모를 주로 보고, 여자들은 남자의 능력을 주로 본다. 거의 예외가 없다. 그런데 기혼자들은 그런 외적 조건보다는 남자들의 믿음과 성실함을 보고, 여자들의 후덕함과 강인한 팔을 본다. (나 역시 결혼하고 나서야 그 이유를 알았다.)

사실 남자들의 겉멋과 여자들의 미모는 한순간이다. 껍데기는 그야말로 한 꺼풀이다. 결혼생활에서 필요한 것은 그런 외적 조건보다는 상대방에 대한 배려와 사랑, 성실함과 후덕함이다. 그런 것이 있다면 물질적으로 어렵고 장애물이 있어도 능히 인생의 험한 바다를 함께 헤쳐나갈 수 있다.

남성들이여! 좀 촌스럽고 투박하고 빼어난 미모는 없어도 홀로 서기 10년을 통해 강력한 내공을 쌓은 여자를 만나길 바란다. 그런 자의 남편은 산업이 번창할 것이며잠 31:11, 남편에게 바가지 긁지 않을 것이며12절, IMF가 터져도 두려워하지 않을 것이고21절, 남편은 그 여자 때문에 유명 인사가 될 것이며23절, 주위 사람들로부터 "자네, 참 결혼 잘했네."라는 칭찬을 받게 될 것이다31절. 이러한 복을 평생 누리기를 원한다면 자취 생활 10년을 멋지게 해낸 여성을 적극 추천한다.

킹카, 퀸카는 새벽에 몰린다

나는 아침마다 탁구를 친다. 다른 경기도 마찬가지겠지만, 탁구 경기에서는 선취점이 중요하다. 그래서 탁구를 치게 되면 누구나 첫 점수, 첫 세트를 따기 위해 안간힘을 쓴다. 일종의 기선 제압이다.

마찬가지로 삶에 있어서도 하루의 첫 시간을 어떻게 보내느냐 하는 것이 가장 중요하다. 매일 출근 시간에 쫓겨 허둥대는 사람과 새벽기도로 여유 있게 시작하는 사람의 인생이 어찌 같을 수 있겠는가?

이런 명언이 있다.

새벽의 승리가 하루의 승리로 이어지고, 하루의 승리가 평생의 승리로 이어진다.

그래서 영적 세계를 알고 하나님을 위해 큰일을 계획하고 있는 사람은 결코 '새벽 침대'가 될 수 없다. 새벽예배를 시작한 사람들은 한결같이 "하루가 왜 이리 깁니까?"라고 한다. 아침 7시, 8시에 일어나다 새벽 4시에 한번 일어나 보라. 하루가 천년같이 길다. 그 남는 시간에 어떤 일이든 시도하고 집중해 보라. 1년만 지나면 새벽에 잠자고 있는 사람보다 월등히 앞서가는 인생이 될 것이다.

그런 의미에서 하나님 나라의 킹카, 퀸카는 모두 '새벽형 인간'이라고 감히 말할 수 있다. 새벽을 지속적으로 깨울 수 있다는 것은 자신과의 싸움에서 이겼다는 증거다. 그는 대단한 자기 절제력과 인내심을 가진 자임에 틀림 없다. 나도 삼일교회에서 10년 이상 새벽기도를 해왔지만 아직도 새벽에 일어나는 것이 쉽지만은 않다. 잠언 22장 29절을 보면 "네가 자기 사업에 근실한 사람을 보았느냐 이러한 사람은 왕 앞에 설 것이요 천한 자 앞에 서지 아니하리라"고 했다. 부지런하고 근면 성실한 사람은 존귀한 자가 될 것이라는 말씀이다.

인생에서 배우자 선택만큼 중요한 일도 없다. 따라서 절대 영적으로 침체되었을 때나 심령이 혼미할 때나 미움과 시기로 마음이 흐려졌을 때 결정해서는 안 된다. 그때 배우자를 고르면 이세벨을 만날 확률이 다분하다. 바로같이 강퍅한 사람과 평생 살아야 될지도 모르는 일이다.

배우자는 성령 충만할 때, 기도의 초점이 모아졌을 때, 마음속에 은혜와 사랑이 넘칠 때 골라야 한다. 그래야 에스더의 미모와 다윗의 영성과 모세의 지도력을 겸비한 사람을 만날 수 있다. 그때가 언제인가? 모두가 잠든 가장 신선하고 고요한 시간, 새벽이다. 그러므로 새벽에 기도하며 배우자를 골라야 할 뿐 아니라, 배우자 역시 새벽을 깨우는 사람을 선택해야 할 것이다. 새벽에 기도하는 자는 더 볼 것도 없이 멋진 배우자감이다. 청년들은 이렇게 기도해야 한다.

"평생 새벽에 같이 기도할 수 있는 배우자를 주옵소서."

결혼서약에 평생 새벽을 깨우겠다는 다짐을 넣는 것도 좋을 것이다.

왜 사람이 시험에 빠지고 무기력해지는가? 잠이 많고 게으르기 때문이다. 하루의 시작을 잘못하기 때문이다. 시간에 쫓겨서 살기 때문이다. 그런 사람은 새벽에 일어나 하늘의 영감을 받고 여유 있게 하루를 시작해 보라. 시험은 싹 물러가고 시간을 지배하는 주도적인 삶을 살게 될 것이다.

나의 어머니는 처녀 때 우연히 부흥회에 참석했다가 은혜 받고 예수님을 믿게 되었다고 한다. 어머니는 믿음을 가진 그 다음날부터 지금까지 하루도 빠지지 않고 새벽 3시에 일어나 새벽기도를 하고 계신다. 부득이한 사정으로 교회를 못 가셔도 새벽기도의 불은 꺼뜨리지 않으신다. 그래서 어머니를 보면 범상치 않은 영적 기운이 느껴진다. 세상 것에 연연해하지 않는 담담함이 있다. 영적 눈이 열려 있다. 천국을 향한 흔들리지 않는 소망이 있다. 어떤 고난에도 호들갑떨지 않는 여유가 있다.

몇 년 전 전병욱 목사님이 "새벽기도하는 남자가 왜 좋은가?"라는 글을 소개해 주었다. 메모한 것이 있어 몇 가지 적어 보겠다. 남자뿐만 아니라 여자에게도 적용될 수 있는 말씀이다.

첫째, 새벽기도하는 남자는 '자기통제력 self-control'이 있는 남자다. 새벽을 다스릴 수 있는 사람이 자기 자신도 다스릴 수 있다. 시간과 잠을 통제할 수 있는 사람이 인생도 통제할 수 있다. 그는 인생의 힘든 시기에 자포자기하거나 무책임하게 망가질 위험이 적다. 그러므로 이런 사람에게는 안심하고 인생을 맡겨도 된다.

둘째, 새벽기도하는 남자는 '삶의 우선 순위'를 아는 남자다. 당신의 남자가 먼저 해야 할 중요한 일은 하지도 않고 빈둥거리거나, 별로 중요하지도 않은 자잘한 일에 열을 올리고 있다고 상상해 보라. 아마 속에서 울화통이 치밀어 오르고 지끈지끈 두통이 떠날 날이 없을 것이다. 그러나 새벽기도하는 남자는 무엇이 중요한지 제대로 알고, 인생의 정확한 우선 순위를 알며, 삶의 지혜와 분별력이 있는 사람이다. 이런 남자는 당신의 우선 순위가 무엇인지, 당신에게 중요한 것이 무엇인지 예민하게 잘 파악해서 당신을 만족시켜 줄 것이다.

셋째, 새벽기도하는 남자는 '사랑'을 아는 남자다. 하나님을 정신 나간 듯이 사랑할 수 있는 남자가 한 여자만을 열정적으로 사랑할 수 있다. 하나님을 향해 미친 듯이 몸을 던질 수 있는 남자가 아내를 위해서도 온몸을 던질 수 있다.

넷째, 새벽기도하는 남자는 '꿈'이 있는 남자다. 아무 생각 없이 사는 사람은 기도할 제목도 없다. 인생과 사명에 대한 진지한 고민이 없는 사람은 뭘 기도해야 할지도 모른다. 오직 꿈이 있는 사람만이 새벽부터 깨어 기도한다. 평상시에도 새벽에 기도하는 남자라면 아무리 어려운 때라도 꿈을 잃지 않고 기도할 수 있는 요셉과 같은 멋진 남자다.

다섯째, 새벽기도하는 남자는 '무서운 잠재력'이 있는 남자다. 새벽기도의 남자는 하나님의 엄청난 가능성이 있다. 그의 인생은 분명 오늘보다 내일이 더 눈부실 것이다. 그가 이끄는 가정, 교회, 일터는 장담컨대 현재보다 미래가 더욱 찬란할 것이다. 무형자산이 언제나 유형자산의 가치와 미래를 결정한다는 진리를 잊지 마라! 영적으로 강력한 사람이 눈에 보이는 세상도 지배하게 되어 있다.

여섯째, 새벽기도하는 남자는 '부지런한 남자'다. 그는 적어도 게으른 남자는 아니다. 성실하고diligent, 신실한faithful 남자임에 틀림없다. 남보다 일찍 뛰는데 성공하지 않을 수 없다. 부지런한 자는 절대 비천한 자 앞에 서지 않고, 존귀한 자 앞에 서게 될 것이다. 기억하라. 게으른 자는 개미보다 못하다.

일곱째, 새벽기도하는 남자는 '낭만'을 아는 남자다. 새벽이라도 데이트할 수 있는 남자, 풍성한 새벽 향기를 맡을 줄 알고, 그 새벽 향기를 머금을 줄 아는 남자는 인생의 힘겨운 위기마저도 뭉클한 기적의 기회로 바꾸어서 당신에게 선물해 줄 것이다.

이런 남자, 이런 여자를 배우자로 만나고 싶지 않은가? 그렇다면 새벽예배 때 내 옆에 앉은 형제 자매를 유심히 보라. 평생 새벽을 깨우는 아름다운 새벽 커플을 상상하면서 말이다.

팀 활동에 적극적인 사람이 연애도 적극적이다

사회생활에서 가장 중요한 것 중 하나가 바로 '관계성'이다. 주위 사람들을 봐도 직장에서 능력이 없어서 힘들어하기보다는 사람들과의 관계가 뒤틀려서 힘들어하는 경우가 많다.

교회생활도 알고 보면 '하나님과의 관계, 성도들과의 관계'로 이루어져 있다. 새 가족 교육을 하다 보면 불신자가 전도되어 오는 경우도 많지만, 다른 교회에 다니다가 이러저러한 이유로 교회를 옮긴 소위 '수평이동 성도'가 많다. 그리고 교회에 등록은 했지만 어디에도 소속되지 않고 예배만 드리겠다는 성도들도 있다. 이들은 더 은혜로운 예배를 찾아 이교회 저 교회 떠돌아다닌다고 해서 '철새교인'이라고 부른다.

'수평이동 성도, 철새교인'들의 공통된 특징 중 하나는 어디에도 소속되지 않고 신앙생활을 하겠다는 것이다. 그들 중에는 이전 교회에서 상처 받은 경우가 꽤 있다. 아픈 기억 때문에 이제는 조용히 누구에게도 간섭받지 않고 자유롭게 신앙생활하고 싶다는 것이다. 물론 '얼마나 상처가 깊으면 저럴까?' 하는 연민도 든다. 하지만 그렇게 홀로 떨어져 신앙생활하는 것은 하나님께서도 원치 않으시고, 자신의 인격과 신앙 성장에도 도움이 되지 않음을 알아야 한다.

  예수님도 교회 안에는 '알곡과 가라지'가 섞여 있다고 말씀하셨다. 그러므로 이 땅에서의 교회생활은 상처가 불가피하다. 그럴지라도 우리는 교회생활, 공동체생활을 회피해서는 안 된다. 하나님께서는 우리가 공동체생활을 통해 그분의 영광을 나타내고, 우리의 모난 인격이 다듬어지기를 원하신다.

  삼일교회 청년들의 가장 핵심적인 활동단위가 있다면 단연 '팀'이다. 새 신자가 삼일교회에 등록하면 일단 팀에 소속되고, 이 팀을 중심으로 모든 예배, 교제, 선교활동이 이루어진다. 그래서 삼일교회에서 팀 활동을 하지 않는다는 것은 있을 수 없는 일이다.

  나는 청년들에게 팀 활동에 적극적인 사람을 배우자로 선택하라고 당부하고 싶다. 팀 활동에 적극적인 사람일수록 믿을 만하다. 그는 여러 사람들 앞에서 시간의 검증을 받은 사람이요, 여러 사람과 어울릴 줄 아는 관계성 좋은 사람이요, 인격이 다듬어진 사람이요, 자신을 낮추는 겸손한 사람이기 때문이다.

  3, 40명이 한 팀을 이루어 신앙생활을 같이 한다는 것은 참 행복하고 좋은 일이다. 하지만 그 가운데는 '이성 문제, 이단 문제, 돈 문제, 성격 문제' 같은 수많은 갈등과 어려움과 시험들이 도사리고 있다. 지금까지 전혀 다른 환경 속에서 자라고 전혀 다른 가치관을 가진 사람들 수십 명이 어울린다는 것은 참 어렵고 힘든 일이다. 이런 팀 활동을 원만하게 오랫동안 지속할 수 있고, 심지어 그 가운데서 다른 사람들을 양육하고 돌볼 수 있는 사람이라면 좋은 배우자감으로 충분한 자질을 가지고 있

다고 할 수 있다.

  나와 오랫동안 친분이 있는 K자매가 있다. 삼일교회 간사로서 50여 명의 영혼들을 헌신적으로 잘 섬기고 있는 자매이다. 50여 명의 영혼들을 양육한다는 것은 보통 힘든 일이 아니다. 자신의 시간과 열정과 젊음을 다 드려야만 그 정도의 영혼들을 돌볼 수 있다. 하루는 자매가 나를 찾아와 회사 '신우회'에서 예배를 인도해 달라고 부탁했다. 신우회에 가 보니 거기서도 자매의 섬김과 맹활약이 계속되고 있었다. 자매는 신우회의 영적 분위기를 주도하면서 대소사를 책임지는 총무로 활동하고 있었다. 부서에서도 7, 8년을 일하면서 팀장으로서 확고한 기반을 닦아둔 상태였다. 심지어 다른 회사에서도 자매를 데려가기 위해 눈독을 들이고 있다고 했다. 교회에서의 섬김의 모습이 직장의 섬김으로 자연스럽게 이어지고 있었다.

  지금 배우자를 찾고 있는가? 팀의 핵심멤버로 열심히 활동하고, 팀에서 잘 섬기기로 소문난 사람을 고르라. 그러면 당신과의 만남에서도 멋진 섬김을 보여줄 것이다.

강추! 예배 잘 드리는 사람

사람의 습관과 성품은 웬만해서는 잘 바뀌지 않는다. 우리는 가끔 매스컴을 통해 암흑가를 주름잡던 보스가 개과천선했다는 얘기를 듣는다. 그런데 그들 대부분이 또 다시 범죄의 유혹에 힘없이 무너지는 것을 볼 때 옛 습관을 버리고 새로운 삶을 사는 것이 얼마나 어려운지 짐작할 수 있다.

내가 가장 존경하는 목사님이 계시다. 그분처럼 온유하고 겸손하고 섬김을 몸소 실천하는 분은 지금까지 본 적이 없다. 그런데 어느 날 그분의 과거를 듣고 깜짝 놀랐다. 이전에 술주정뱅이였을 뿐 아니라, 군대에서 상관을 폭행해서 불명예 제대했을 정도로 성격이 포악했고, 기독교인들을 핍박했던 철저한 무신론자였다는 것이다. 그런데 우연히 예배에 참석했다가 하나님을 만났고, 그 이후로 삶이 180도 바뀌게 되었다고 한다.

무엇이 그분을 이렇게 변화시켰는가? 예배다. 예배에는 핵폭탄 같은 진리의 말씀이 있고, 모든 것을 녹이는 기도가 있고, 어떤 죄인이라도 변화시키는 성령의 능력이 있다. 그래서 예배를 빠지지 않고 잘 드리는 사람은 그만큼 변화의 가능성이 많다는 것을 의미한다.

그러면 어떤 사람이 좋은 배우자, 일등 신랑, 일등 신붓감인가? 물론 여러 가지 조건이 있겠으나, 예배를 사모하고 신령과 진정으로 드리는 사람이라면 OK이다. 왜냐하면 그는 말씀과 성령의 능력에 항상 자신을 노출시키고 있기 때문이다. 하나님께서 예배를 통해 그를 존귀한 자로, 고상한 성품의 소유자로, 매력적인 사람으로 만들어 가실 것을 확신하기 때문이다. 한 사람의 성품과 인격이 변화된다는 것은 너무나 힘든 일이지만 하나님께서 하시면 안 될 것이 무엇인가?

"예수께서 저희를 보시며 가라사대 사람으로는 할 수 없으되 하나님으로는 그렇지 아니하니 하나님으로서는 다 하실 수 있느니라" 막 10:27.

K형제는 불신자였지만 직장 친구의 전도로 교회에 첫발을 내디뎠다. 처음에는 그냥 젊음의 분위기가 좋아서, 괜찮은 자매나 만나 볼까 하는 생각으로 교회에 왔다. 그러다가 팀원들과 함께 점점 예배에 참석하는 횟수가 많아졌다. 게다가 혼자 객지생활하면서 주말에 딱히 할 일이 없는 터라 교회가 유일한 휴식과 교제의 장소가 되었다.

K형제는 처음에는 주일 오전예배만 드렸다. 그러다 젊은이 예배, 주일 저녁예배, 나중에는 새벽예배까지 참석하게 되었다. 점점 자주 예배를 드리면서 차츰 진리를 깨닫게 되었고, 마침내 하나님을 인격적으로 만나게 되었다. 그의 심령이 성령의 능력으로 변화되자 어둡던 얼굴빛이 환해졌다. 술, 담배도 끊었다. 옷차림도 깔끔하게 바뀌었다. 세상을 보는 부정적인 시각도 긍정적인 믿음의 눈으로 변화되었다.

나는 K형제를 볼 때마다 전도서 8장 1절 말씀이 생각난다.

"지혜는 그 사람의 얼굴에 광채가 나게 하나니 그 얼굴의 사나운 것이 변하느니라."

무엇이 K형제를 밝고, 긍정적이고, 자매들에게 매력적인 형제로 만들었는가? 바로 '예배'다.

아무리 직분자, 목사라도 3개월 이상 예배를 떠나 보라. 거의 믿음이 사라져 불신자와 방불한 자가 될 것이다. 반면에 지금은 보잘것없고, 촌티 나고, 별 볼일 없어 보이지만 열심히 예배드리는 사람이라면 머지않아 '황태자, 왕비' 같이 고상하고 우아한 사람으로 탈바꿈할 것이다.

예배는 영혼을 터치하여 변화시키는 능력임을 믿는다. 진정한 변화는 하나님 앞에서 자신의 모습을 발견할 때 가능하다. 거룩한 하나님 앞에서 자신이 얼마나 죄인이고 연약한 자인가를 깨닫는 사람이 진정한 변화를 추구하지 않겠는가? 이렇게 자신의 모습을 보게 하는 거울, 현미경이 바로 예배이다.

그러므로 배우자를 찾고 있다면 예배에 대한 뜨거운 사모함이 있는지부터 보라. 하나님께서는 신령과 진정으로 예배드리는 자를 찾으시는데, 우리도 그런 사람을 찾아야 마땅하지 않겠는가? 크리스천이라면 이 정도의 영적 기준은 가지고 있어야 할 것이다. 이처럼 중요한 영적 조건을 무시하고 외적인 것만 따지다가 '이중적인 사람, 부정직한 사람, 포악한 사람'을 만나 무의미하고, 허무하고, 고통스럽게 결혼생활을 하는 사람이 부지기수다. 나중에 후회해도 아무 소용없다.

예배를 통해 자신을 깨뜨리고, 성령의 능력을 체험하고, 하나님의 깊은 사랑을 경험한 사람이야말로 한 차원 높은 사랑을 할 수 있다. 열왕

기상 3장 4절에는 이런 말씀이 기록되어 있다.

"이에 왕이 제사하러 기브온으로 가니 거기는 산당이 큼이라 솔로몬이 그 단에 일천번제를 드렸더니."

솔로몬이 하나님께 일천번제를 드렸다는 것은 그만큼 하나님을 사랑했다는 증거다. 그 정도 제사를 드리려면 오늘날로 환산할 때 약 100만 불 정도의 비용이 든다고 한다. 시간도 많이 들었을 것이다. 솔로몬 정부는 이제 막 시작하는 정부다. 아직 정치적으로나 경제적으로 안정되지 않았을 것이다. 솔로몬이 왕이 되는 것을 강력하게 반대하는 파들도 있었다. 당연히 솔로몬은 해야 할 일이 너무도 많았다. 그러나 솔로몬은 제일 먼저 하나님께 일천번제를 드렸다. 하나님이 예배를 제일 좋아하신다는 것을 잘 알았던 것이다. 하나님은 놀라셨고, 감탄하셨고, 흥분하셨다! 그래서 구하지도 않았는데 친히 찾아오셔서 솔로몬에게 전무후무한 지혜와 부와 장수의 축복을 쏟아 부어 주셨다.

하나님께 축복받는 인생이 되려면 삶의 중심이 예배인 배우자를 만나라. 주일예배, 수요예배, 새벽예배, 철야예배에 빠지지 않고 열심히 참석하는 사람을 만나라. 예배 횟수와 신앙 상태는 정비례하는 경우가 많다. 그만큼 큰 은혜를 받을 가능성이 많기 때문이다. 그러므로 예배를 잘 드리는 사람이 누구인지 유심히 살피라. 그는 삶의 기본이 되어 있는 사람이요, 하나님이 쌓을 곳이 없도록 축복을 주실 사람이다. 반면에 예배 안 드리는 사람은 결혼해서는 안 될 영순위라고 생각하면 거의 맞다.

뭐든지 꾸준한 사람은 믿어도 좋다

누구나 처음 시작할 때는 열심을 낸다(오히려 열심을 내지 않는 것이 비정상일 것이다). 중고등학교 시절 처음 산 참고서나 노트의 앞부분만 새카맣게 되었던 경험이 누구에게나 있을 것이다. 처음에는 다 그렇게 거창하게 시작한다. 문제는 지속성이다. 지구력이다.

N자매는 얼마 전 3개월치 헬스이용권을 한꺼번에 끊었다. 이번에는 기필코 출렁거리는 뱃살을 빼고 S라인 몸매를 만들어 보겠다는 야심 찬 결심이었다. 처음 3일 정도는 온 맘과 힘을 다해 운동을 했다. 그런데 너무 무리한 탓인지 몸살로 며칠을 앓아 누웠다. 그러다가 회식이다, 약속이다 해서 한두 주 빠지다 보니 그냥 3개월이 지나갔다. 결과적으로 3개월치 끊어 놓고 3일밖에 운동을 못한 것이다.

그후 N자매는 교회에서 8명의 조원을 거느린 리더 직분을 맡게 되었다. 그런데 어느 주일 조원 하나가 주일예배 나오겠다는 약속을 펑크냈고, 그 다음주는 팀 모임에 조원이 2명밖에 참석하지 못했다. 그 일로 의욕을 상실한 자매는 급기야 간사에게 리더를 그만 두겠다고 했다. 한 달 만에 발생한 일이다. N자매는 매사가 이랬다.

요즘 젊은이들의 특징이라면 조급함과 지속성의 부족을 들 수 있겠다. 교제할 때도 한두 달 만에 헤어지고 짝을 갈아 치운다. 그런 풍조에 물든 젊은이들이 만나 결혼을 하니 이혼이 많아질 수밖에 없는 것이다. 그렇다면 어떤 사람이 좋은 배우자감인가? 한 직장에서 7년째 일하고 있는 자매, 간사 직분 5년차인 형제, 성가대, 교사로 10년 동안 봉사한 자매가 훌륭한 배우자감이다. 한마디로 한 직장, 한 교회를 오래 다닌 경험이 있는 사람이 좋다. 그 습성이 연애와 결혼생활에도 묻어나올 것이 분명하기 때문이다.

내 친구 O형제가 있다. 나는 지금까지 그 친구보다 잘생기고, 예의 바르고, 실력 있는 형제를 본 적이 없다. 거기다 운동도 잘한다. 어느 하나 부족한 것이 없지만, 그 친구에게는 치명적인 약점이 하나 있다. 바로 한 교회에 오래 못 다닌다는 것이다. 보통 1, 2년을 주기로 교회를 옮기는 것 같다(벌써 5번째 교회를 옮겼다). 뭐가 그리 불만이 많고 어려움이 많은지 가는 교회마다 맘에 들지 않는단다. 그러다 보니 그 많은 은사와 재능이 사장되는 것을 보았다. 안타까운 일이다. 화초도 자꾸 옮겨 심으면 더 이상 자라지 못한다. 어떤 분야의 전문가가 되기 위해서는 최소한 5년 이상 실력을 연마해야 된다. 교회나 직장도 마찬가지다. 여기저기 옮겨 다니다 보면 어떠한 성장도, 열매도 거둘 수 없다.

B형제는 O형제와는 완전히 반대인 친구이다. 학력도 중졸밖에 되지 않고 뭐 하나 변변히 내세울 것이 없는 친구다. 그러나 주특기가 있었으니 바로 한 곳에서 황소같이 우직하게 충성한다는 것이다. 직장에서도 한 업종에 15년 이상 종사했고, 교회도 한 곳을 정해 오랫동안 집사로

잘 섬기고 있다. 그렇게 한 우물만 파다 보니 자신의 분야에서 최고의 자리에 올랐고, 직장 동료들을 10여 명이나 전도하는 쾌거를 이루었다. 목사님이 가장 신임하는 교회의 기둥이 된 그 친구는 결혼식 때 담임 목사님이 사비를 털어 혼수를 장만해 주기까지 했다고 한다.

어떤 조직이나 단체에 들어가서 약 1년 정도 지나면 환상이 깨진다고 한다. 분명 장점을 보고 들어갔겠지만, 인간들이 모인 곳이라 단점도 반드시 있기 마련이다. 그것을 지혜롭게 잘 극복하면 인생이 한 단계 업그레이드되지만, 그것을 극복하지 못하고 뛰쳐나가면 성장은 멈추고 처음부터 다시 시작해야 하는 수고를 치러야만 한다.

채용전문기업 코리아리크루트(대표 이정주)에서 중소기업에 다니는 직장인 1,563명을 대상으로 설문조사를 했더니 응답자의 45.2%가 한 직장에서의 근속연수는 3-5년이 가장 적절하다고 했다고 한다. 그리고 5-7년은 20.1%, 7-10년은 11.8%였으며, 10년 이상이라고 답한 직장인은 15.1% 정도였다고 한다. 그리고 "첫 직장에서의 근속연수는 몇 년이었는가?"라는 질문에 1년이라는 응답이 30.8%로 가장 많았고, 10년 이상은 4.8%에 그쳤다고 한다. 그리고 71% 이상이 조건이 더 좋은 곳이 있다면 언제든지 옮길 용의가 있다고 응답했다. 이것은 요즘 직장인들의 '철새기질'을 단적으로 보여주는 통계라고 생각한다.

나는 교회에 처음 나온 새 가족들에게 항상 이런 말을 한다.

"어떤 사람이 한 교회에 1년 다니면 개인이 구원받고, 5년 다니면 가족이 구원받고, 10년 다니면 자손 만대가 복을 받는다."

삼일교회 교역자들은 대부분 10년 넘게 삼일교회에서 섬기고 있다.

많은 교역자들이 어렵고 힘든 사명의 끈을 한 곳에서 10년 이상 놓지 않고 붙들고 있기 때문에 교회가 안정적으로 부흥할 수 있었다고 감히 말하고 싶다. 예수님도 제자들을 사랑하시되 끝까지 사랑하셨고요 13:1, 바울도 끝까지 자기와 함께했던 디모데에게 마지막 길을 떠나면서 필요한 것들을 가져오라고 부탁했다딤후 4장. 마가복음 13장 13절에서는 "나중까지 견디는 자는 구원을 얻으리라"고 했다. 뭐든지 오랜 시간 꾸준히 지속할 수 있는 사람이 가장 강력한 법이다. 한자리에 오래 머물러 있으라. 그러면 기적이 일어날 것이다.

그렇다면 경계해야 될 사람은 누구인가? 힘들다고 도중에 쉽게 포기하는 사람이다. 이력이 화려한 사람이다. 그는 교제가 힘들어지면 당신도 떠날지 모른다. 결혼해서 힘들다고 당신 곁을 훌쩍 떠나가 버릴지도 모른다. 그러므로 배우자를 찾을 때는 반드시 무슨 일이든지 초반 열심을 보지 말고 지속성을 보라.

열정적인 남자에게 끌린다

대학 시절 친한 친구가 있었다. '이문희'라는 친구였다(혹시라도 이 글을 읽게 되면 연락 주기 바란다. 보고 싶다, 친구야!). 그 친구는 어딜 가든지 나서기를 좋아했고, 무슨 일이든 도전하기를 좋아했다. 과에서는 스터디 그룹을 만들어 졸업과 취업을 준비했고, 태권도 동아리에 들어가 처음에는 얻어맞고 절뚝거리면서 다니더니 결국 공인 2단 단증을 따서 편하게 군생활을 했다. 제대 후에는 여기저기 과외 자리를 수소문해서 제 손으로 학비를 벌었다. 당시만 해도 우유부단하고 겁이 많았던 나로서는 부러울 따름이었다. 지금은 어디에서 무엇을 하는지 모르겠지만, 확신컨대 어디에서든 쓰임 받고 인정받는 사람이 되어 있을 것이다. 그 친구를 통해 한 가지 깨달은 것이 있다.

"아무리 높고 험한 산도 열정적으로 도전하는 자에게는 정복될 수밖에 없다."

남자가 가장 멋지고 믿음직해 보일 때가 언제인지 아는가? 구슬땀을 흘리면서 맡은 일에 최선을 다할 때이다. 반대로 남자가 가장 왜소해 보이고 보잘것없어 보일 때가 언제인지 아는가? 매사에 우유부단하고 미지근한 태도로 일할 때이다. 남자에게서 열정, 뜨거움을 빼면 무엇이 남겠는가? 하나님께서도 뜨겁지도 않고 차갑지도 않은 미지근한 사람을 토해서 내치리라고 말씀하신다.

> 내가 네 행위를 아노니 네가 차지도 아니하고 더웁지도 아니하도다 네가 차든지 더웁든지 하기를 원하노라 네가 이같이 미지근하여 더웁지도 아니하고 차지도 아니하니 내 입에서 너를 토하여 내치리라 계 3:15-16

기억하라. 하나님은 지금도 쉬지 않고 열정적으로 일하고 계신다.

H형제는 언제 보아도 콧잔등에 땀이 맺혀 있다. 잠시도 쉬지 않고 뛰어다니면서 직분을 감당하느라 그렇다. 예배시간에는 맨 앞자리에 앉아 말씀을 받아먹고 뜨겁게 기도한다. 얼마 전에 보니 얼마나 바쁘게 뛰어다녔는지 길을 가면서 밥을 먹고 있었다. 참, 그 열심 하나만은 특심하다.

H형제의 열정이 전염되어서인지 그 주위에는 항상 사람들이 모인다. 물론 열정이 너무 과해서 가끔 정신 없어 보이고, 산만해 보이기도 하고, 외모에 거의 신경을 쓰지 못해 20대임에도 30대의 중후함이 느껴지기도 한다. 그래도 그의 열정에 매료된 한 자매가 스토커처럼 따라다닌 적도 있다고 본인의 입으로 말하는 것을 들었다. 믿어 주기로 하자.

L형제는 교회에서는 조용한 편인데 선교 현장에만 가면 영적 야수로 변한다. 선교 팀장은 아니지만 팀장을 능가하는 영성, 리더십, 열정으로 분위기를 주도한다. 그래서인지 외모는 비록 산적같이 생겼지만 자매

들의 사랑을 한몸에 받곤 했다. 아직은 비록 짝을 만나지 못했지만 조만간 좋은 소식이 있을 것으로 보인다. 같은 남자가 볼 때도 열정적으로 사역하는 형제의 모습이 "참 멋있다!" 이런 열정적인 사람은 차갑게 식어버린 조직에 불을 붙이는 역할을 하고, 그 사람이 없어지기라도 하면 조직에 큰 구멍이 난 느낌을 들게 만든다.

여자는 여자답고 남자는 남자다워야 매력이 있는 법이다. 아무리 남녀의 벽과 경계선이 허물어진 '유니섹스의 시대'라고 하지만, 하나님께서 창조시에 그어놓은 남성과 여성의 경계선은 분명히 존재한다고 본다. 남자는 어떤 여자에게 매력을 느끼는가? 부드럽고, 착하고, 잘 웃고, 따스한 여자에게 끌린다. 여자는 어떤 남자에게 끌리는가? 열정, 책임감, 강인함, 도전의식을 가진 남자에게 매력을 느낀다.

남자가 환경이나 탓하고, 부정적인 시각으로 세상을 보고, 다른 사람 비판이나 하고, 매사에 우유부단한 태도와 미지근한 태도로 임한다면 누가 매력을 느끼겠으며 미래의 배우자로 삼고 싶겠는가? 무슨 일이든지 열정적으로, 적극적이고 공격적인 자세로 임하는 남자에게 기회가 주어지고, 모든 환경이 결국 그의 편이 되어 줄 것이다. 그리고 그런 남자에게 여자들도 매력을 느낄 것이다.

여성들이여! 주위 남성들을 한번 보라. 잔뜩 움츠려 있고 한기가 느껴지는 남자보다는, 콧잔등에 땀이 맺혀 있고 몸에서 김이 모락모락 나는 남자를 선택하라. 그러면 그대의 가슴에도 불이 붙고, 분명 역동적인 인생이 될 것이다.

예수 잘 믿는 사람을 만나야 하는 이유

크리스천 청년들이 배우자를 선택할 때 꼭 기억해야 할 것은 '예수 믿는 사람' 정도가 아니라 '예수 잘 믿는 사람'을 만나야 한다는 것이다. 육적 크리스천, 'church man'을 경계해야 한다. 교회에 나간다고 다 믿음이 좋다고 생각해서는 안 된다.

고린도전서 13장은 보통 '사랑 장'이라고 불린다. 그곳에 열거된 사랑이야말로 결혼을 앞둔 연인들이나 이미 결혼한 부부들이 가슴에 새기고 평생 실천해야 할 '사랑의 대헌장'이 아닌가 싶다. 그 사랑은 한마디로 어떠한 사랑인가? 바로 예수님의 '아가페적 사랑'이다. 이 사랑은 상대방을 있는 모습 그대로, 영혼 자체를 깊이 사랑한다. 이 사랑을 다르게 표현하자면 '…함에도 불구하고의 사랑'이라 할 수 있겠다. 많은 단점과 약점에도 불구하고, 허물에도 불구하고, 내게 만족이 되지 않음에도 불구하고 사랑하는 사랑이기 때문이다.

결혼 이전의 교제 기간에 당신 속에서 그리고 상대방 속에서 이 사랑을 확인할 수 없다면 두 사람의 만남은 대단히 위험해질 가능성이 높다. 그런데 이 사랑은 예수 그리스도를 마음 중심에 모시고, 매일 그분과 함께 동행할 때 우리 속에서 자라난다. '성령의 능력'이 아니고서는 결코 아가페 사랑을 할 수 없다. 이런 이유 때문에 예수 잘 믿는 사람과 결혼해야 하는 것이다.

가끔 청년들에게 어떤 사람과 결혼하고 싶은지 물어보면 '온화하고, 정직하고, 너그럽고, 상냥하고, 친절하며, 이기적이지 않으며, 내 허물과 잘못을 오래 참아 주며, 용서해 주며, 어떠한 경우에도 나를 사랑해 주는 사람'이라고 장황하게 설명한다. 그러나 우리 인간의 실상은 어떠한가? 우리 본성은 어떠한가? 그와는 정반대이다. 이러한 품성들은 우리 속에서 저절로 생겨나지 않는다. 오직 성령으로부터 나올 뿐이다.

갈라디아서 5장에는 성령의 9가지 열매가 나온다. '사랑, 희락, 화평, 오래 참음, 자비, 양선, 충성, 온유, 절제'다. 이 열매들은 우리 스스로 맺을 수 있는 것들이 아니라 말 그대로 '성령의 열매'이다. 성령 하나님이 주시는 선물로, 내가 성령으로 거듭날 때 자연스럽게 맺게 되는 열매들이다.

이 열매들은 하나같이 남녀관계, 결혼생활에서 너무나 필요한 것들이다. 이 열매들을 연애와 결혼생활에서 풍성히 맺기를 원하는가? 그러면 예수 잘 믿는 사람을 만나라. 진짜 좋은 배우자감은 신실한 크리스천 중에 있다. 그는 성령님을 인생 가운데 모셨기 때문이다. 크리스천은 끊임없이 자기의 허물과 잘못을 하나님 앞에서 인식하며 고쳐나가고 다듬어 가는 사람들이다. 지금은 비록 부족하고 연약해 보여도 그 영혼 속에 '주님을 닮아가려는 열망'을 가진 사람들이 바로 크리스천이다. 그가 바로 당신이 찾고 찾던 가장 적합한 배우자이다.

그러므로 배우자를 고를 때 반드시 점검해야 할 것은 그가 "성령으로 거듭난 크리스쳔인가? 살아 있는 크리스쳔인가?" 하는 것이다. 그렇다면 그는 무한의 가능성이 있는 사람이라고 믿어도 좋다.

나의 어머니의 간증이다.

어머니 시절에만 해도 예수 믿는 남자들을 만나기가 그야말로 하늘의 별따기보다 어려웠다고 한다. 어머니 말씀으로는 당시에는 1만 명 중에 1명 정도 예수를 믿을까 말까 했다고 한다. 지금도 우리나라 인구의 25%가 예수를 믿는다고 하지만 막상 직장에서 잘 믿는 배우자감을 찾으려고 하면 만나기가 쉽지 않다. 지금도 이런 실정인데 그때는 오죽했겠는가?

그래서 어머니는 이렇게 기도했다고 한다.

"장애인이라도 좋으니 예수 잘 믿는 남자와 결혼하게 해주소서!"

당시 어머니는 본인 말씀으로는 미모도 출중했고 집안도 부유했기 때문에 많은 곳에서 중매가 들어왔다고 한다. 그러나 어머니는 믿는 남자와 결혼하겠다고 모든 좋은 자리를 단호히 거절했다고 한다. 그렇게 기도하는 가운데 아는 권사님의 소개로 당시 전도사였던 아버지를 기적적으로 만나게 되었다고 한다.

요즘 크리스쳔 청년들은 이런 생각과 결단이 있는가? 혹시 믿음은 안중에도 없고 돈 많고, 학벌 좋고, 외모가 출중한 사람만 찾고 있지는 않은가? 예수 잘 믿는 것을 최고의 배우자 조건으로 내세우는 자가 진정 복되고 지혜롭다. 그 안에는 변화와 기적의 씨앗이 존재하기 때문이다. 그는 시간이 가면 갈수록 점점 빛나는 인생이 될 것이다.

> 의인의 길은 돋는 햇볕 같아서 점점 빛나서 원만한 광명에 이르거니와 잠 4:18

이것이 믿는 자의 미래다.

한번 생각해 보라. 예수님이 붙드시는 인생이 실패하겠는가? 예수님께 의탁한 인생이 망하겠는가?

크리스천 청년들이여!

그냥 교회 다니는 사람이 아니라, 예수 잘 믿는 사람을 만나라.

위대하신 예수님의 생명이 안에서 꿈틀거리는 형제를 만나라.

예수님의 피가 용솟음치는 자매와 교제하라.

진정한 행복과 찬란한 미래가 펼쳐질 것이다!

책임감으로 똘똘 뭉친 남자

　남녀관계에 있어서 남자에게 가장 요구되는 자질이 있다면 단연 '책임감'이라고 할 수 있다. 어떤 남자는 좋아서 따라다닐 때는 여자의 인생을 송두리째 책임질 듯하다가도 여건이 불리해지면 헌신짝처럼 버린다. 심지어 교회 안에서 만나 교제하며 결혼까지 약속했다가 도중에 맘이 바뀌거나 다른 이성이 생겨 교회를 떠나는 형제도 봤다. 그런 사람은 배우자감으로 최악이다.

　그래서 급한 마음에 결혼을 서둘러서는 안 된다. 책임감 있는 사람인지 알아볼 기회가 없기 때문이다. 이것은 마치 뒤에서 곰이 쫓아오는데 튼튼한지 확인해 보지도 않고 무작정 아무 나무 위로나 올라가는 것과 같다.

　나는 개인적으로 이렇게 생각한다(남자들에게 욕먹을지도 모르겠다). 남자는 적어도 여자가 집에서 살림만 해도 될 정도로 경제적인 능력이 있어야 하고, 여자가 기댈 수 있을 정도의 영성과 정서적 안정감을 갖추고 있어야 한다고. 아무리 남녀평등 시대라고 하지만 아직까지는 그것이 남자들이 감당해야 할 짐이라고 생각한다. 어떤 남자가 제일 꼴불견인가? 여자나 처가 덕이나 보겠다는 심산으로 교제하는 사람이다. 그런 남자는 결혼해서도 빈둥빈둥 놀면서 여자가 벌어다 주는 것으로 허송세월이나 보낼 확률이 높다.

그러면 과연 결혼 적령기의 남녀들은 어떤 배우자를 선호할까? 결혼정보회사 '비에나래'(www.bien.co.kr)가 2006년 5월 15일부터 6월 3일까지 전국의 미혼남녀 628명(남녀 각각 314명)을 대상으로 '결혼 상대의 성격, 생활자세 중 선호하는 유형'에 대해 설문조사를 실시한 결과, 배우자감으로 선호하는 생활자세에 대해 남녀 모두 '책임감과 성실성'을 가장 중요시한다고 의견을 모았다. 반면 '배우자감으로 싫어하는 성격유형'에 대해 남녀 모두 '이기적인 면'이 가장 높게 나타났다. 그리고 "부부간의 성향이 정반대일 때 어떤 유형간의 결합이 가장 화합하기 어려울까?"라는 질문에 대해 '책임감 있는 여성, 책임감 없는 남성 커플'을 남녀 모두 1위로 꼽았다. 한마디로 책임감 없고 여자에게 얹혀 살려는 남자를 최악의 배우자감으로 생각한다는 것이다.

90년대 중반에 우리나라에 몰아친 IMF로 많은 가장들이 직장을 잃었다. 그렇게 됐으면 막노동이라도 해서 처자식을 먹여 살려야 하는데, 얄팍한 자존심 때문에 이전과 같은 직장이 아니면 못 다니겠다고 푸념하는 가장들이 많았다고 한다. 어찌 IMF 전과 후의 상황이 같을 수 있겠는가? 집에서 배가 고파 울고 있는 처자식을 먹여 살리기 위해서라면 그까짓 자존심이 대수인가? 죄가 안 된다면 어떤 일이라도 해서 처자식을 먹여 살릴 책임이 남자에게 있지 않은가?

그러므로 여성들이여, 이런 남자는 조심하라!

'교회에서 직분을 감당하다 갑자기 사라져 나타나지 않는 사람, 여자를 만나 늘 얻어먹기만 하는 사람, 서른이 넘었는데도 부모님께 용돈 받아 쓰는 사람, MT 가서 남들 다 바쁘게 음식 준비하는데 TV만 보고 있는 사람, 중요한 모임에 매번 지각하거나 이유 없이 불참하는 사람….'

그리고 남성들이여!

"수고하고 무거운 짐 진 여성이여 내게로 와서 쉬어라!"고 자신 있게 말할 수 있을 정도의 영성과 능력을 겸비하라. 결혼해서 '여자 덕 좀 보겠다.' 는 유치한 생각은 아예 머리 속에서 지워 버려라.

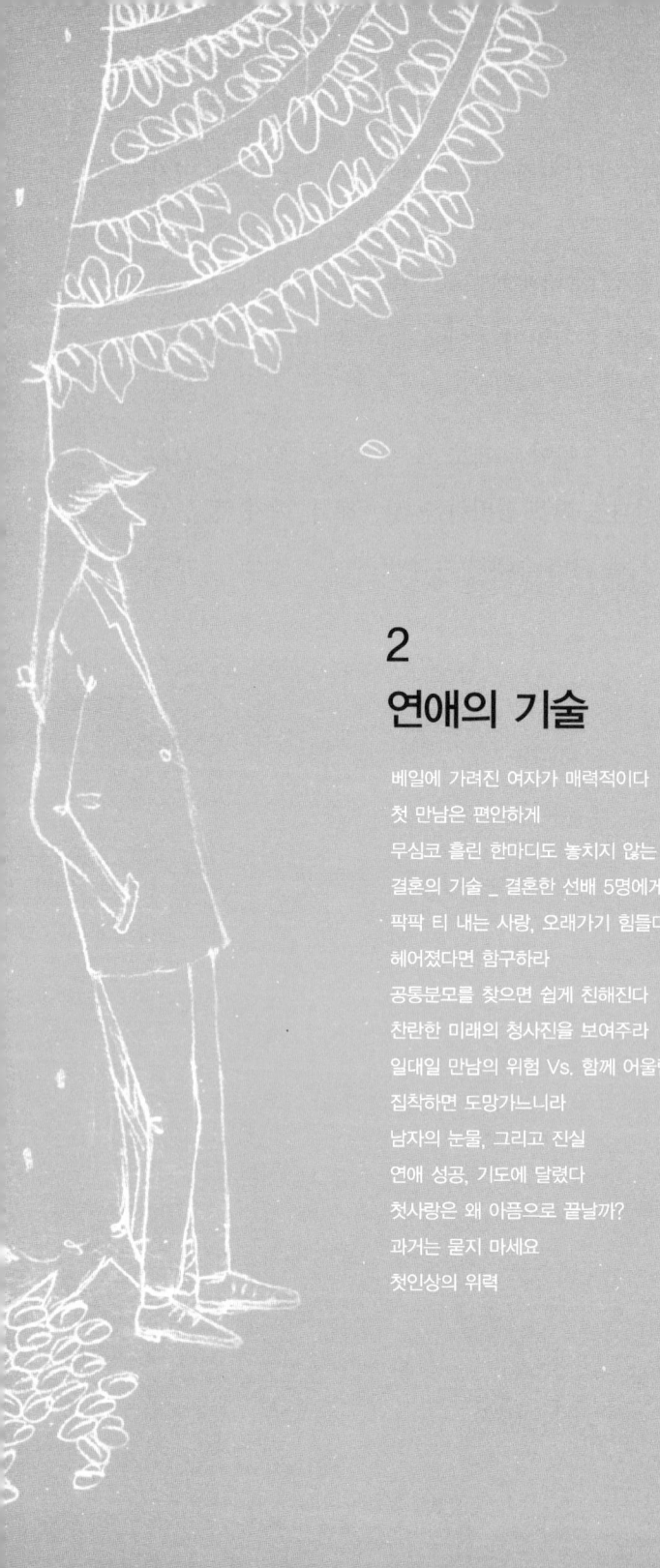

2
연애의 기술

베일에 가려진 여자가 매력적이다
첫 만남은 편안하게
무심코 흘린 한마디도 놓치지 않는 센스!
결혼의 기술 _ 결혼한 선배 5명에게 들으라
팍팍 티 내는 사랑, 오래가기 힘들다
헤어졌다면 함구하라
공통분모를 찾으면 쉽게 친해진다
찬란한 미래의 청사진을 보여주라
일대일 만남의 위험 Vs. 함께 어울림의 유익
집착하면 도망가느니라
남자의 눈물, 그리고 진실
연애 성공, 기도에 달렸다
첫사랑은 왜 아픔으로 끝날까?
과거는 묻지 마세요
첫인상의 위력

베일에 가려진 여자가 매력적이다

 남자에게는 '도전욕, 성취욕, 정복욕'이라는 것이 있다. 그래서 편하고 대하기 쉬운 여자보다는 약간 도도하고 쉽게 넘어오지 않을 것 같은 여자에게 전의戰意를 불태운다(삼일교회에서는 이를 '매복의 능력'이라 부른다). 많은 것을 알고 있고 많은 것을 가진 자일수록 떠벌려서는 안 된다. 항상 빈 수레가 요란한 법이다. 진짜 부자들은 돈 많다고 흥청망청 쓰거나 비싼 명품으로 치장하지 않는다. "빙산의 일각"이라는 말도 있지 않은가? 보여지는 것은 빙산의 꼭대기일 뿐, 그 실체는 어마어마하다. 남자를 대할 때 여자가 바로 그러해야 한다.

 히스기야는 말년에 자신의 보고를 바벨론 사신에게 다 보여주며 자랑하고 나서 모든 것을 빼앗기는 수모를 겪는다. 뭐든지 자랑하고 떠벌리고 다 보여주면 그렇게 되기 십상이다. 여자들도 모든 것을 다 바치고 다 보여주면 남자는 싫증을 느끼고 떠나갈 수 있다는 것을 잊어서는 안 된다.

 황진이가 왜 명기名妓인 줄 아는가? 절세미인이라서? 물론 예뻤을 것이다. 하지만 그것이 다가 아니다. 그녀에게는 권력자들에게 아부하지 않고 쉽게 자신을 내어 주지 않는 '도도함과 신비감'이 있었다. 또한 쟁쟁한 벼슬아치들에게 "돈과 권력으로도 안 되는 것이 있다는 것을 보여주겠다."고 큰소리 칠 수 있는 당당함이 있었다.

그러므로 여자는 교제할 때 너무 헌신적으로 잘해 줘서는 안 된다. 자신의 모든 것을 다 내보여서는 안 된다. 그런 여자는 결국 매력을 잃어 남자에게 제대로 대우받지 못하거나 버림 받을 수 있다. 자신을 방치하면서 남자에게만 의존하는 여자보다는 자신의 가치를 높이면서 남자에게 적당히 튕기는 여자가 더욱 매력적이다. 과도하게 헌신하면 헌신짝처럼 된다.

J자매는 서른이 훌쩍 넘어 버린 소위 노처녀다. 그녀는 교회에서 리더 직분을 감당하면서 헌신적으로 양떼들을 돌봤다. 모두들 그런 현모양처감이 없다고 입에 침이 마르도록 칭찬하는 자매였다. 그런데 자매와 교제한 형제들마다 나중에는 고개를 설레설레 흔들었다. "그 정도면 괜찮지 않느냐?"고 물어보니 하나같이 "너무 부담스럽다."고 했다.

만날 때마다 자매가 계산을 하려고 하고, 싸우기라도 하면 항상 먼저 전화해서 사과하는 쪽은 자매라고 했다. 나중에는 밑반찬까지 챙겨서 갖다 주니, 이건 여자친구가 아니라 완전 어머니 같다는 것이다. 물론 그렇게 하는 여자를 좋아하는 남자들도 있겠지만, 대부분의 남자들은 너무 들이댄다고 느껴 부담스러워 한다. 친절이 지나치면 오히려 역효과를 불러올 수 있는 것이다.

남자에게는 하나님께서 보호 본능을 주셨다. 그래서 사랑받는 편보다는 사랑을 주는 데 더 큰 희열과 보람을 느낀다. 모든 것을 너무 완벽하게 갖추고 남자를 어머니같이 돌보려고 하면 남자들은 무서워서 도망갈 수도 있다.

그래서 남녀관계를 난로에 비유하기도 한다. 난로를 너무 가까이하면 옷이 타고, 반대로 너무 멀리하면 춥다. 마찬가지로 남녀도 너무 가까이 붙어 있기만 하면 상처가 남고, 너무 멀리 떨어지면 사랑이 식어 버린다. 난로도, 남녀도 적당한 거리를 유지해야 오래갈 수 있다.

남녀관계는 모름지기 밀고 당기는 맛이 있어야 한다. 이 부분은 여자 쪽에서 수위를 조절해야 될 것 같다. 감정적이고 저돌적으로 달려드는 남자를 어떻게 노련한 투우사처럼 다룰 것인가는 여자의 몫이다.

이 글을 읽는 분들 중에 기혼자들이 있다면 연애 시절을 한번 떠올려 보라. 그녀를 처음 만나 손 한 번 잡기까지 얼마나 가슴을 졸였는가? 그런데 여자가 데이트 때마다 허벅지와 가슴이 훤히 드러나는 '노출패션'으로 나오거나, 매번 더 적극적으로 달려든다고 생각해 보라. 아마 매력이 반감될 것이다.

베일에 싸여 있는 여자, 신비로운 여자는 시대를 초월해서 모든 남자들의 마음을 애끓게 만든다. 여성들이여! 당당하고 도도해져라. 남자들이 결코 떠나지 못할 것이다. 하지만 지나친 도도함은 사랑을 멀어지게 한다. 적당히 거절하고, 적절히 튕겨야 매력적인 여성이 될 수 있다. '매달림과 튕김'의 묘한 조화가 관건인 것이다!

첫 만남은 편안하게

한번은 K자매에게 D형제를 소개시켜 줬다. 두 사람 다 독실한 믿음의 가정에서 자랐고, 든든한 직장도 가지고 있고, 교회에서 헌신적으로 사역하고 있어서 잘 어울릴 것 같아 만남을 주선한 것이었다.

K자매가 약속장소에 나오기 전에 D형제와 15분 정도 얘기를 나눴는데 한 가지 우려되는 부분이 있었다. 형제가 너무 경직되어 있고, 너무 진지했다. 나의 수준 높은(?) 유머에 웃지도 않고 계속 사역 얘기만 늘어놓았다. 그래도 자매에게는 자연스럽게 잘 얘기하겠지 했는데 우려했던 일이 현실로 드러나고 말았다.

나중에 두 사람에게 만남이 어땠는지 물어보니 형제는 마음에 들어하는 것 같은데 자매가 별로 맘에 들어하지 않는 눈치였다. 그래서 넌지시 이유를 물었더니 너무 부담스럽다고 했다. 형제가 만나자마자 '결혼, 가정생활, 자녀교육, 선교사 비전'과 같은 다소 진지한 얘기들을 쭉 늘어놓더라는 것이다. 처음 만난 자리에서 벌써 10년 후의 일을 논한 것이다. 결혼 적령기를 훌쩍 넘겨 버린 형제의 마음은 충분히 이해가 가지만 자매의 반응을 보며 지혜롭게 처신해야 했다. 자매가 첫 만남에 부담을 느꼈다면 만남이 계속 이어질 가능성은 희박하다.

  가끔 남자 앞에서는 아주 말도 잘하고 재미있는데 여자 앞에만 서면 다리가 후들후들 떨리고 말문이 막힌다는 남자들이 있다. 그러다 보니 매번 좋은 인상을 주지 못해 사랑의 물꼬를 트지 못한다. 그런 남성에게 팁을 하나 준다면 여자를 여자로 대하지 말고 '남자친구' 같이 대하라는 것이다(그렇다고 막 대하라는 말은 아니다). 물론 그것이 어렵다는 것은 알지만, 연습하면 충분히 그렇게 될 수 있고, 아무리 힘들다 해도 딱지 맞는 것보다야 낫지 않겠는가?

  나는 아내를 만날 당시 강도사였다. 내일 모레면 목사 안수를 받아야 할 처지였다. 그래서 속으로 이제부터 만나는 자매는 무조건 '결혼대상자'라고 못 박아 두었었다. 그런데 아내는 세상 물정 전혀 모르는 대학 졸업반 학생이었다. 당연히 내가 접근했을 때 꽤 부담스럽고 무서웠을 것이다. 웬 아저씨가 나를 노리고 있다고….

  나는 어렵게 약속을 잡은 첫 만남에서 부담되거나 진지한 얘기는 한마디도 하지 않았다. 그저 당시 여자들에게 폭발적으로 인기가 있었던 '심리테스트와 유머파일'을 가지고 나갔다. 그것을 2시간 동안 늘어놓았다. 아내는 2시간 동안 너무나 즐거워했고 좋아했다.

  남성들이여! 이것을 기억하라. 나로 인해 그녀가 웃었다면 반은 넘어온 것이다. 웃음은 당구의 쓰리 쿠션과 같다. 웃음과 개그는 직접적으로 연애와 결혼에 대해 언급하지 않고도 소기의 목적을 달성할 수 있는 최고의 무기다.

  2시간의 기적 같은 시간을 보내고 헤어지면서 아내는 "이렇게 편안한 만남은 처음이에요."라고 했다! 나중에 안 사실이지만, 아내가 나를 만나 준 것은 "싫다."고 말하기 위해서였는데, 나의 웃기기 작전 때문에 사태가 역전되었던 것이었다. 아내 속에 있었던 부정적인 생각들이 나의 유머를 통해 말끔히 씻겨 내려가 버린 것이다.

남성들이여! 이것이 바로 여자를 붙잡는 비결이다. "바쁠수록 돌아가라."는 말이 있다. 그녀와 교제하고 싶고 결혼하고 싶을수록 그 이야기로 부담을 주지 마라. 그저 여유 있는 모습으로 즐거움과 웃음을 한껏 선사하라. 그리고 오랜 친구 같은 편안함을 보여주라.

남녀관계에서 무엇보다도 중요한 것이 '편안함'이다. 사람은 누구나 심리적으로 억압받거나 부담스럽다고 생각되면 피하고 싶기 마련이다. 특히 여자들은 더욱 그렇다. 그러므로 처음에는 편한 친구사이 혹은 오빠 동생 사이로 만남을 유지해 나가는 게 좋다. 그래서 처음 만났더라도 '형제님, 자매님' 하며 존댓말을 사용하는 것보다는, "서로 말을 낮추는 것이 어때요?" 하고 상대방의 의견을 가볍게 물어본 뒤, 상대방이 좋다고 하면 그렇게 하는 것이 훨씬 분위기를 부드럽게 해줄 것이다.

남성들이여, 여자들은 어떤 남자를 싫어하는지 아는가? '너무 과묵한 사람, 호구 조사하는 사람, 교회 얘기만 하는 사람, 융통성 없는 사람, 첫 만남부터 결혼과 자녀교육에 대해 얘기하는 사람'이다. 첫 만남에서는 그냥 가벼운 얘기부터 나누라. 부담 없이 즐겁게 웃다가 헤어져라. 개그콘서트 얘기하고, 강철중 얘기하고, 학교 다닐 때 웃긴 친구나 선생님 얘기를 하라. 그러면 하지 말라고 해도 자연스럽게 다음 만남을 기약하게 될 것이다.

무심코 흘린 한마디도 놓치지 않는 센!스!

여자들은 작은 것에 감동한다. 관심 어린 말 한마디, 칭찬 한마디, 차에서 내릴 때 문 열어 주는 것 같은 작은 친절에 감동한다. 그것도 모르고 남자들은 크고 비싼 선물 공세만 퍼붓는다. 여자의 마음을 얻고자 한다면 일년에 몇 번 있는 기념일에 비싼 명품을 선물하기보다는 기회 있는 대로 정성이 담긴 작은 선물을 편지와 함께 주는 것이 더 호소력 있다.

이런 심리를 잘 이용하는 부류가 바로 제비족이다. 그들은 여자들에게 사소한 것 100을 해준다. 그리고 큰 것 1을 요구한다. 그러면 대부분의 여자들은 '그가 100이나 해주었는데 그까짓 1정도는 해줄 수 있지.' 라고 생각한다. 객관적으로 볼 때 그 100과 1은 비교도 안 되는 가치 차이가 있지만, 여자는 그냥 자기가 그때그때 느꼈던 감각적 100을 더 크게 느끼는 것이다.

그러므로 연애를 시작할 때는 커다란 이벤트를 준비하는 것보다 그때그때 사소한 것에 신경을 써야 한다. 여자는 그것을 더 고마워한다. 그녀에게 대시하기 위해 한 달간 돈을 모아 12만원짜리 오페라 티켓 두 장을 산다거나, 일주일간 그녀를 위해 노래를 작곡한다거나, 그녀를 생각하며 학 1000마리를 접는 따위로는, 불행히도 그녀가 당신의 마음을 몰라주기 쉽다. 그런 이벤트는 어느 정도 서로를 알게 되었을 때 해야 더 큰 효과가 있다. 처음에는 사소하고 그때그때 그녀의 감성에 호소할 수 있는 짓(?)을 자주 하는 것이 더 효과적이다.

그녀가 무언가를 열심히 하고 있다면 아이스티나 커피 한잔을 뽑아 조용히 그녀 자리에 놓아 준다. 그녀가 시무룩해 있다면 다가가 "무슨 일 있구나?" 하고 위로의 한마디를 툭 던진다(아무 일 없었더라도 그녀는 더 시무룩해져 당신의 위로를 즐길 것이다). 이런 사소한 친절과 관심은 여자에게 아주 대단한 위력이 있다. 여자의 감각은 핵 펀치 한 대보다 작은 건드림 100번에 더 잘 넘어간다는 사실, 잊지 말자.

아내와 연애할 때 나의 유일한 기쁨은 그녀를 즐겁게 해주는 것이었다. 그녀가 좋아하는 것이라면 뭐든지 할 수 있을 것 같았다. 그래서 그녀의 눈빛 하나, 말 한마디도 놓치지 않으려고 애썼다. 한번은 길을 가는데 아내가 쇼윈도 안에 진열되어 있는 스카프 앞에서 한동안 서 있는 것이었다. 내가 그것을 놓치겠는가? 다음날 당장 스카프를 선물했다. 물론 비싼 백화점표가 아니라 동대문표였지만 자신이 무심코 한 행동도 흘려보내지 않는 나의 관심과 배려에 아내는 홀딱 반했다. 지금도 그때의 감동을 애기하곤 한다.

스티븐 코비는 이렇게 말했다.

"성공하는 사람과 실패하는 사람의 대화 습관에는 하나의 뚜렷한 차이가 있다. 바로 '경청하는 습관'이다."

대한민국 직장인들의 소망 1위는 상사들이 자신의 말을 경청해 주는 것이라고 한다. 대통령 후보자들이 유권자의 마음을 얻는 이유가 무엇일까? 귀를 막아 버린 듯한 현직 대통령에게 신물 날 정도로 질려 버렸는데, 후보자들은 유권자들에게 귀를 열고 겸손하게 듣기 때문이라고 한다. 커뮤니케이션 전문가들은 하나같이 경청에는 상대의 마음을 열어 주는 신비한 힘이 있다고 말한다. 경청은 기분 좋은 설득, 진을 빼지 않아도 되는 대화의 비결인 셈이다.

연애할 때도 마찬가지다. 상대방의 말을 경청하고 놓치지 않는 '센스'가 필요하다. 상대방의 필요를 눈치 있게 알아채서 발 빠르게 반응해야 하는 것이다. "여우하고는 살아도 곰하고는 못 산다."는 말이 있다. 무디고 느려터진 사람은 어디에 가도 주도권을 잡거나 지도자로 쓰임 받지 못한다. 상사가 지나가면서 한마디 한 것도 기억해서 실행에 옮기는 사람과, 면전에 대놓고 얘기하거나 서면으로 할 일을 명확히 적어 주지 않으면 전혀 움직이지 않는 사람 중에 누가 더 빨리 승진하겠는가?

마찬가지로 이성에게 인기 있는 사람은 한결같은 특징이 있다. '섬세하고 자상하다'는 것이다. 지금은 하이터치 시대다. 여자들도 섬세하고 자상한 남자를 좋아한다. 여자의 헤어스타일이나 귀걸이가 바뀐 것을 알아차릴 줄 알고, 풀어진 신발끈을 묶어 줄 수 있는 남자를 선호하는 것이다(남자들이 섬세한 여자를 좋아하는 것은 굳이 말할 필요도 없을 것이다).

만약 당신이 마음에 둔 그 사람이 감기에 걸려 콜록콜록 하고 다닌다면 즉시 약국으로 뛰어가 감기약을 사 오면 된다. '그 사람이 감기에 걸렸군. 계획을 세워 내일 멋있게 약을 줘야지.' 이러면 십중팔구 실패며, 졸지에 남들의 입에까지 오르내리는 이상한 사람이 되어 버린다. 생각나면 그 자리에서 즉시 실천하는 것이 가장 좋다. 그러면 그 상대방뿐만 아니라 다른 사람들도 '저 사람 아주 멋진데?'라고 생각하게 될 것이다. 계획이란 프로들에게나 해당되는 말이다. 당신은 그 계획이란 것을 지양했으면 한다.

결혼 후에도 마찬가지다. 시대가 얼마나 바뀌었는데 아직도 "남자는 부엌 출입을 삼가야 한다!"고 외치면서 손에 물 한 방울 묻히지 않으려는 남성들이 있다고 한다. 아내가 힘들어 하면 요리도 하고, 설거지도 하고, 청소기도 돌리고, 빨래도 하면 안 되는가? 예수님이 영혼들의 아픔을 정확히 꿰뚫어 보시고 가장 필요한 것들을 공급하셨는가, 아니면 나 몰라라 뒷짐 지고 계셨는가?

크리스천 청년들이여! 상대의 어떤 작은 변화도 빨리 알아챌 수 있는 개코와 같은 예민함, 상대가 무심코 흘린 한마디도 놓치지 않는 메뚜기 더듬이같이 고도로 발달된 센스를 달라고 기도하라. 무디고 느려터진 사람을 좋아할 이성은 아무도 없다.

결혼의 기술 결혼한 선배 5명에게 들으라

나는 배우자를 선택할 때 '하나님의 뜻을 분별하는 세 가지 방법'이 있다고 생각한다.

첫째는 기도, 성경공부, 묵상을 통해 하나님의 뜻을 직접적으로 분별하는 것이다. 결혼에 관해 명확하게 기록된 하나님 말씀의 거울에 비추어 보면서 기도하면 평안 가운데 바른 선택을 할 수 있다.

둘째는 부모나 가족, 주위 믿음의 선배들에게 지혜를 구하는 것이다. 특히 그 분야의 전문가나 목사를 찾아가 상담하는 것은 큰 유익이 된다.

셋째는 신앙 공동체의 도움을 구하는 것이다. 신앙 공동체만큼 그 사람의 단점과 장점에 대해 잘 알고 있는 곳도 없을 것이다.

이렇게 배우자 선택 문제에서 하나님의 뜻은 균형 잡힌 접근을 통해 가장 잘 분별할 수 있다. 위의 세 가지 방법은 잘못된 결정을 내리지 않게 하는 제어장치 역할을 해줄 것이다.

나는 지금도 한 가지 후회되는 것이 있다. 그것은 아내와 사귀기 전에, 또 사귀는 도중에, 더욱이 결혼을 앞두고 왜 더 많은 믿음의 선배들을 찾아가 조언을 듣지 못했는가 하는 것이다. 물론 지금 행복한 결혼생활을 하고 있지만 인생 선배들의 경험과 조언을 좀더 들었다면 시행착오를 더 줄일 수 있지 않았을까 하는 아쉬움이 있다.

많은 크리스천 청년들이 교제를 시작하면 둘만의 성을 쌓고 둘이서 모든 것을 해결하려고 한다. 아무에게도 묻지 않는다. 간섭받기 싫어한다. 그러다 어느 날 갑자기 청첩장을 들고와 주례나 기도를 부탁한다. 심지어 2-3개월 사귀고 서로를 너무나 잘 아는 것처럼 얘기한다. 사실 평생 사귀어도 서로를 잘 알지 못하는 것이 남녀관계다. 그런데 몇 개월 만나보고 상대방을 전부 알고 있는 양 말한다. 그렇게 조급하게 결혼한 후에 연애 시절과 너무나 다른 배우자의 모습에 당황해 한다.

하지만 기혼자들은 인생 경험을 통해 두 사람을 딱 보면 잘 어울리는 커플인지, 잘살 것인지, 두 사람 사이에 앞으로 어떠한 갈등이 있을 것인지 직감적으로 알아차린다. 어떤 경우에는 찾아온 두 사람을 뜯어 말리고 싶지만 어쩔 수 없이 침묵하는 경우도 있다. 그러므로 지혜로운 커플은 교제를 시작하게 되면 가장 먼저 영적 지도자나 믿음의 선배들을 찾아가 조언을 구하고 축복기도를 부탁한다. 따로 찾아와 상대방에 대해 자문을 구하는 경우도 있다.

내 친구 O전도사는 외국계 은행에서 근무하는 유능하고 뛰어난 미모의 자매를 사귀게 되었다. 그런데 한 가지 문제에 부딪혔다. 자매가 목회자 사모에 대해 큰 부담을 갖고 있었다(사실 목사의 아내가 된다는 것 자체를 별로 내켜하지 않았다). 친구 전도사는 "내가 목회하지 아내가 목회하나?" 그러면서 사랑을 계속 키워 나갔지만, 시간이 갈수록 그녀의 성격과 믿음 생활이 자신과는 동떨어져 있음을 느끼게 되었다. 결국 친구는 선배 목사님을 몇 분 찾아가 자초지종을 말씀드리고 자문을 구했다. 선배 목사님들의 대답은 한결같았다.

"아무리 아내로서 내조만 잘하면 된다고 해도 목회자의 아내라는 부분을 간과할 수는 없다. 아내의 말 한마디, 행동 하나가 목회에 영향을 미치게 되고, 사모로서 많은 성도들도 접해야 하는 것이 현실이다. 그리고 한밤중에라도 교회에 급한 일이 생기면 뛰어나가야 하는 것이 목사의 생활인데, 거기에 대한 이해와 각오 없이 오붓한 가정생활만을 꿈꾼다면 두 사람은 결혼해서는 안 된다."

결국 두 사람은 눈물을 머금고 헤어졌다. 하지만 나중에는 하나님의 인도하심 가운데 각자 적합한 배우자를 만나 행복하게 잘살고 있다.

결혼을 앞둔 청년들이 있다면, 당사자들의 결정과 판단은 근시안적일 수 있다는 것을 알고, 흰머리가 있는 믿음의 선배들을 찾아가 올바른 만남과 결혼에 대한 조언을 많이 듣기를 바란다. 그들의 번뜩이는 지혜와 혜안은 돈 주고도 살 수 없는 값진 것들이다. 모든 것을 두 사람끼리만 결정해서 청첩장만 달랑 들고 오는 일이 없도록 하라.

특별히 남자들은 결혼을 앞두었다면, 가장 유혹이 많고 흔들리기 쉬운 40대 남성 선배들의 이야기를 들어라. 그 선배들에게 가서 "다시 결혼한다면 어떤 여자를 선택하겠습니까?"라고 물어보라. 선배들의 조언을 들은 후 신중하게 결혼을 결정한다면, 후회하는 일도 그만큼 줄어들 것이다.

팍팍 티 내는 사랑, 오래가기 힘들다

　남녀관계에서 여자가 기분 나빠하는 행동이 하나 있다. 바로 남자가 겨우 몇 번 만난 뒤 주위 사람들에게 떠벌이고 자랑하는 것이다. 물론 그녀를 만난 것이 너무 기쁘고 좋아서 그렇게 했으리라. 이 부분에서는 남자가 더 절제를 못하는 것 같다. 보통 남자는 여자가 맘에 들면 경솔하게 나팔을 불지만, 여자는 남자가 좋아도 그 비밀을 혼자 고이 간직하기를 원하는 것 같다.

　한번은 D형제에게 S자매를 소개해 주었다. D형제는 남자 중의 남자다. S자매도 여성미가 철철 넘친다. 내가 아끼는 두 사람이기에 잘 어울릴 것 같았다. 형제는 자매가 맘에 든 듯했고, 자매도 형제가 싫지 않은 눈치였다. 잘만 하면 한 커플이 탄생하는 순간이었다.

　그런데 D형제가 결정적인 실수를 하고 말았다. 순회 간증집회를 했다고나 할까, S자매에 대해 여기저기 떠벌이고 다닌 것이다. 만나서 뭘 했고, 자매의 첫 느낌은 어떠했으며, 이것은 좋았고, 저것은 별로였다 이런 식의 얘기를 친한 사람들에게 다 말해 버렸다. 결국 그 소문이 자매의 귀에까지 들어가게 되었고, 자매는 너무 당황스러워 하고 기분 나빠

했다. 나도 기분 나빴다. "연애 기술이 없어도 그렇게 없나? 여자를 몰라도 그렇게 모르나? 가만히 있기만 해도 잘되었을 텐데, 쯧쯧." 하며 만감이 교차했다.

　삼일교회 대학청년부 팀에서 가장 고심하고, 간사들이 가장 난처하게 생각하는 문제가 바로 '팀내 이성교제'다. 남녀가 함께 모여 있으면 이성 문제는 항상 존재하기 마련이지만 문제는 교제하는 방법이다.

　제일 수준 낮은 커플은 '티 내는 커플'이다. 그들은 팀 개편할 때도 같은 팀에 가려고 하고, 선교 가서도 같은 교회에 배정받으려고 하고, 예배시간에도 나란히 앉아 손잡고 드린다. 둘 사이에 다른 사람이 끼어들 틈이 없다. 난공불락의 성과 같다. 부부도 아니고 왜 그러는지 모르겠다 (부부도 그렇게 붙어 다니지는 않는다). '철이 없다'라는 말밖에 달리 표현할 길이 없다. 이런 커플은 팀 부흥의 걸림돌이 된다.

　이렇게 주위 사람들에게 덕을 세우지 못하는 커플이 어찌 주위의 축복을 받을 수 있겠으며, 하나님께서 기뻐하시겠는가? 그렇지 않아도 팀 내에 있는 노처녀, 노총각들이 짝이 없어 하루하루를 고통 속에 살아가고 있다. 결혼적령기를 훌쩍 넘겨 버린 형님 누나들도 줄지어 있다. 그런데 한참 어린 후배들이 눈앞에서 희희낙락하고 있으니 그것을 지켜봐야 하는 언니 오빠들의 마음은 찢어질 수밖에!

　앞에서도 언급했듯이 남녀간의 교제는 난로와 같아야 한다. 적당한 거리가 신비감을 주고 더 친밀감을 준다. 그렇게 허구한 날 본드처럼 딱 붙어 다니는 커플 중에 결혼까지 골인하는 커플은 거의 본 적이 없다. 성숙한 커플은 절대 티 내지 않는다. 예배시간에 손잡고 있지 않는다.

만남은 교회 밖에서 한다. 심지어 주위 사람들이 두 사람이 안 사귀는 줄 생각할 정도다. 사랑은 다른 사람이 모르는 두 사람만의 비밀을 간직할 때 더 깊어지는 법이다. 교제하는 것을 그렇게 떠벌이고 티 내서 좋을 게 뭐가 있겠는가?

L형제와 H자매는 8년 동안 교제하고 결혼한 케이스다. 그런데 연애 시절 두 사람이 교제하는 줄 아무도 눈치 채지 못했다. 그만큼 팀이나 주위 사람들에게 나쁜 영향을 주지 않기 위해 노력한 것이다. 두 사람이 교제하는 것을 알았던 사람들도 두 사람이 교회 내에서 하는 행동을 볼 때는 과연 서로 교제하는 것인지 의아해 할 정도였다. 심지어 자매에게 교제하는 형제가 있는 줄 알았지만 너무 티를 안 내니까 헤어진 줄 알고 대시한 형제가 있을 정도였다. 당시 두 사람은 간사 직분을 맡고 있었는데 탁월한 부흥을 일구어 냈다. 지금은 많은 제자들이 교회에 남아 헌신하고 있다. 이런 품위 있고 절제 있고 덕을 세우는 만남이 주위 사람들과 하나님의 축복 가운데 결실을 맺게 되는 것이다.

바울은 이런 말을 했다.

"모든 것이 가하나 모든 것이 유익한 것이 아니요 모든 것이 가하나 모든 것이 덕을 세우는 것이 아니니" 고전 10:23.

이 말씀은 남녀간의 이성교제에도 적용될 수 있다. 두 사람은 아무리 좋아서 하는 행동이라 해도 주위 사람들에게 덕이 되지 않으면 절제하는 것이 올바른 모습일 것이다. 티 내고 떠벌이면 오래 못 간다는 것을 기억하라.

헤어졌다면 함구하라

남녀관계에서 제일 치사한 사람이 누구일까? 헤어진 옛 애인을 뒤에서 욕하는 사람이 아닐까? 그래도 한때는 "너 없이는 하루도 못 산다."고 애걸복걸 했던 사이인데, 옛정을 생각해서라도 아련했던 추억들을 가슴에 고이 묻어두고 함구緘口하는 것이 상대방에 대한 최소한의 예의가 아닐까?

이전 교회 청년부에서 있었던 일이다. Y형제와 K자매는 청년부에서 만난 자타가 공인하는 커플이었다. 그런데 Y형제가 군대에 가 있는 사이에 K자매에게 다른 사람이 생겼다. 자매가 소위 고무신을 거꾸로 신은 것이다. 자매의 변심을 괘씸하게 여긴 Y형제는 앙심을 품고 친구들을 동원해 악성루머를 퍼뜨리고 협박 문자를 계속 보냈다. 견디다 못한 자매는 경찰에 신고하고야 말았고, 경찰에서는 협박 문자를 보낸 형제와 그 친구들에게 출두를 명령하기에 이르렀다. 청년부 담당 전도사는 사태가 심상치 않다는 것을 알고 두 사람을 급히 불러 화해시켰다. 형제에게 더 이상 이런 유치한 짓을 하지 않겠노라고 다짐을 받은 뒤 그 사건은 겨우 무마되었다.

물론 남자친구가 군에 간 사이에 다른 남자를 만난 자매도 잘못했지만, 떠난 사람을 놓아 주지 못하고 비신사적인 방법으로 복수를 시도한 형제도 질책받아 마땅하다.

우리는 이것을 알아야 한다. 이성교제는 결혼 전에는 언제든지 깨질 수 있다는 가능성을 전제로 하고 있다는 것이다. 교제하는 커플이 다 결혼에 골인하라는 법이 있는가? 그러므로 두 사람이 교제하다가 어떤 이유로 헤어지게 되면 서로에 대해 가타부타하지 말아야 한다. 그런데 헤어짐에 대한 분을 못 이겨 주위 사람들에게 전 연인에 대해 비방하는 말을 퍼뜨리고 다닌다면 그것보다 덕스럽지 못한 것도 없을 것이다.

특히 여자들에게 옛 애인에 대한 나쁜 말을 전했다는 것은 사실 모두에게 얘기한 것이나 다름이 없다. 물론 입이 무거운 여성도 없지는 않지만, 거의 대부분은 귀로 들은 말을 입으로 내뱉지 않으면 견딜 수 없어 하는 것이 여자들의 본능이요, 심리다. "발 없는 말이 천리 간다."는 것을 기억하라. 한번 뱉어 버린 말은 주워 담을 수도 없고, 상대방에게 씻을 수 없는 상처를 남긴다는 것을 깨닫고 입을 함부로 벌리지 마라.

나는 대학 시절 선교단체에서 만난 N자매와 교제한 적이 있다(그 일이 엊그제 같은데 벌써 20년 전이라니 나도 이제 늙었나 보다). 자매는 너무나 헌신적이었고 참했지만 내 인생의 반려자는 아니라는 생각이 들어 어느 날 그만 만나자고 했다. 자매는 나의 갑작스런 결별 선언에 큰 충격을 받은 듯했다. 그날이 하필이면 '밸런타인데이'여서 자매는 초콜릿까지 준비했는데 내가 헤어지자고 했으니 충격이 더했을 것이다(물론 그때의 결정에 후회는 없지만, 날을 잘못 잡았다는 생각은 한다).

지금도 인상적인 것은 나와 헤어진 후 자매의 나에 대한 태도이다. 어쩌다 학교에서 부딪히면 전혀 쌀쌀맞지 않게 대했고, 예의를 잃지 않았다. 비록 그녀와 이별은 했지만 그녀의 모습을 통해 '크리스천 청년들의 올바른 이별법'이 무엇인지 배웠다. 이런 이별이라면 서로에게 약이 되지 않겠는가?

반면에 헤어진 다음에 서로를 증오하고, 언젠가는 원수 갚는다고 와신상담(?)하고, 다른 사람들에게 입을 함부로 벌린다면 그보다 추한 모습은 세상에 없을 것이다.

크리스천 청년들이여!

헤어진 후에 신사가 되라! 숙녀가 되라!

공통분모를 찾으면 쉽게 친해진다

어니스트 W. 버게스와 폴 월린은 공저 『약혼과 결혼』에서 행복한 부부의 조건을 들고 있다. 그중 몇 가지만 적어 보겠다.

가정적 배경이 비슷하다.
어린 시절을 두 사람 모두 행복하게 보냈다.
결혼 전 상당 기간 동안 애인 또는 친구로 사귀었다.
부부 양쪽 모두 남녀친구들과 활발한 교제를 가졌다.
안전하고 안정된 직장을 가졌다.
배우자의 지성이 자기와 비슷하다고 평가했다.
두 사람 모두가 그들의 미래에 대해 자신을 가지고 있었다.

이것은 무엇을 의미하는가? 남녀가 비슷한 환경, 생각, 모습이 있을 때 더 큰 행복을 누릴 수 있다는 것이다. 사람은 상대방이 공통분모가 있을 때 더 친근감을 느끼고 마음문을 연다. 노련한 사업가는 프로젝트를 따내거나 돈을 차용하고자 할 때 절대 무조건 당사자를 찾아가 단도직입적으로 요구하지 않는다. 먼저 상대방의 취향과 취미를 미리 파악하고 연구해서 접촉점을 찾기 위해 노력한다. 예를 들어 상대방이 그림에 조예가 깊다면 그 사람이 어떤 화가를 좋아하고 어떤 그림을 선호하는지 미리 숙지한 후 사무실을 방문한다. 그리고 사무실에 걸린 그림에 대해 넌지시 얘기를 꺼내면서 그의 그림과 그림에 대한 안목을 격찬한다. 거기다가 그가 좋아하는 그림까지 선물한다면 상대방의 마음은 녹아내리고 말 것이다. 그러면 거래는 이미 성사된 것이나 다름 없다.

남녀관계도 마찬가지다. 서로의 공통분모를 찾는 것이 중요하다. 특히 한국인들은 혈연, 지연에 약하다. 이것이 부정적으로 작용할 때도 있지만, 남녀관계에서는 잘 활용하면 상대방의 마음을 빼앗는 최고의 무기가 될 수 있다.

같은 동네는 아니더라도 같은 전라도, 경상도 지역에만 살아도 상대방은 일단 경계심을 푼다. 같은 중학교, 고등학교 출신이면 두 사람은 더욱 가까워질 수 있는 분위기가 조성된다. 더욱이 부모님 사이에 친분이 있다면 그 집에 방문할 수 있는 기회도 잡을 수 있다.

내 아내는 '진주 강씨'다. 강씨는 진주 강씨, 하동 강씨가 전부인 걸로 알고 있다. 나의 고향도 진주다. 이 얼마나 절묘한 우연인가? 나는 그녀를 만날 때마다 우리는 같은 진주 사람이고, 우리의 뿌리는 같다고 외쳤다. 그것 뿐만이 아니다. 나의 큰 누님 이름이 '최은숙'인데, 아내의 이름은 '강은숙'이다. 나는 그녀를 볼 때마다 큰 누님이 생각난다고 무언의 암시를 심어 주었다. 그렇게 나의 존재를 계속 각인시켰다.

그러다가 내가 대만 선교를 가게 되었는데 그녀에게 기도 제목을 주면서 기도해 달라고 부탁했다. 그리고 선교에서 돌아와서는 기도해 줘서 고맙다고 대만제 빨간 지갑을 선물해 주었다(지금도 아내는 그 지갑을 사랑의 증표로 고이 간직하고 있다). 물론 아내가 워낙 순수하고 착해서 나의 그런 유치하고 단순한 작업에 넘어온 것도 있지만, 나의 기막힌 접촉점, 공통분모를 통한 접근이 주효했다고 할 수 있다.

왜 수많은 동호회들이 인산인해를 이루는가? 취미라는 공통분모를 통해 친목을 도모하고 삶의 스트레스를 해소할 수 있기 때문이다. 그들에게 있어서 취미와 동호회 모임은 삶의 일부분이고 삶의 활력소다. 그래서 같은 직업, 같은 취미를 가진 사람들끼리 연인이 되고, 결혼까지 발전할 가능성이 높은 것이다. 우리 크리스천은 생명보다 귀한 '예수 그리스도'라는 공통분모를 갖고 있다. 그것이 우리를 세상의 어떤 동호회, 심지어 혈연보다 강하게 묶어 준다.

그러므로 이성의 마음을 얻고자 한다면 상대가 좋아하는 것이 무엇인지 파악하는 것이 중요하다. 음식이든, 취미든, 무엇이든 상관없다. 심지어 상대방이 자주 사용하는 단어나 말의 어투까지 파악하라. 그리고 그와 비슷해지기 위해 노력하라. 상대방과 비슷해질수록 그 마음을 얻을 확률은 더 커진다.

예를 들어 상대가 "난 저 노래 좋아해요."라든지 "저 색깔 참 예쁘네요."라는 식으로 취향을 표현할 때 꼭 기억해 두었다가 나중에 무심코 이렇게 말해보라.

"나 저 노래 좋아해요. 당신도 저 노래 좋아하죠?"

그러면 그 사람은 당신과 뭔가 통하는 것을 느끼게 될 것이고, 한 발자국 가까이 다가올 것이다. 또한 상대의 말투 중 특이한 게 있다면 가끔씩 써 보라. 그는 사랑스런 미소를 띨 것이다.

특히 여자는 자신의 외모에 관련된 이야기나 자기가 지닌 것들에 대한 이야기를 좋아한다. 그녀의 헤어스타일, 그녀의 옷, 그녀의 보조개, 그녀의 목걸이, 그녀의 머리핀 등이 연관된 이야기는 분명히 그녀의 관심을 끌 것이다. 그러므로 평상시 그녀의 외모와 관련된 공부를 해두었다가 그녀와 같이 자리하게 되었을 때 우연히 생각난 듯이 이야기를 한다면 그녀는 당신을 매우 괜찮은 사람이라고 생각할 것이다.

만일 그녀의 코가 오똑하다면 클레오파트라에 대해 알아 두었다가 그녀에게 클레오파트라와 시저의 사랑 이야기 또는 클레오파트라의 아름다움에 관한 이야기, 아니면 영화 "클레오파트라"를 보고 그 내용이 기억 속에 오래 남았다는 이야기를 열심히 해준다. 이야기가 끝날 때쯤 그녀는 의문이 생길 것이다.

'왜 그 이야기를 내게 하지?'

그때쯤 "그냥 널 볼 때마다 클레오파트라가 생각나."라고 하는 것이다. 대부분의 여자들은 배꼽을 잡고 웃을 것이다. 하지만 그날 당신에게 들은 이야기는 좀처럼 그녀의 머릿속을 떠나지 않을 것이다.

만약 그녀의 분위기가 영화배우 김혜수 씨를 닮았다면 김혜수 씨가 출연했던 영화나 비디오를 보고 그 이야기를 열심히 해주라. 심지어 당신이 김혜수 팬클럽까지 가입했다고 말해 준 후, 마지막으로 이렇게 말하는 것이다.

"넌 정말 김혜수하고 분위기가 너무 똑같아."

그럼 그녀는 유치하다면 유치할 수도 있지만 자기를 그렇게 평가해 주는 당신에게 상당히 고마워할 것이다.

  뭐 특별하게 생각나는 게 없다면 평소 하고 다니는 액세서리나 헤어스타일 또는 옷차림에 관심을 가져 주고 칭찬해 주라. 귀걸이를 하고 왔다면 그녀가 의식할 수 있을 정도로 귀걸이에 시선을 주라. 그녀가 "왜요?"라고 묻거나 묻는 듯한 표정을 지으면, "그 귀걸이 꽤 고급스러워 보이는데요? 참 특이하고 귀엽네요. 너무 잘 어울려요."라고 말하는 것이다. 아마 다음날도 그녀는 그 귀걸이를 하고 올 것이며, 다음에 귀걸이가 바뀌면 은근히 당신이 한마디 해주기를 바랄 것이다.

  상대가 관심 없어 하거나 싫어하는 것을 추구한다면 어찌 그 사람의 마음을 얻을 수 있겠는가? '그 사람이 좋아하는 것은 나도 좋아한다.'는 생각이 중요하다. 이성의 마음을 얻는 길이 이렇게 멀고도 험하지만 이 정도의 대가는 충분히 지불할 가치가 있지 않은가?

찬란한 미래의 청사진을 보여주라

남자도 마찬가지겠지만, 특히 여자는 누구를 만나느냐에 따라 인생이 180도 달라진다. 장사꾼을 만나면 장사꾼의 아내로 평생 살아야 할 것이고, 목사를 만나면 사모가 될 것이고, 대통령을 만나면 영부인으로 대접받으며 살 것이다. 그러기에 여자는 남자보다 만남과 결혼에 있어서 더욱 신중해질 수밖에 없고, 여러 가지 조건들을 꼼꼼히 따질 수밖에 없다. "이 남자가 과연 나를 평생 이끌어 주고 책임질 수 있는 믿음직한 사람인가? 앞으로 점점 성장하고 발전할 사람인가? 미래가 밝은 사람인가?" 하는 것들을 신중하게 본다는 것이다.

그러므로 남자쪽에서는 현재 별로 내세울 것이 없을지라도 찬란한 미래가 펼쳐질 것이라고 여자에게 확신을 줄 필요가 있다. 미래에 대해 소망도, 확신도 없는 남자에게 어떤 여자가 인생을 맡기겠는가?

무엇보다 남자는 희망이 넘쳐야 한다. 약간 허풍쟁이가 되어야 할 필요도 있다. 당신에게는 거대한 꿈이 있다는 걸 자주 보여줘서 그녀로 하여금 당신이 정말 그렇게 될 것이라는 믿음을 불러 일으켜야만 한다. 제복을 입은 군인이나 총학생회장이 여자들에게 인기 있는 것도 대부분

그들에게는 야망이 보이기 때문이다.

불행히도 이도 저도 해당사항이 없다면 언젠가는 당신이 성공하리라는 것을 인식시켜 줘야 한다. 당신과 사귀어서 나쁠 것이 없을 것이라고, 오히려 즐거운 일이 많아질 것이라고 분위기를 유도해야 한다. 그리고 당신과 잘되면 아주 행복해질 수 있다는 미래의 비전까지도 살짝 내비치면 더 좋을 것이다. 이때 당신의 꿈이 마치 정말로 이루어질 것 같은 단정형 어투로 말하는 것이 중요하다.

"저는 30년 후면 중소기업 사장이 되어 있을 겁니다. 10년쯤 후에는 유망한 청년 사업가로서 많은 사람의 부러움을 살 겁니다."

이런 이야기들이 약간은 계산적이라고 생각할 수도 있다. 하지만 모든 여자들은 알게 모르게 백마 탄 왕자를 기대한다. 연애를 잘하려면 최대한 백마 탄 왕자와 비슷하도록 노력을 해야 한다.

나는 아내를 만날 때마다 손에 잡힐 듯한 찬란한 미래의 청사진을 보여주었다. 내 뒤에는 기도하는 부모님이 계시고, 내가 얼마나 하나님을 신뢰하고 있는지, 지금은 강도사지만 낼 모레면 목사가 될 것이고, 어떤 목회 비전을 가지고 있는지 입에 침을 튀겨 가며 말해 주었다. 사실 약간의 과장도 섞여 있었지만 아내는 나의 이런 확신 넘치는 태도에 내심 안심하는 눈치였다.

남자라면 이 정도의 자신감이 있어야 한다. 그런데 "10년 후에도 지금 내 모습과 별 다를 것이 없다."고 힘없이 얘기한다면 "저 남자 결혼하면 내가 먹여 살려야 하는 거 아니야?" 하면서 불안에 떨게 될 것이다.

사람은 자신의 입술의 열매를 먹는다고 하지 않던가?

"사람은 입의 열매로 인하여 복록을 누리거니와 마음이 궤사한 자는 강포를 당하느니라" 잠 13:2.

지금은 아무것도 없어도 이루어지리라고 자꾸 외치면 실제로 이루어진다고 본다. 그러므로 남자의 말에 약간의 과장과 허풍이 섞여 있어도 그렇게 말할 수 있다는 자체가 믿음의 사람이라는 증거다.

남자가 너무 잘난척해도 역겹지만 그래도 "나는 아무것도 할 줄 몰라요. 그냥 지금처럼 살래요."라고 지나친 겸손을 떠는 것보다는 봐줄 만하지 않은가? 주머니에 지금 가진 것이 없어도 찬란한 미래를 꿈꾸면서 기죽지 않고 당당하게 산다면 그게 남자의 매력 아니겠는가?

그러므로 여자들이 배우자를 선택하는 중요한 기준 중 하나는 남자의 현재보다는 미래를 보는 것이다. 현재의 모습에만 너무 연연하면 좋은 배우자를 놓칠 수 있다. 비록 지금은 경제적으로 안정되지 못하고 사회적으로 기반을 잡은 것이 없을지라도 장래와 가능성이 있는 사람이면 좋은 배우자가 될 수 있다. 기독교는 현재보다 미래를 중시하는 종교다. 비록 지금은 가진 것이 부족할지라도 미래에 대한 비전과 가능성이 있는 사람을 만나기를 바란다.

여성들이여! 자신의 미래에 대해 낙관적인 남자를 만나라. 실제로 그의 미래는 점점 밝아질 것이다.

남성들이여! 지나친 겸손은 금물이다. 지금은 아무것도 가진 것이 없어도 "미래는 나의 것, 우리의 것이다!"라고 당당하게 외쳐라. 입술만 제대로 살아 있어도 소망이 있다.

일대일 만남의 위험 Vs. 함께 어울림의 유익

연애 시절 남녀가 사랑에 빠지면 둘만의 비밀스런 시간을 갖기를 원한다. 하지만 둘만의 만남이 다 유익한 건 아니다. 여러 가지 위험에 노출되어 있다.

첫째, 상대방을 객관적으로 보는 시각을 잃게 된다.
소위 눈에 콩깍지가 끼면 상대방의 장점과 단점을 구분할 수 없게 된다. 상대방의 단점도 좋게 본다는 것은 좋은 일이나, 그것이 치명적인 약점일 경우에는 연애 시절에 어느 정도 개선되지 않으면 결혼생활에 큰 장애물로 작용할 수 있다.
이런 부분은 여러 사람이 함께 어울리는 공동체생활을 통해 어느 정도 극복될 수 있다. 여러 사람과 함께 있으면 상대방의 나에 대한 태도뿐만 아니라 다른 사람에 대한 태도도 볼 수 있고, 객관적인 시각을 가지고 그를 평가할 수 있다. 그렇게 충분한 시간의 검증을 거친 후에 짝을 선택해도 늦지 않다. 그런데 문제는 대부분의 사람들이 일대일 만남에서 드러나는 상대의 모습이 전부인 양 착각한다.

M형제는 형제들 사이에서는 너무나 신사적이고 친절하다. 그런데 자매들과의 관계에서는 빵점이다. 자매들 앞에서는 그렇게 무례할 수가 없다. 이성이 마비된다. 어찌할 바를 모른다. 너무 저돌적이고 성급하다. 이러한 것들은 일대일 관계에서는 잘 알 수 없고 여럿이 함께 어울릴 때만 발견할 수 있다.

둘째, 일대일 만남은 육체의 유혹에 빠지기 쉽다.
일대일 만남이 6개월 이상 지속되면, 서로의 발전과 성숙을 위해 노력하지 않거나 영적 훈련을 쌓지 않으면 할 말이 없어진다. 거의 매일 만나는데 뭐 새로운 화젯거리가 있겠는가? 그러면 나타나는 현상이 점점 캄캄하고 은밀한 장소를 찾아 스킨십에 몰두하는 것이다. 스킨십에는 후퇴가 없다. 요즘은 혼자 자취하는 청년들이 많아 더 큰 유혹에 노출되어 있다. 서로가 순결에 대한 자각이 부족하면 혼전관계로 큰 상처를 남길 수도 있다. 오래 사귀면 사귈수록 이 부분에 있어서 조심하고 절제해야 한다.
그러나 여럿이 함께 어울리면 이런 유혹은 전혀 없다고 봐도 무방하다. 맑고 깨끗한 정신으로 더 발전적인 만남이 이루어진다. 각 사람에게 있는 고유한 아름다움을 발견할 수 있다.

셋째, 돈이 많이 든다.
나는 연애 시절 아내와 하루 종일 같이 있었던 적이 많다. 그렇게 되면 차비, 식비, 영화비 해서 2-3만원은 금방 깨진다. 학생 신분에 부담되는 돈이다. 각자 계산하는 것에도 한계가 있다. 거기다 선물 비용까지 합치면 만만찮은 돈이 든다. 조금 과장하면 내가 연애 시절 쓴 돈을 다 합치면 아마 집 한 채를 사고도 남을 것이다.

  그러나 함께 어울리면 사람 숫자가 많을수록 경제적이다. 10명이 만 원씩만 내면 10만원이 된다. 그 돈으로 즐겁고 유익한 하루를 보낼 수 있다. 경제력 있는 사람이 조금만 더 희생하면 내가 지출하는 돈은 더 적어진다.

  물론 일대일로 만나면 어디에서도 맛볼 수 없는 둘만의 황홀함과 짜릿함이 있다. 하지만 결혼 전에는 단 둘만의 만남보다는 함께 어울림의 유익이 더 크다는 것을 부인할 수 없다.

  어떤 사람을 한동안 계속 만나왔고, 결혼을 염두에 두고 있을지라도 그 사람에 대해 분명하게 안다고 자만해서는 안 된다. 서로에 대한 좀더 폭넓은 경험이 필요하다. 그러므로 배우자가 될 사람과 다양한 시간과 장소와 모임에서 만나보라. 아침이나 저녁 늦게, 힘들어 할 때와 즐거울 때, 그리고 많은 사람들과 어울리면서 다양한 활동들을 같이 해보라. 그렇게 해야 나중에 당황하는 일이 줄어들 것이다.

집착하면 도망가느니라

O형제와 L자매는 특별새벽기도 때 카풀하면서 만나 자연스럽게 교제를 시작했다. 기도의 자리에서 만난 커플이라는 나름대로의 자부심도 있었다. 그런데 만난 지 3개월 정도 지나 문제가 발생했다. 형제가 자매에게 너무 집착하는 것이었다.

자매가 교회에서 다른 형제와 얘기하는 것을 보기라도 하면 "그 형제와 어떤 사이냐?"며 계속 추궁했다. 자매가 실수로 휴대폰을 집에 두고 나가 받지 않는 날이면 수십 통씩 계속해서 문자를 보냈고, 서로 다투기라도 한 날에는 자정이 넘은 시각에 할 말이 있다며 집 앞으로 찾아오곤 했다.

처음 한두 번은 '나를 너무 좋아해서 그렇겠지.' 하고 넘어갔다. 그런데 정도가 점점 심해지더니, 나중에는 스토커는 저리 가라 할 정도였다. L자매는 형제가 혹시 '의처증 초기증세'가 아닌가 의심될 정도였다고 한다.

이 정도면 두 사람의 관계는 더 이상 발전할 수 없다고 봐야 한다. 이렇게 상대에게 지나치게 집착하고 부담을 주는 관계가 성사된 적은 거의 없다. 얼마나 상대를 믿지 못했으면 자기 외에는 만나지 못하게 하고, 작은 행동 하나하나까지 추궁하겠는가? 사랑은 상대방에게 자유를 주고, 날개를 달아 주는 것이다. 진정 상대를 사랑한다면, 내 사랑이 진실하다면, 상대방이 마음껏 활동하고, 대인관계를 넓히고, 좋은 경험을 많이 할 수 있도록 격려하고 독려하는 것이 마땅하다. 새장 안에 상대를 가둬놓고 나만 보려고 해서는 안 된다.

남녀가 만나서 깨지는 가장 큰 이유 중 하나는 남자가 설치는 데 있다. 남자는 첫 만남이라도 여자가 조금만 웃어 주고 잘해주면 쉽게 자신을 사랑하고 있다는 착각에 빠진다. 이에 비해 여자는 대체적으로 느긋하다. 전혀 서두르지 않는다. 그런데 남자가 처음부터 너무 설치고 집착하면 당연히 여자는 부담감을 느끼면서 그를 멀리하게 된다. 그러다 둘은 영영 끝나 버리게 된다.

사랑에 빠진 사람과 정신질환자에게는 감정적, 생물학적 유사점이 있는데, 가장 두드러진 증상이 '강박증'이라고 한다. 이는 한 가지에 모든 열정을 쏟아 붓고, 외곬으로 빠지는 것이다. 그래서 사랑에 빠지면 다른 사람은 눈에 보이지 않고, 판단력이 흐려져서 그 사람의 예쁜 점, 장점만 크게 보이는 것이다. 때문에 이성을 잃을 정도로 미칠 듯이 사랑할 때는 결혼을 잠시 유보하는 것이 좋다.

여자는 연과 같은 존재이다. 그래서 당기고 풀고를 잘해야 한다. 무작정 당긴다고 되는 것이 아니다. 남자가 분수처럼 너무 자주 전화하고 찾아가고 하면 여자는 질려 버리기 쉽다. 적당히 거리를 유지하면서 잘 조절해야 사랑이 오래갈 수 있다는 것을 명심해라.

남녀관계, 부부관계 할 것 없이 모든 인간관계는 '신뢰와 사랑'이라는 두 기둥 위에 세워져야 무너지지 않는다. 비록 상대방이 실수를 했더라도 좀 모른척 해주고, 덮어 주고, 살짝 눈감아 주면 금방 제자리로 돌아온다. 그런데 자꾸 추궁하고, 집착하고, 집요하게 파고들면 상황은 더 악화되고 만다. 집착은 결코 사랑이 아니다.

크리스천 청년들이여, 명심 또 명심해라.

"집착하면 도망가느니라!"

남자의 눈물, 그리고 진실

"Honesty is the best policy."라는 외국 속담이 있다. "정직이 최선의 방책"이라는 뜻이다. 어떠한 상황에서든지 진실하고 정직하다면 그것이 최선의 해결책이 된다는 뜻이다. 남녀관계에서도 마찬가지다. 물론 이것은 자신의 과거를 상대방에게 다 말해 버리라는 것이 아니다. 그런 의미에서의 진실이 아니라, '사랑 고백'을 할 때 진실하라는 것이다.

누군가를 사랑한다면 못난이같이 머뭇거리지 말고 사랑한다고 진실한 태도로 고백해 보라. 많은 사람들이 퇴짜 맞는 것이 두려워서 좋아하는 사람에게 자신의 마음을 고백해 보지도 못한다. 그러다가 그 사람이 다른 사람에게 간 후에야 슬피 울고 이를 간다.

많은 여자들이 이런 얘기를 한다.

"정말 혐오감을 주는 사람만 아니라면, 정말 잘해주고 끈질기게 따라다니면 안 넘어갈 여자는 거의 없을 걸요?"

특히 여자들의 무기가 눈물이라면, 남자들의 '필살기'도 눈물이다.

몇 년 전 시사주간지 『한겨레21』이 대기업 남자사원 300명을 대상으로 '남자들의 눈물에 대한 생각'을 설문조사했다. 결과에 따르면 과반 수 53%에 이르는 남성들이 남자의 눈물이 '불쌍하고 처량하다'고 생각하는 것으로 나타났다. 그리고 울고 싶을 때 참는다는 사람도 80% 239명에 이르렀다.

"울고 싶을 때 울지 못하는 가장 큰 이유는 무엇인가?"라는 질문에 38.5%는 "남자는 눈물을 흘려서는 안 된다는 생각 때문에", 31.8%는 "자주 울지 않아 우는 데 익숙하지 않아서"라고 대답했다. 대부분의 남성들이 '눈물은 참아야 하는 것'으로 어릴 때부터 교육받아 왔고, 눈물을 절제하고 억압하는 것을 미덕으로 알고 있는 것이다.

"가장 최근 당신이 운 것은 언제인가?"라는 질문에는 64%가 1년 이내에 운 적이 없다고 응답했다. 이 가운데 5년 이전이 16%, "언제 울었는지 기억나지 않는다"가 26%를 차지해 남성들의 의도적인 '안구건조 눈물 결핍증'이 심각한 수준임을 알 수 있다.

이렇게 남자의 눈물은 좀처럼 볼 수 없기 때문에 한번 흘리기만 하면 여자들은 넘어갈 수밖에 없다. 남자가 지금까지 어떻게 살아왔는지 털어놓으며 눈물을 흘리면서 "너밖에 없다."고 하면 여자의 마음은 흔들리게 마련이다. 그만큼 진실은 힘이 있다. 이것을 악용하는 카사노바들도 있지만, 대부분의 남자의 눈물은 진실을 담고 있다고 봐도 옳다.

Y형제는 우연히 예배시간에 P자매 옆에 앉았다가 아름다운 미소와 예배드리는 모습에 홀딱 반했다(역시 자매가 잘 웃어서 손해 보는 경우는 거의 없는가 보다). 형제는 미소가 아름다운 자매의 뒷조사를 은밀하게 시작했다. '싸이 홈피'에도 들어가 보고, 그녀와 친한 자매에게 잘해 주면서 정보를 캐내기도 했다.

Y형제는 P자매보다 겨우 3살이 많지만, 외모는 거의 삼촌 수준이었다. 겉으로는 전혀 어울릴 것 같지 않았다. 하지만 형제에게는 비장의 무기가 있었으니, 바로 능력을 겸비한 눈물이었다. 형제는 자매에게 선물과 함께 계속 눈물의 애정공세를 펼쳤다. 한번은 비 내리는 저녁에 집 앞으로 찾아가 비를 흠뻑 맞으면서 눈물을 머금고 고백했다고 한다.

"내가 얼마나 자매를 생각하고 있는지 알아 줘요. 자매를 위해 다 준비해 두었으니 자매는 몸만 오면 됩니다. 제발 나의 마음을 받아 주세요."

하늘도 형제의 눈물의 프로포즈에 감동했는지 결국 자매의 마음 문이 열렸고, 두 사람은 결혼까지 하게 되었다(이 이야기는 자매에게 직접 들었다). 두 사람의 결혼식에서 나는 축복기도를 해주었다. 부디 두 사람 계속 행복하길 바란다.

지금 좋아하는 사람이 있는데 망설이고 있다면, 용기를 내서 눈물의 고백을 하길 바란다(눈물 어린 진실한 고백에 능력까지 겸비했으면 금상첨화다). 단 조건이 있다.

첫째, 그 사람만을 향한 진실한 고백이어야 한다. 눈물은 한 사람을 위해 준비된 신성한 것이다. 여기저기 헤프게 사용했다가는 영영 매장될지도 모른다.

둘째, 상대방이 나를 몸서리치게 싫어하지 않아야 한다. 나를 너무너무 싫어하는데 계속 애정공세를 퍼붓는다면 사태는 점점 악화될 뿐이다. 열 번 찍어 안 넘어가는 나무도 분명 있다.

연애 성공, 기도에 달렸다

신학대학원 다닐 때 많은 전도사들이 이성교제를 하고 있었다. 나는 당시 만나는 사람이 없었기 때문에 그들의 연애 사역(?)을 부러운 눈으로 지켜볼 따름이었다. 그런데 그들이 한결같이 하는 말이 있었다. "연애는 기도"라는 것이다.

당시만 해도 2학년 때까지는 의무적으로 기숙사 생활을 했기 때문에 교제하는 사람과 자주 만날 수 없었을 테고, 공부와 사역을 동시에 감당하면서 연애까지 하려니 얼마나 벅찼을까? 기도가 절로 나왔을 것이다 (우스갯소리 같지만 저녁마다 뒷동산에 올라가 부르짖는 전도사들은 거의 다 연애중이었다).

남녀가 교제하면서 갈등도 다툼도 없는 경우는 거의 없을 것이다. 성격 차이, 가치관 차이에서부터 아주 사소한 것에 이르기까지 온갖 일로 다툰다. 심하게 다투면 일주일씩 연락을 끊고 지내는 경우도 있다. 그런 복잡하고 미묘한 남녀관계의 숱한 난관들을 크리스천들은 어떻게 극복할 수 있겠는가? 기도밖에 없다. 엎드릴 수밖에 없다.

P목사는 전도사 시절 연애할 때 다투기만 하면 아무 말 없이 어디로 달려갔다고 한다. 한번은 자매가 따라가 보니 교회 본당이더란다. 지금

도 부부싸움만 하면 P목사는 교회 본당으로 달려가는 습관이 있다고 한다. 눈물로 기도하고 일어서면 다시 사랑할 맘이 생기고 용서할 맘이 생긴다는 것이다. 어떤 이는 부부싸움만 하면 산책을 한다고도 하는데, 기도의 자리로 달려가는 것이 백 배 나은 갈등 해결법이 아닌가 싶다.

주위의 교제하고 있는 사람들을 봐도 기도하는 커플과 그렇지 않은 커플은 확실히 다르다. 갈등 해결 능력이 다르고, 신앙생활하는 모습이 확연히 차이가 난다. 결혼 후에도 기도의 끈을 놓지 않는 부부는 별 갈등 없이 원만한 가정생활을 하는 것을 보게 된다.

반대로 연애 시절에는 상대를 얻기 위해, 결혼 승낙을 받기 위해 40일 작정 새벽기도도 불사하던 사람들이 결혼 후에는 기도의 자리에 거의 보이지 않는 경우가 있다. 그런 사람들에게는 예외 없이 갈등과 어려움과 시험이 그치지 않는 것을 보게 된다. 만일 가정에 어려움이 닥치고 시험이 있다면 연애 시절의 영적 뜨거움과 첫사랑을 회복하라는 하나님의 신호임을 알고 기도의 자리로 다시 달려나가길 바란다.

실제로 나 자신도 기도생활을 게을리 하고 영적으로 나태해지면 자기 컨트롤이 안 되고, 쉽게 짜증이 나고, 아무것도 아닌 일로 아내에게 화를 내게 된다. 그리고 보면 크리스천들은 기도라는 호흡을 하지 않으면 영적 죽음을 맛보나 보다. 우리에게 기도라는 갈등 치료제를 주신 하나님께 감사하자.

첫사랑은 왜 아픔으로 끝날까?

점점 이성교제 연령이 낮아지고 있다. 어떤 사람이 길을 가다 5-6살 됨직 보이는 아이들이 놀고 있는 것을 보았다. 아이들이 하는 얘기를 가만히 들어보니 소위 미팅을 하고 있는 것이 아닌가? 서로 존댓말을 써가면서 이런 말을 주고받더란다.

"어디 사세요? 취미가 뭐예요? 저는 이순재 아저씨 좋아하는데 그쪽은 누구 좋아하세요?"

내가 중고등학교 다닐 때만 해도 반에서 소위 잘나가는 한두 명을 제외하고는 이성 친구를 사귄다는 것은 생각도 못했다. 그럴 시간도 없었다. 그때는 선생님들로 구성된 '교외 단속반'이 있어서 짧은 머리에 교복을 입고는 극장이나 당구장에도 맘대로 출입할 수 없었다. 그래서 고등학교 때의 최고의 꿈은 빨리 대학 가서 여자친구 사귀는 것이었다.

그런데 지금은 초등학생들도 미팅을 하고 이성교제를 한다고 한다. 중고등학생들은 말할 것도 없다. 얼마 전 매스컴에서 고등학교 축제 장면을 보여준 적이 있다. 그날의 최고 목표는 이성 친구를 사귀는 것이라고 했다. 축제 공연 중에는 거의 성인 나이트클럽을 방불케 할 정도로 선정적인 것도 있었다.

　사람은 나이에 맞는 일과 책임이 있다. 갓난아이는 잘 먹고, 잘 자고, 잘 배설하면 엄마 아빠에게 효도하는 것이다. 초등학교 때는 친구들과 잘 어울리고 건강하면 그것으로 부모님의 마음은 흡족하다. 중고등학교 때는 뭐니 뭐니 해도 공부에 전념해야 할 때다. 아직은 유럽 선진국들과 달리 입시로 대학이 정해지고, 평생의 진로와 직업이 결정되는 경우가 많기 때문이다. 그런데 중고등학교 때부터 너무 이성을 밝히고 배우자를 만나고자 한다면 더 중요한 것들을 놓치고 말 것이다.

　결혼이라는 것은 단순히 한 남자와 한 여자가 만나 같이 사는 것 이상을 의미한다. 서로를 책임져야 하고, 경제적, 정신적, 영적으로 독립할 수 있는 여건과 능력이 구비되어야 한다. 무엇보다도 결혼에 대한 가치관이 정립되어 있어야 한다.

　주위를 보면 너무 어린 나이에 동거하다가 미혼모 미혼부가 된 청소년들이 있다. 그들이 겪어야만 하는 고통은 말로 다할 수 없다. 아직 아기를 낳아 기를 만한 능력과 여건이 전혀 갖추어지지 않은 상태에서 덜컥 엄마 아빠가 되었기 때문이다. 결혼이라는 것은 무조건 식만 올린다고 다가 아니다. 제때 해야 하고, 잘해야 하고, 주위의 축복 속에서 떳떳하게 해야 행복할 수 있다.

　첫사랑이 왜 이루어지지 않고 아픔으로 끝나는 경우가 많을까? 다 그런 건 아니지만 첫사랑은 주로 어릴 때 경험한다. 모든 것이 미숙하고 철없고 열정만 있을 때다. 그냥 이성만 생각하면 가슴이 콩닥콩닥 뛴다. 미래의 계획이나 서로에 대한 책임감 같은 것은 전혀 없다. 그냥 좋으니까 만날 뿐이다. 그렇게 첫사랑은 제대로 준비되지 않은 시기에 하는 경우가 많기 때문에 걸림돌이 많고 해야 할 일도 많다. 이렇게 여러 가지 일이 겹치다 보면 헤어지기 쉽다. 무엇보다도 아직 인격이 형성되는 시기이기 때문에 두 사람 사이의 갈등을 해결할 능력이 부족하다. 그래서 남자가 군대를 가거나, 여자가 유학을 가거나, 두 사람 사이를 흔들어 놓는 어떤 일이 생기면 견디지 못하고 헤어지게 되는 것이다. 또한 결혼까지 가려면 많은 시간을 기다려야 한다. 그런데 점점 나이를 먹으면서 사람을 보는 기준 또한 바뀌기 쉽다. 간혹 8-10년 사귀고 결혼한 커플들도 있으나, 대학교 1, 2학년 때 만나 결혼까지 가는 경우는 거의 없다고 봐야 한다.

"No dating!"이라는 말이 생각난다. 내 생각에는 경제적, 정신적으로 독립할 수 있고 어느 정도 결혼의 여건이 갖춰지기 전까지는 배우자를 선택하는 일은 절제하는 것이 좋다고 본다. 혹시 이성을 만나더라도 가볍게 친구 사이로 만나고, 일대일로 만나 깊은 교제를 하기보다는 여럿이 함께 어울리면서 많은 사람들과 인간관계를 맺는 것이 더 도움이 되지 않을까? 너무 이른 나이에 이성에 눈을 뜨게 되면 더 중요한 것을 놓칠 수도 있다. 가장 좋은 것은 결혼의 때가 차서 배우자를 만나 1, 2년 정도 교제하다 결혼하는 것이 아닐까 싶다.

과거는 묻지 마세요

신혼 초에는 많은 남자들이 신부의 과거에 대해 궁금해 한다.
"내가 처음이야? 나 말고 몇 명이랑 사귀어 봤어?"
이때 여자들은 어떻게 대답해야 할까? 과연 과거를 어디까지 밝혀야 할지 심히 고민될 것이다. 그러나 여자들의 대답이 어디까지 진실인지는 별로 중요하지 않을 수도 있다. 남자들이 진정 원하는 것은 그녀의 '솔직한 과거'가 아니라 자신을 향한 '진실한 마음'이기 때문이다. 과거야 어찌 되었든 지금부터 그녀에게 최고의 남자는 바로 그라는 것만 확실히 심어 주면 된다. 그러므로 남자의 집요한 추궁에서 벗어나기 위해서는 과거에 대한 솔직함보다는 지금 그가 내 마음의 전부임을 확실히 느끼게 해주면 된다. "당신이 내 영원한 첫 사랑이야!" 그러면 된다는 것이다.

"사랑하는 사람에게는 진실해야 한다, 솔직해야만 한다."고 과거를 낱낱이 얘기하는 사람은 어리석다고밖에 할 수 없다. 물론 자랑하고 싶고 좋았던 추억들은 얼마든지 말해도 좋다. 그런데 "내가 누구누구를 얼마 동안 사귀었다."는 것은 캐물을 필요도, 말할 필요도 없다. 그리고 그런 이야기를 제 삼자를 통해 들었다 해도 상대방을 추궁할 필요가 없다. 그 이야기를 꺼내 두 사람 사이에 득이 될 것은 하나도 없다. 더욱이 결혼해서 잘살고 있으면서 상대의 과거를 끄집어낸다는 것은 심하게 말하면 자폭행위나 같다.

설사 "다 이해하고 용서하겠다."고 상대가 꼬드겨도 절대 얘기해서는 안 된다. 특히 대부분의 남자들은 머리로는 여자의 과거를 다 이해한다고 하지만, 실제로 여자친구에게 과거를 직접 들으면 그 모습이 상상되면서 기분이 나쁘다고 한다. 기분이 좋을 때는 그냥 넘기겠지만, 영적으로 다운되고 싸움이라도 하면 그 이야기가 언제 안좋게 불거질지 모른다. 게다가 남자는 여자의 과거를 혼자 있을 때 되새길 수도 있다. 그러므로 과거에 어떤 사랑을 했든 간에 자신의 기억 속에만 묻어두는 것이 최선이다.

C형제의 고백을 들어보자.

"지금 사귀는 자매가 교회의 다른 팀 형제랑 사귄 적이 있다는 건 알고 있었어요. 그런데 자매가 그것을 사실대로 말하는데 정말 괴로웠어요. 그 얘기를 듣고 힘들다고 솔직히 고백한 후 일주일 정도 만나지 않았어요. 평소에 저는 개방적인 사람이라고 생각했는데, 아는 거랑 직접 듣는 것은 상당히 다르더라고요."

이런 이야기를 들은 적이 있다.

어느 집에 아주 단단하고 튼튼한 항아리가 있었다. 몸을 기대도 끄떡하지 않는 아주 듬직한 항아리였다. 그런데 어느 날 담장 밖에서 날아온 야구공에 맞아 항아리가 그만 깨져 버렸다. 그 크고 단단했던 항아리가 말이다. 문제의 야구공을 친 철이는 엄마한테 혼날까 무서워서 순간접착제로 항아리 조각들을 일일이 붙이기 시작했다. 그러길 몇 시간, 완벽하진 않았지만 그래도 항아리 모양을 얼추 비슷하게 만들 수 있었다. 자세히 보지 않으면 별로 문제가 없을 듯했다. 그러던 어느 날 철이는 항아리가 깨졌다는 사실을 깜빡 잊고 살짝 몸을 기댔다. 정말 아주 살짝 기댔을 뿐인데, 항아리는 와르르 무너져 내려 버렸다!

자신의 과거 연애담을 상대에게 다 얘기해 버리면 두 사람의 신뢰관계에 금이 갈지도 모른다. 한번 깨어진 신뢰관계는 회복하기가 심히 어렵다. 애써 접착제로 붙여 놓았지만 작은 충격에 무너져 내린 항아리처럼 사소한 일로 관계가 완전히 깨질 수도 있다.

그러므로 상대방의 과거는 묻지도 말고, 말하지도 마라!

첫인상의 위력

첫인상은 곧 연애의 성패와 직결되는 수가 많다. 당신이 첫 만남에서 첫인상이 좋지 못했다면 정력을 낭비하지 말고 미리 포기하라고 권하고 싶다. 첫인상은 심리학적으로 '초두효과' Primacy Effect와 아주 깊은 연관이 있다.

성격이 똑같은 용갈이와 익준이가 있다고 하자. 둘 다 용감하고 의리 있지만, 성격이 급하고 이성적이지 못하다. 어느 날 용갈이와 익준이가 맞선을 보러 갔다. 용갈이는 "저는 의리 빼면 시쳅니다. 그리고 용기로도 남한테 뒤지지 않죠. 하지만 가끔 이성을 잃고 성격이 급해질 때도 있습니다."라고 자신을 소개했다. 한편 익준이는 "저는 이성적이지 못합니다. 성격도 급하고요. 하지만 용감하고 의리 있는 사람입니다."라고 소개했다.

과연 이 두 사람 중에 누가 더 첫인상이 좋았을까? 두말 할 것도 없이 용갈이다. 이렇듯 먼저 제시된 정보는 나중에 제시된 정보를 압도하는 성향이 있다. 처음에 좋은 인상을 심어 주었다면 나중에는 많은 단점들이 커버될 수 있는 것이다. 이것은 심리학적으로도 인정된 사실이다.

특히 남녀관계에 있어서는 처음의 이미지가 여간해서는 잘 바뀌지 않는다. 첫인상이 마음에 들지 않으면 그걸로 끝이기 쉽다. 자신의 진실한 모습을 보여줄 기회조차 얻기 힘든 것이다. 더욱이 두 사람이 자주 접할 기회가 없다면 더욱 그렇다.

남녀관계뿐만이 아니다. 신입사원 오리엔테이션이나 신입생 환영회 등을 생각해 보라. 그 자리에서 누군가가 아주 재미있고 재치 있었다면 그후에 그 사람이 별로 재미있지 않은 얘기를 해도 다들 재미있게 들어 준다. 반대로 그 자리에서 점잔을 빼던 사람이 어느 날 아주 우스운 이야기를 듣고 와 해주면 동료들은 예의상 웃어 줄 뿐 속으로는 그다지 재미있어 하지 않는다. 후자를 '부정성의 효과'Negativity Effect라고 하는데, 후자에 예시된 사람은 웬만한 노력으로는 재미있다는 말을 듣기가 힘들 것이다.

이처럼 첫 만남은 무척 중요하다. 상대가 마음에 들었다면 무조건 즐겁고 기분 좋게 해주어야 한다. 처음부터 너무 진지하게 나가는 것은 별로 추천하고 싶지 않다. 혹자는 미팅이나 소개팅, 맞선 자리에서 점잔을 빼곤 하는데 다들 경험상으로 잘 알겠지만 그러면 실패하기 쉽다.

재치 있고 말솜씨 있는 사람들은 걱정할 것이 없겠다. 문제는 그렇지 못한 사람들이다. 그런 사람들은 대부분 마음에 드는 사람 앞에서 주눅이 들어 말 한마디 제대로 못하는데, 그러면 상대는 당신을 아주 미덥지 못한 사람으로 볼 가능성이 있다. "잘되면 좋고 안 되도 그만이다."라는 식으로 자신감을 갖고 사람 앞에 서라. 그러면 한결 분위기도 부드러워지고 긴장되지 않을 것이다. 다시 강조하지만, 절대 첫 만남에서 긴장하거나 쫄면 안 된다.

사무엘상 16장 7절에는 이런 말씀이 나온다.

"사람은 외모를 보거니와 나 여호와는 중심을 보느니라."

사람은 하나님이 아니기 때문에 첫 만남부터 마음을 꿰뚫어보지 못한다. 단지 첫인상, 외모에 의해 마음이 움직인다. 그래서 첫 만남에서는 좋은 점만을 보여줘야 한다. 어줍지 않게 솔직해지려고 하다가는 오히려 나쁜 인상만 남겨 줄 수 있다.

부득이하게 단점을 밝혀야 할 경우는 우회적이거나 다른 표현으로 단점처럼 보이지 않게 하는 위장(?)이 필요하다. 예를 들어 바보스러운 사람은 순진한 사람으로, 냉정한 사람은 이성적인 사람으로 표현할 수 있을 것이다. 이렇듯 첫 만남은 객관적이기보다는 약간은 부정 지양적으로 밀고 나가는 것이 좋다.

그리고 무엇보다 당신의 가치를 높게 보여주어야 한다. 흔히 연애할 때는 자존심을 죽여야 잘된다고 한다. 하지만 그것은 어느 정도 진도가 나간 후의 이야기다. 일단 첫 만남에서는 당신이 주체가 되어야 한다.

기억하라. 첫인상이 좋아야 두 번째 만남도 있을 수 있다.

3
싱글 탈출

명절에 고향에 못 내려가는 이유
30번 선 본 남자
기도하면 안 되는 게 어디 있겠니?
생각나는 대로 마구 기도하라
내 짝, 뼈에 사무쳐야 만날 수 있다
연상녀 & 연하남
못생긴 여자가 더 사랑받는 이유
절반을 포기하면 쉽게 만난다
은혜가 임하면 속전속결!
묵상과 대시(Meditation & Dash)
"늦었어요!"라고 말하지 마라
준비된 사람이 준비된 사람을 만난다
내 님은 가까이에!
외모에 별 다섯 개
성격이 좋으면 얼굴도 예뻐 보인다
내 짝은 내가 고른다
자주 봐야 정든다
집중의 원리
고백의 법칙
돕는 배필의 법칙

명절에 고향에 못 내려가는 이유

　명절인데도 고향에 못 내려가는 방콕족들이 있다. 대부분 노총각, 노처녀들이다. 이유인즉슨 부모님이 신랑, 신붓감 없이는 집에도 오지 말라고 했다는 것이다. 정말 매정하게 느껴진다. 혼자인 것도 서러운데 부모님에게도 외면당한다고 생각하면 눈물이 앞을 가린다.
　"그놈의 결혼이 도대체 뭐길래 나에게 이런 고통을 준단 말인가!"
　한숨이 절로 나온다. 하지만 부모님의 마음도 충분히 이해된다. 그렇게라도 하지 않으면 자식이 노총각, 노처녀로 늙어 죽을 위험이 있기 때문에 그렇게 하셨으리라. 맞는 말이다. 노총각, 노처녀들은 가만히 두면 안 된다. 계속 주위 사람들이 괴롭혀야 한다. 만날 때마다 "너 아직도 혼자니?"라고 물어봐 주어야 한다. 사람은 코너에 몰려야 정신을 차리고 지푸라기라도 잡는 심정으로 기도하게 된다. 오히려 "평안하다, 안전하다" 하다 보면 결혼의 시기를 놓치게 되고, 결국 외로운 인생이 되고 말 것이다.
　나 또한 명절에 고향에 못 내려간 사람 중 하나였다. 부모님은 칠순이 다 되어 가시는데 아들자식 하나 있는 것이 혼자 있는 모습이 심히 안타까우셨을 것이다. 그런 불효가 없다. 다행히 부모님의 나를 향한 그 갈굼(?)이 도화선이 되어 내가 결혼에 골인할 수 있었다. 지금 생각하면 나의 결혼을 위해 기도해 주고, 자매를 소개시켜 준 분들도 고맙지만, 내가 배우자를 향해 몸부림칠 수 있도록 무언의 압력과 핍박을 가해 준 분들도 참 고맙다. 그분들이 없었다면 지금 내가 이렇게 행복한 가정을 꾸릴 수 없었을지도 모른다.

"핍박을 참는 자는 복이 있나니 저희가 배우자를 만날 것이요."

30번 선 본 남자

내 나이 서른을 넘어서자 가족과 주변 사람들의 결혼에 대한 성화가 장난이 아니었다. 신학교에서 기숙사 생활을 했기 때문에 주위의 결혼한 전도사들이 많은 자매를 소개시켜 주었고, 집에서는 아버지의 지인들을 통해 '맞선'이 많이 들어왔다. 나는 소개팅과 맞선이 들어올 때마다 거절한 적이 없었다. 그것도 하나님이 내려 주신 만남의 기회라고 생각했기 때문이다.

결혼하기까지 넉넉잡아 선을 30번 정도 본 것 같다. 자매의 직업군도 다양했다. 선교단체 간사, 간호사, 교사, 피아니스트, 전도사, 플로리스트, 사무원 등등…. 지역도 광범위했다. 서울, 수원, 부천, 대전, 부산, 진주 등등…. 정말 전국을 누비고 다니면서 열심히 만났다. 진주에서 선을 볼 때는 양가 관계자만 20명이 넘게 나오기도 했다(대통령 사열하는 줄 알았다).

그런데 그 가운데는 나의 배우자가 없었다. 아내는 맞선이나 소개팅을 통해서가 아니라 교회 안에서 서로 끌려 만나게 되었다.

이것은 개인적인 의견인데, 맞선은 성사될 확률이 좀 떨어지는 것 같다. 그 이유는 다음과 같다.

첫째는 결혼이라는 부담감을 안고 만나기 때문에 편하지 않고 분위기도 경직되는 것 같다.

둘째는 자신이 꿈꾸던 스타일을 만나기 힘들다. 맞선이라는 것이 혼기가 꽉 찬 사람들이 나오기 마련이다. 그래서 너무 어린 상대나 탁월한 외모를 가진 사람을 찾는다면 나가지 않는 것이 좋을 듯하다.

셋째는 당사자들은 별 노력 없이 만나게 된다. 다 차려진 밥상 앞에 앉는 기분이다. 특히 남자는 가슴 졸이며 좋아서 따라다니는 도전적인 연애를 꿈꾼다. 그런데 맞선에는 그런 요소가 전혀 없다.

아무튼 중요한 것은 선이든, 소개팅이든, 기수별 모임이든, 팀 모임이든 이성을 만날 수 있는 기회가 오면 뒤로 빼지 말고 다 만나 보라는 것이다. 혹시 그것이 하나님께서 내려 주신 구원의 밧줄일지 누가 아는가? 하나님께서는 자존심을 내려놓고 배우자를 만나기 위해 발버둥치고 노력하는 자에게 귀한 선물을 주실 것이다.

기도하면 안 되는 게 어디 있겠니?

나는 총각 때 여자들에게 인기 있는 타입은 아니었다. 나에게 호감을 갖고 있는 자매도 간혹 있었으나, 내가 좋아하는 자매들은 나를 별로 좋아하지 않는 듯했다. 그래서 이성교제를 하기가 힘들었다.

나는 신학대학원 다닐 때도 결혼에 대한 갈급함이 별로 없었다. "20대 후반에 방심하면 금방 30대 중반된다."는 결혼한 선배들의 충고를 무시하다가 결국 서른두 살이 되었다. 그때 나는 강도사 인허를 받고 내일 모레면 목사 안수를 받아야 할 때였다. 여차하면 총각 목사 탄생 직전이었다. 나는 이러다가 부모님께도 불효하고, 사역에도 장애가 되고, 성도들에게도 폐를 끼칠 것 같아서 금년에는 자매를 만나 내년 초에는 결혼하리라고 굳게 다짐했다. 발등에 불이 떨어진 것이다. 그렇다고 뾰족한 수가 있었던 것은 아니지만, "기도하면 된다!"는 믿음만은 있었기 때문에 기도하기로 했다.

마침 특별새벽기도를 앞두고 있었던 터라 한 달 간의 특별새벽기도 기간 동안 사생결단 기도하기로 했다. 나는 한 달 동안 다른 기도는 거의 전폐하고 배우자를 달라고 부르짖고 또 부르짖었다. 그 동안 결혼을 위해 기도하지 않은 것도 철저하게 회개했다. 나중에는 너무 반복적으로 기도하니까 입에서 단내가 날 정도였다. 주님도 귀찮으셨을지 모른다.

이렇게 기도했는데 무슨 일이 안 일어나면 오히려 이상한 것 아닐까? 그렇게 기도하고 두 달여 만에 아내를 만났다. 그리고 그 다음해 3월에 웨딩마치를 울렸다. 하나님께 기도한 대로 정확하게 이루어진 것이다. 우리의 기도를 들으시고 세밀하게 응답하시는 하나님을 찬양하라! 그렇게 예쁘고 착한 자매가 왜 나 같은 노총각한테 마음을 줬는지 그 이유는 하나님만이 아실 것이다.

하나님은 내 모든 형편을 아시므로 내게 가장 잘 맞는 사람이 누구인지 아신다. 그렇기 때문에 기도로 하나님의 인도하심을 구해야 한다. 그러면 하나님께서 내게 가장 좋은 사람을 보내 주실 것이다. 기도는 하나님께 중매를 요청하는 것과 같다. 하나님이 중매하시는 결혼은 행복이 보장되어 있다.

그런 면에서 나는 '운명적인 만남'을 믿는다. 물론 그 과정 속에서 짝을 만나고자 하는 피나는 노력과 부르짖음이 동반되어야겠지만, 배우자를 위해 기도하면 하나님께서 허락하시는 기적 같은 만남, 운명적인 만남이 있음을 믿는 것이다. 그러므로 모든 크리스천 청년들은 하나님께서 나를 위해 지으신 "돕는 배필" 창 2:18을 만나게 해주시도록 먼저 기도드려야 할 것이다.

> 여호와 하나님이 아담에게서 취하신 그 갈빗대로 여자를 만드시고 그를 아담에게로 이끌어 오시니 창 2:22

평생의 반려를 만나 결혼하는 일에 하나님의 인도하심 없이 인간의 선택 기준과 인간의 좋고 나쁨에 따라 결정함이 없도록 각별히 유념해야 할 것이다.

하나님께 배우자를 달라고 부르짖으라. 당신만을 위해 감추어두신 멋지고 아름다운 짝을 곧 주실 것이다. 자신있게 말하지만 "기도하면 된다!" (이것은 우리 집 가훈이기도 하다.)

> 그가 가로되 우리 주인 아브라함의 하나님 여호와여 원컨대 오늘날 나로 순적히 만나게 하사 나의 주인 아브라함에게 은혜를 베푸시옵소서 창 24:12

생각나는 대로 마구 기도하라

많은 미혼 청년들이 이런 말을 한다.

"배우자를 놓고 너무 정욕적이고 이기적인 기도 제목만 늘어놓는 것 같아 기도하기가 망설여져요."

어떤 것을 놓고 기도해야 정욕적이고, 어떤 것을 놓고 기도해야 영적인가? 키, 얼굴, 몸매, 학력을 놓고 기도하면 정욕적이고, 믿음, 성격을 놓고 기도하면 하나님께서 받으시는 영적인 기도인가? 나는 결코 그렇지 않다고 생각한다. 배우자를 놓고 기도하는데 무언들 못 구하겠는가?

나는 배우자를 위해 기도하는 사람들에게 이렇게 얘기해 준다.

"일단 생각나는 대로, 원하는 대로, 기도하고 싶은 대로 마구 기도하라. 아예 원하는 배우자상을 낱낱이 A4 용지에 기록해 놓고 기도하라. 중요한 것은 응답될 때까지 구하는 것이다. 기도 제목 중에 당신에게 합당하지 않고 하나님께서 원하시지 않는 것이 있다면 하나님께서 알아서 당신의 마음에서 지워 나가실 것이다. 기도하면 할수록 점점 당신은 하나님의 뜻에 근접한 기도를 드리게 될 것이다. 그리고 어느새 당신의 뜻은 없어지고 하나님의 뜻만 구하게 될 것이다."

이것이 진정 하나님께서 의도하신 기도의 과정이 아니겠는가?

높은 산이 스룹바벨 앞에서 평지가 되듯이, 눈 높은 자도 기도하다 보면 낮아지고, 촌스럽고 멋없는 사람도 기도하다 보면 성령께서 누추한 모습을 깨닫게 하셔서 가꾸고 다듬게 하실 것이다. 빌립보서 2장 13절에서는 "하나님은 자기의 기쁘신 뜻을 위하여 우리로 소원을 두고 행하게 하신다"고 했다. 내가 배우자를 놓고 기도할 때 상대방에 대해 끊임없는 소원과 갈망이 있고, 지속적인 기도 가운데 마음의 평안이 있다면 그 사람이 나의 배우자라고 확신할 수 있다(물론 상대방도 그런 마음이 들어야 할 것이다. 일방적인 확신은 위험하다). 반대로 상대방에 대해서 마음에 평안이 없고 두려움이 몰려온다면 더 기도하면서 기다려야 할 것이다.

오늘 집에 가서 내가 원하는 배우자상을 한번 죽 적어 보라. 성격은 다혈 담즙질, 키는 178cm, 까무잡잡한 얼굴, 쌍꺼풀 없는 눈, 악기 하나쯤 다룰 줄 아는 남성은 어떤가?

내 짝, 뼈에 사무쳐야 만날 수 있다

　사자는 동물의 왕이지만 토끼를 잡을 때는 전력투구한다고 한다. 사실 가볍게 만나는 친구를 사귀는 것은 그리 큰 노력이 들지 않을 것이다. 하지만 평생의 반려자를 만날 때는 제아무리 잘난 사람이라도 힘껏 노력하지 않으면 안 된다. 바보가 아닌 이상 평생 같이 살 배우자를 쉽게 결정하겠는가? 아무리 경솔한 사람이라도 몇 번이고 깊이 생각해 볼 것이다. 그런데 의외로 결혼에 대해 안일하고 태평인 사람들이 많다. 언제든지 맘만 먹으면 만날 수 있다고 생각한다. 결혼으로 가는 길이 얼마나 가파른지 잘 모르기 때문에 그럴 것이다.

　모든 사람들이 쉽게 만나 쉽게 결혼하는 것 같지만 실상은 그렇지 않다. 결혼하고 싶으나 하지 못하는 사람이 더 많을지도 모른다. 당장 교회 안을 보라. 혼기가 꽉 찼거나 이미 혼기를 놓친 청년들이 얼마나 많은가? 물론 여러 가지 이유로 결혼을 안한 사람도 있을 것이다. 하지만 많은 노총각, 노처녀들이 얄팍한 자존심 때문에 소개팅도 마다하고 "때가 되면 결혼하게 될 거야!" 하고 뒷짐만 지고 앉아 있다. 중요한 것은 결혼하기 위해서는 뼈에 사무치는 간절함과 몸부림이 있어야 한다는 것이다. 여자라고 예외는 아니다. 다소곳이 다리 꼬고 앉아 있는다고 백마 탄 왕자가 알아서 데리고 가지 않는다.

J형제는 미남인데다 대학생 때 이미 선교단 리더였기 때문에 많은 자매들의 선망의 대상이었다. 얼마나 인기가 많은지 자매들이 먼저 사귀자고 할 정도였다. 그래서 형제는 마음만 먹으면 언제든지 결혼할 수 있다고 생각했다. 그러다 군대를 다녀오고, 선교단 활동이 바쁘다 보니 어느새 졸업할 나이가 되었다.

그제서야 결혼에 대한 약간의 경각심을 느낀 그는 졸업할 그 해 교회 자매와 교제를 시작했다. 그리고 2년 정도 교제하다 결혼까지 약속했는데, 어떤 이유로 결혼 직전에 헤어지게 되었다. 그 일로 충격을 받은 형제는 1, 2년 정도 이성교제에 담을 쌓고 대학원 공부와 선교단 활동에 전념했다. 그러다가 어느새 30대 중반의 나이가 되어 버렸다.

그는 그 나이가 되어서도 대학교 때의 전성기를 잊지 못했다. 눈높이도 그대로였다. 20대의 앳되고 귀여운 청순한 스타일의 자매만 찾았다. 하지만 꽃미남이었던 그의 얼굴도 세월 앞에서는 무너져 주름 잡힌 아저씨 얼굴이 되어 있었다. 워낙 성격 좋고 성실하고 믿음 좋은 형제이기에 내가 교회 자매도 두세 명 소개시켜 줬는데, 자신과 비슷한 나이의 자매는 형제가 맘에 들어하지 않았고, 형제가 좋아하는 어린 자매는 자매쪽에서 별로 좋아하지 않았다. 지금은 40이 넘어 버린 그를 볼 때마다 만감이 교차한다.

J형제가 결혼하지 못하는 또 하나의 이유는 혼자 지내는 것을 전혀 불편해 하지 않기 때문이다. 오히려 혼자 있는 것을 좋아하고, 요리면 요

리, 빨래면 빨래 못하는 살림이 없다. 그러니 어찌 짝을 만날 수 있겠는가? 하나님께서도 외로움에 몸부림치고 "밤이 무서버!" 하는 사람에게 하와를 보내 주시지 않겠는가?

잘생기고 돈 잘 버는 사람 중에 이런 유형의 사람들이 꽤 있다. 자신의 나이가 30대 중반임에도 불구하고 아직도 인기 절정이었던 20대로 착각하고 있을 뿐 아니라, 하나같이 혼자 지내는 것이 별로 불편하지 않다고 얘기한다.

어떤 사람은 이런 말을 한다.

"너무 바빠서 데이트할 시간이 없습니다."

아직도 정신을 못 차렸다는 뜻이다. 결혼보다 중차대한 문제가 어디 있다고 시간을 못 내는가? 감옥이나 사막 오지에 갇혀 있지 않는 이상, 주일이나 공휴일에 전혀 쉬지 않는 직장은 거의 없다. 게다가 휴가나 월차도 없는가? 시간이 없는 것이 아니라 자신감이 없거나 관심이 없는 것이다. 그런 안일한 태도로는 짝을 만나기 힘들다. 만남의 기회가 온다면 언제든지 달려갈 준비가 되어 있어야 한다.

사랑하는 크리스천 청년들이여!

혼자 지내는 것이 즐겁고 좋은가? 그러면 아직 멀었다.

홀로 있으면 견딜 수 없는 외로움이 뼈에 사무치는가? 밤마다 허벅지를 꼬집는 처절한 몸부림이 있는가? 그런 자는 복이 있나니 저희가 배우자를 곧 만나게 될 것이다.

연상녀 & 연하남

며칠 전 한 일간지를 보니 지난해 결혼한 부부 가운데 여자가 연상인 부부는 12.8%로 10년째 그런 커플이 늘어나고 있다고 한다. 특히 여자가 10세 이상 많은 초혼 부부도 332쌍이나 된다고 한다. 초혼 부부 가운데 남자가 연상인 경우는 71.9%로 10년 전보다 8% 줄었으나, 여자 연상 부부는 같은 기간 3.5%나 증가했다고 한다. 연상녀 & 연하남이 지금 사회적 대세임에는 틀림없다.

요즘 교회 내에서도 연상녀, 연하녀의 만남이 유행처럼 번지고 있다. 심지어 자매와 형제가 띠동갑인 경우도 봤다. 이전에는 찾아보기 힘든 현상이다. 아마 통계적으로도 결혼하는 커플 10쌍 중 2-3쌍 정도는 연상녀 & 연하남인 것 같다.

이런 현상이 나타나는 첫 번째 이유는 '여성의 사회적 지위와 능력의 상승'이라고 본다. 90년대까지만 해도 남자가 돈을 벌어 오면, 여자는 집안일을 담당하는 것이 대다수 가정의 모습이었다. 그래서 심지어 "여자들이 많이 배워서 뭐하나?"라는 말이 나올 정도였다.

그러나 21세기는 디지털과 컴퓨터의 시대요, 여성의 시대가 되었다. 육체적 노동과 힘이 필요한 시대는 이미 막을 내리고 있다. 지금은 고도의 지능과 섬세함이 요구되는 시대다. 여성들의 민감한 감성과 부드러움이 필요한 시대가 된 것이다. 그렇다 보니 여성들의 사회 진출이 활발하게 이루어지고 있고, 그에 따라 여성의 사회적 지위와 경제적 능력이 급상승하여 남자들을 추월하고 있다. 심지어 남성들만의 고유 영역이라 여겨졌던 분야에서까지 여성들이 주도권을 잡고 있다. (이런 추세로 간다면 우리 사회도 부계 사회에서 모계 중심 사회가 될 날이 머지않은 것 같다.)

교회 사역자들을 봐도 여성이 남성보다 수적으로도 더 많아졌고, 훨씬 왕성하게 사역하고 있다. 10년 전의 사역이 공격적이고 열정적인 남성이 필요한 사역이었다면, 지금은 영혼들을 세밀하게 돌보고, 회복과 치유를 돕는 여성적 리더십이 요구되는 사역이라고 할 수 있다. 훈련시키고 변화시키는 강력한 영성보다는 보듬고 품어 주는 어머니의 영성이 요구된다는 것이다.

이와 같이 여성의 사회적 지위와 경제적 능력이 향상되니, 남녀관계에 있어서도 여성들이 남성들을 리드해 가고, 여성들도 언제든지 맘에 드는 어린 남성을 선택할 수 있는 기회가 주어지게 된 것이다.

두 번째는 남성들이 모성애를 그리워하기 때문이다.

바람둥이의 고정 멘트가 있다. "당신을 보니 어머니가 생각납니다."라는 말이다. 여성의 모성애를 자극하려는 속셈이겠지만, 그 이면에는 모성애를 그리워하는 남성의 마음이 숨어 있지 않을까? 어머니의 품은 모든 지친 남성들의 영원한 안식처다. 요즘 직장인들이 얼마나 힘든가?

치열한 경쟁 속에서 상처 받고, 언제 퇴출당할지 모르는 위기 속에서 살얼음판을 걷고 있다. 그래서 남성들은 어머니의 품과 같은 쉴 곳을 찾고 있다. 이전에 남성들이 선호하던 여성 스타일이 귀엽고 깜찍하고 애교 많은 여동생 타입이었다면, 지금은 위로받고 격려받고 안길 수 있는 따스한 어머니의 품과 같은 연상녀를 선호하고 있다는 것이다.

세 번째는 생물학적 이유다.

우리나라는 여성이 남성보다 평균수명이 약 4, 5년 더 길다. 그래서 주변에 홀로 된 할머니가 많이 계신 것이다. 나의 어머니, 할머니, 외할머니도 모두 홀로 되셨다. 평균수명으로 보면 남성이 여성보다 5살 정도 어리면 비슷한 나이에 죽음을 맞이할 수 있다는 계산이 나온다. 연상녀&연하남 커플은 미래를 미리 준비하는 거시적 안목을 지녔다고 봐야 할 것이다.

혹시 나보다 나이가 많다고 멋진 여성들을 제쳐 두지는 않았는가? '연하라서' '동생 친구라서' 등의 이유로 이 남자 저 남자를 배우자감에서 제외시켜 놓지는 않았는가? 생각을 바꾸면 배우자 선택의 폭이 넓어진다. 눈을 크게 뜨고 주변을 돌아보라. 연상녀, 연하남이 당신의 짝일지도 모른다.

못생긴 여자가 더 사랑받는 이유

어릴 적부터 예쁘다는 말을 듣고 자란 여성은 나이가 들어도 외모에 집착한다. 3, 40대까지는 그런 모습을 봐 줄만 하지만, 5, 60대가 되어서도 외모에 집착한다면 옆에서 보는 사람도 민망할 것이다. 혹시 '선풍기 아줌마'를 아는가? 더욱 예뻐지려는 욕망이 빚어낸 안타까운 결과다. 반면에 어릴 적부터 외모로 한번도 주목받지 못한 여성은 어차피 외모로 승부를 보지 못하기 때문에 도서관에 가서 실력을 연마하고 내면을 다듬는 데 전력을 기울인다.

그래서 뛰어난 미모를 가진 여성 중에 인격이 탁월한 사람은 찾아보기 힘들고, 미모가 좀 떨어지는 여성 중에는 성격이 원만하고, 훌륭한 인격을 지닌 사람이 많은 것은 아닐까? 나는 그들의 모습 속에서 공평하신 하나님의 섭리를 발견한다. 만약 미모가 탁월한 여성이 내면의 덕과 아름다움까지 겸비한다면 세상이 감당치 못할 사람이 될 것이다.

미모라는 것은 나라마다, 보는 사람에 따라 기준이 다르다. 서양남자들은 얼굴이 작고 쌍꺼풀이 진하고 늘씬한 서양여자보다는 모든 것이 적당한 동양여자를 더 좋아하는 것 같다(그런데 우리는 서구형미인을 선호한다!).

또 아프리카의 어느 부족은 목이 길수록, 뚱뚱할수록, 엉덩이가 클수록 미인이라고 한다. 조선시대 미인도를 보라. 그 그림에 나오는 미인들의 모습이 오늘날 여자들이 추구하는 미인가? 아니다. 덕스럽게 생긴 얼굴과 통통한 글래머 몸매를 꿈꾸는 현대 여성은 없을 것이다.

그러므로 여자들은 지나친 '외모 콤플렉스'에 빠질 필요가 전혀 없다. "나처럼 생긴 여자를 좋아할 리 없어." 하면서 외모에 대한 지나친 열등감과 콤플렉스로 스스로 남자들을 피하는 여성은 남자친구를 만들 기회조차 없다. 외모 때문에 좋은 남자를 만날 기회가 없다는 자학보다는 스스로를 매력적으로 가꾸는 노력이 더 필요하다. 그리고 기억하라. 얼굴 예쁘고 성격 나쁜 여자, 남자들 결국엔 싫어하게 되어 있다.

그러므로 한국 여성들이 서양여자를 좇아 성형하기보다는 자신만의 개성 있는 미를 잘 살리면 충분히 어필할 수 있다고 본다. 그리고 어차피 외모는 시간이 지나면 다 평준화된다. '미모가 탁월한 할머니'를 본 적이 있는가? 시간이 지날수록 외모에 집착하기보다 내면을 아름다움과 덕으로 무장하는 것이 옳을 것이다. 세계 공통의 미를 꼽으라면 '웃는 얼굴, 밝은 얼굴, 미소 짓는 얼굴'이 아닐까? 지구상 어디에 가도 이런 얼굴에 거부감을 느끼는 사람을 없을 것이다. 미스코리아라도 찡그리고 짜증내고 있으면 환하게 웃는 옆집 누나만 못한 것이다.

그러므로 외모에 자신 없는 여성들은 절대 절망하거나 기죽을 필요가 없다. 그것 때문에 더 소중한 내면의 아름다움을 가꾸는 데 집중할 수 있고 기도의 자리로 나갈 수 있다면 오히려 부모님과 하나님께 감사해야 하지 않겠는가?

절반을 포기하면 쉽게 만난다

　주위를 보면 누가 봐도 괜찮은 사람인데 결혼하지 못하고 있는 사람이 한두 명은 꼭 있다. 가장 큰 이유가 무엇인지 아는가? 눈이 너무 높다는 것이다. 너무 까다롭다는 것이다. 물론 평생의 반려자는 만나는 데 신중해야 하고 최대한 좋은 사람을 만나야 한다. 하지만 자신의 처지는 생각하지 않고 상대방의 조건만 따진다면 결혼은 점점 늦춰질 뿐이다. 교회 안에 노총각, 노처녀가 많은 이유도 이와 일맥상통하다. 한마디로 '자기중심적 조건 탐색' 때문이다.

　"나보다 하나라도 잘난 면이 있어야 하지 않겠어? 전문직 종사자면 좋겠고, 이왕이면 가진 것도 많을수록 좋겠지? 거기다 학벌, 권력, 외모까지 갖춘 사람이라면 흠 생각해 볼 만하지. 아, 매너 없는 사람은 절대 용서 못해!"

　이런 태도로 배우자를 상품 고르듯 탐색하다 보면 어느새 서른을 훌쩍 넘어선 자신을 발견하게 될 것이다. 명심하라. 노총각, 노처녀가 되는 첫 번째 원인은 자신에 대한 지나친 자만심과 자신을 고려하지 않는 너무 높은 눈높이에 있음을.

H자매가 자신의 배우자를 위해 함께 기도해 달라고 찾아왔다. 그러면서 기도 제목을 꺼내는데 깜짝 놀라고 말았다. 기도 제목이 A4용지로 두 장이나 되었기 때문이다.

자상하고 사려 깊은 사람, 사랑 많이 받고 자란 사람, 새벽기도하는 사람, 서울 경기 지역 거주, 삼일교회 형제, 연봉 5천 이상, 믿음의 가문, 대학 졸업 필수, 키 180 이상, 다리가 긴 사람, 자격증이 2개 이상인 사람 등등.

여기서 차마 언급하기 어려운 조건들도 있었다. 다 좋다. 그러면 그 기도 제목을 내놓은 자매는 내세울 만한 게 있는가? 미안한 말이지만 내가 보기엔 전혀 그렇지 않았다. 오히려 일반적으로 남자들이 조금은 싫어하는 스타일이다. 그래서 내가 물었다.
"자매, 왜 이렇게 기도 제목이 많아요?"
그 자매 왈, "내가 갖춘 것이 워낙 없어서 형제라도 다 갖췄으면 좋겠어요."란다. 어떻게 보면 참 지혜로운 자매이긴 한데 좀더 기다려야겠다는 생각이 들었다. (눈에 먼저 안수를 받아야 하지 않을까?)
나는 청년들에게 이렇게 말한다.
"절반을 포기하면 쉽게 만난다."
양보할 수 없는 가장 중요한 조건 5가지(믿음, 집안, 외모, 직업, 건강) 중에 두세 가지 정도만 맞으면 그냥 만나라고 권한다. 물론 그렇지 않은 경우가 많은 것도 사실이지만, 가장 무난한 것은 남자는 자기 수준과 비슷한 여자면 좋겠고, 여자는 자기 수준보다 조금 높은 남자, 자신을 이끌어 줄 수 있는 남자를 만나면 별무리가 없다고 생각한다. 나머지는 만나서 채워 나가면 된다.

주위의 결혼한 부부들을 보라. 모든 조건이 다 맞아 결혼한 사람은 거의 없다. 그냥 믿음 좋고 말이 통하면 그것으로 족하다. 우리는 모두 연약한 사람들 아닌가? 주님 안에서 믿음으로 하나 되어 서로 위해 주고 기도해 주면서 살아가는 것이 가장 큰 행복 아니겠는가?

혹시 주변 사람들에게 까다로운 노처녀, 노총각으로 눈총을 받고 있지는 않은가? 그렇다면 스스로 눈에 안수받아야 할 사람이 아닌지 먼저 생각해 보라. 성경에서는 "눈이 높은 것도 죄"라고 했다 잠 21:4.

은혜가 임하면 속전속결!

성경에서는 아내는 나의 노력보다 하나님의 은혜 가운데 선물로 주어지는 것임을 계속 강조하고 있다. 야고보 사도도 "각양 좋은 은사와 온전한 선물이 다 위로부터 빛들의 아버지께로서 내려오나니"약 1:17라고 했다. 결론적으로 슬기로운 배우자, 좋은 배우자를 만나기 위해서는 야베스처럼, 에스더처럼 하나님의 은혜를 구해야 한다는 것이다.

삼일교회 L장로님은 기도 끝에 항상 붙이는 관용어가 있다. "은혜 베풀어주시고"이다. 이 얼마나 기막힌 기도인가? 이것보다 위대한 기도는 없다. 우리 삶의 어떠한 문제라도 하나님의 은혜가 임하면 다 풀리지 않겠는가?

물론 아직 결혼하지 못한 사람은 하나님의 은혜에서 떨어졌다는 말이 아니다. 각 개인을 향한 선하신 하나님의 계획과 섭리가 반드시 있으리라 믿는다. 중요한 것은 무슨 일을 하든지 하나님의 은혜 가운데 거하기를 힘써야 한다는 것이다.

서울에서 부산까지 가는 방법에는 여러 가지가 있다. 걷거나 뛰어서 갈 수도 있고, 배나 버스, 기차를 이용하는 방법도 있고, 비행기로 가는 방법도 있다. 만약 걸어서 쉬엄쉬엄 간다면 보름은 족히 걸릴 것이다. 하지만 비행기를 타고 가면 1시간도 채 걸리지 않을 것이다.

배우자 만나는 문제도 마찬가지다. 내 힘으로 구하려고 하면 잘못 선택할 수도 있고, 고민도 많고, 장애물도 많고, 엄두가 나지 않는다. 하지만 하나님의 비행기에 올라타면 거침없이 일이 진행될 수 있다.

내가 아내와 결혼하게 된 것도 다 하나님의 은혜라고 할 수밖에 없다.

아내는 나보다 7살이나 어린 데다가, 당시 대학 졸업반이었기 때문에 여러 모로 결혼 준비가 전혀 되어 있지 않은 상태였다. 그리고 아내가 나를 만나기 전 교제한 사람이 전도사였는데, 아내는 그와 헤어지면서 다시는 전도사는 만나지 않겠노라고 다짐했다고 한다. 반면 나는 곧 목사 안수를 받아야 해서 속히 결혼해야 하는 입장이었다.

이 모든 것들이 결혼에 걸림돌이 될 만한 상황이었다. 그런데 언변 좋으신 아론 같은 이모부가 양가를 설득해 우리의 결혼을 속전속결로 진행시켜 주셨다. 지금 생각해 보면 이모부는 하나님이 보내 주신 '커플 매니저'였다(이모부는 지금도 그때 당신이 왜 그렇게 발벗고 나섰는지 모르겠다고 말씀하신다).

나는 이렇게 믿는다. 독신의 은사가 없는 이상, 하나님께서 창세 전에 이미 당신을 위해 짝을 준비해 놓으셨다. 이제 당신의 몫은 그 짝을 순적히 만나는 은혜를 달라고 기도하는 것이다. 그러면 아브라함의 종이 리브가를 만났듯이 당신도 최고의 여인을 만나는 은혜를 누리게 될 것이다.

묵상과 대시 Meditation & Dash

　교회에서 만나 결혼까지 골인하는 청년들의 특징이 있다. 결혼하기 위해 노력하고 또 노력한다는 것이다. 그들은 지칠 줄 모르는 열정으로 이성에게 다가간다. 이성에게 딱지 맞는 것을 두려워하지 않는다. 그들의 유일한 신조는 "열 번 찍어 안 넘어가는 나무는 백번 찍으면 된다."이다. 물론 주위의 시선을 두려워하거나 소심한 사람은 엄두도 못낼 일이다. 결국 그들은 좋은 배우자를 만나 잘살고 있다. 오히려 이런 사람들을 하나님이 어여삐 여기시지 않을까? 그들의 몸부림을 어여삐 여기셔서 배우자를 붙여 주시는 것이 아닐까?
　나는 청년들에게 '배우자 선택의 3대 원칙'으로 마태복음 7장 7절 말씀을 제시한다. '구하고 Ask, 찾고 Seek, 두드리라 Knock'는 것이다. 이 말씀을 내 말로 풀이하자면 '기도하고, 물색하고, 대시하라'는 것이다. 두 단어로 축약하자면 '묵상과 대시'이다.
　많은 청년들이 배우자를 달라고 기도만 하고 가만히 앉아 있다. 정말 간절히 기도하는 자는 행동하게 되어 있다. 기도한다고는 하는데 움직이지 않는 자는 아직 절박하지 않은 사람이다. 정말 결혼하기를 사모하는 자는 기도하면서 배우자를 만나기 위해 이성이 많이 모인 곳으로 가고, 선을 보고, 이 사람이다 싶으면 용기 있게 대시한다.

프로야구 선수 중 최고 타자의 타율은 얼마나 되겠는가? 기껏해야 3-4할 정도다. 무슨 뜻인가? 10개의 공을 칠 때 평균 6, 7개는 헛스윙했거나 출루하지 못했다는 것이다. 제대로 쳐낸 공보다 그렇지 못한 공이 더 많다는 것이다.

"용감한 자가 미인을 얻는다."고 했다. 딱지 맞는 것이 두려워서 접근하지 못하고, 사랑을 고백하지 못하면 아무 열매도 없다. 하지만 용기 있게 대시하면 결국 결실을 맺게 된다. 파도가 두려워 배를 타지 않으면 일등 항해사가 될 수 없고, 물이 무서워 수영장에 가지 않으면 영원히 수영을 못하게 되는 법이다. 특전사 군인들이 수영을 배우는 방법은 의외로 간단하다고 한다. 무조건 물에 집어넣고 죽기 직전에 꺼내고 정신이 들면 다시 빠뜨리기를 반복하면 살기 위해 발버둥치다가 어쩔 수 없이 헤엄을 치게 된다는 것이다.

라헬을 얻기 위해 7년을 수일같이 여기면서 일한 야곱의 열정을 배워라. 내 짝을 얻기 위해 어떠한 희생도 치를 각오가 있어야 한다.

요즘 인기 직종 중 하나가 '연애상담사'라고 한다. 말 그대로 이성 문제로 고민하는 청춘남녀들의 고충을 들어 주고 해결사 역할을 해주는 일이다. 재택근무이기에 주부들 사이에 인기가 좋다고 한다. 그런데 연애상담사의 대부분은 미혼 시절 수많은 연애의 실패를 경험한 공통점이 있다고 한다. 그 연애상담사들을 보면 생각나는 말씀이 있다.

> 우리의 모든 환난 중에서 우리를 위로하사 우리로 하여금 하나님께 받는 위로로써 모든 환난 중에 있는 자들을 능히 위로하게 하시는 이시로다 고후 1:4

그들에게는 성공보다 실패가 더 유익이 되었다고 할 수 있다. 그들은 한마디로 '상처 입은 치유자'다. 연애의 기술이 그냥 주어지겠는가? 실패를 경험한 사람이 연애의 베테랑이 되는 것이다. 배우자를 구하는 것도 마찬가지다. 일단 부딪혀 보라. 기도하고 대시하고 실패하고 딱지 맞다 보면 언젠가는 짝을 만나게 될 것이다.

크리스천 청년들이여, 절대 사랑에 대한 환상을 버리기 바란다. 운명적이고 절대적인 사랑을 기다리는 사람, 노총각, 노처녀 되기 쉽다. 영화 같은 운명적인 사랑, 쉽게 오지도 저절로 오지도 않는다. 운명적인 사랑은 기도하는 자에게 주어지고, 찾는 자에게 주어진다.

그러므로 노총각, 노처녀 소리를 듣지 않으려면, 기회가 닿을 때마다 먼저 다가가 상대에 대한 호의를 표현하는 적극성을 보이는 것이 중요하다. 적절한 상황에서의 적당한 용기가 연인을 만들어 준다. 그리고 늘 더 좋은 사람, 더 멋진 사람을 찾아 헤매기보다는 지금의 이 사람이 낫다는 생각을 가지는 것이 중요하다.

하지만 그렇다고 해서 무조건 프로포즈가 능사라는 착각은 버리라. "마음에 들면 바로 사랑 고백부터 하자."는 식으로 무조건 밀어 붙이는 것은 용기가 아니다. 여자들, 앞뒤 가리지 않는 막무가내 프로포즈는 신뢰하지 않는다. 남성들이여, 여자만 보면 쉽게 다가서고 프로포즈하기를 반복하기보다는 매사에 진지하게 만남에 임하는 것이 중요하다.

그리고 한 가지 팁tip을 준다면, 여성이 남성을 소개받으려면 주선자가 여성인 것이 낫다. 남자들이 말하는 킹카는 하나같이 치명적인 단점이 있을 가능성이 높다. 외모는 보통이지만 집안과 학벌이 좋다고 해서 만났더니 키가 말도 안 되게 작다거나, 잘생긴데다 사람까지 좋다고 해서 기대하고 나갔더니 의리에 살고 의리에 죽는 술고래라든지 하는 우를 범할 수 있다. 남자들은 원 포인트로 사람을 파악하기 때문이다. 그러나 여자들은 총체적이고 다각적으로 사람을 파악한다.

친구나 지인 중에 킹카, 퀸카를 많이 알고 있을 것 같은 5명 정도를 정해 그들 한 사람 한 사람과 친해지면 진지하게 소개팅을 요청하는 것도 짝을 만날 수 있는 좋은 방법이다.

소개팅을 할 때는 선별해서 하되 "방망이를 많이 휘두를수록 홈런을 칠 기회도 더 많아진다."는 말을 기억하라. 쉽게 말해, 10명보다 1백명을 소개받는 게 마음에 드는 상대를 만날 확률이 더 높다는 것이다.

"늦었어요!"라고 말하지 마라

하나님께서는 민수기 14장 28절에서 "너희 말이 내 귀에 들린 대로 내가 너희에게 행하겠다"고 말씀하셨다. 하나님은 내 입술의 고백을 다 들으신다는 것이다. 내가 끝까지 하나님께 대한 믿음과 신뢰를 저버리지 않는지 유심히 보신다는 것이다.

우리는 배우자 선택과 결혼 문제에 있어서 부정적인 말을 뱉기 쉽다.

"나 같은 사람을 누가 데려가겠어? 나는 너무 늦었어! 그냥 혼자 살지 뭐, 결혼이 인생의 전부인가?"

하나님께서 그 말을 들으신다. 그리고 그대로 해주신다! 그러므로 결혼을 원하는 믿음의 청년들은 만남과 결혼에 대해 부정적인 말을 해서는 안 되겠다.

내 나이 서른을 넘기자 주변에서 하루에 10번도 넘게 물었다.

"전도사님, 왜 아직 짝이 없어요? 이러다 결혼 못하는 거 아니예요?"

한두 번도 아니고 보는 사람마다 그러니 여간 고역스럽지 않았다. 그때마다 나는 딱 한마디로 사람들의 불신앙을 질책하고 잠재웠다.

"여호와께서 준비하셨느니라. 믿음이 적은 자들아 왜 의심하느냐?"

그들은 욥의 세 친구같이 나를 정죄하러 왔다가 오히려 성령 충만 받고 돌아갔다. 이 얼마나 통쾌한가?

  당신도 지금 서른이 넘었다면 비슷한 경험을 매일 할 것이다. 그때마다 흔들리거나 믿음이 식으면 안 된다. 나처럼 그들의 믿음 없음을 통책해야 한다.

  "믿음이 적은 친구여, 믿음이 적은 어머니, 주님께서 다 준비해 놓으셨습니다. 걱정하지 마세요."

  이 한마디로 하나님께서 당신의 믿음의 고백대로 가장 탁월한 배우자를 주실 것이다. 끝까지 믿음의 고백을 놓지 마라!

준비된 사람이 준비된 사람을 만난다

　내가 만나 본 사람 중에 가장 황당하고 아이러니한 사람을 꼽으라면, 자신은 전혀 준비되어 있지 않으면서 준비된 배우자를 찾는 사람을 들겠다. 내가 준비된 배우자를 만나기 원한다면 상대방에게도 같은 보상을 주는 것이 마땅치 아니한가? 하나님께서도 준비된 두 사람을 이끌어 하나님의 때에 만나게 하실 것이다.

　우리 신랑 예수님도 신부 된 우리를 데리러 오실 때 '천국맨션'을 준비해 놓고 오겠다고 약속하셨다. 그러므로 우리는 미래의 배우자를 만나기 위한 준비를 게을리 해서도 안 되고, 준비하는 시간을 아까워해서도 안 된다. 그러면 배우자를 위해 무엇을 준비해야 할까? 모든 것이 잘 준비되면 좋겠으나, 가장 기본적인 3가지를 필히 준비했으면 좋겠다.

　첫째는 믿음이다.

　모든 것을 가지고 있어도 믿음이 없으면 모든 것을 잃은 것과 같으나, 반대로 모든 것을 잃었어도 믿음만 있다면 모든 것을 가지고 있는 것이나 다름 없다. 믿음만 있다면 황무지같이 척박한 땅에서도 장미꽃을 피우는 기적을 맛볼 수 있다.

믿음이 있다는 것은 여러 가지 의미를 내포하고 있다. 믿음이 좋다는 것은 성품이 좋다는 것이요, 신앙생활을 잘한다는 것이요, 인간관계가 좋다는 것을 의미한다. 혹자는 믿음과 성품은 별개의 문제라고 한다. 하지만 과연 그럴까? 믿음이 좋은 사람은 하나님을 만나 새사람이 되었다. 당연히 가치관과 성품도 바뀔 수밖에 없다. 그런데 성격이 망나니 같을 수 있겠는가?

L자매는 불신 가정의 며느리로 들어갔다. 들어가자마자 제사 문제를 비롯한 믿음과 부딪히는 숱한 어려움을 겪어야 했다. 하지만 그녀는 백절불굴 믿음의 여인이었다. 모든 어려움을 믿음으로 잘 극복하고 결국에는 시댁을 믿음의 가정으로 변화시키는 영적 쾌거를 이루어냈다.

배우자를 고를 때도 제일 먼저 "그 속에 '믿음의 비밀'이 있는가? 물과 성령으로 거듭난 진실한 크리스천인가? 고난 중에도 끝까지 하나님을 신뢰하는 믿음이 있는가? 하나님을 인격적으로 만난 경험이 있는가?"를 확인해야 한다. 그런 배우자를 만나면 그 인생은 시간이 갈수록 점점 빛나게 될 것이다. 다른 건 다 양보해도 믿음만은 양보해서는 안 된다. 믿음이 얼마나 중요한 것인지 알고 싶다면 외적 조건만 보고 결혼했다가 하루하루 고통 속에 살고 있는 크리스천들을 만나보라.

두 번째는 직장이다.

어떤 직장이 좋다고 꼬집어 얘기할 수는 없겠지만, 최소한 가정의 경제를 책임질 수 있는 직장은 가지고 있어야 하지 않겠는가? 아무리 사랑의 힘이 위대하다고 하지만 결혼은 분명 현실이다. 결혼이라는 요소 중에는 경제적 독립도 포함된다는 것을 잊지 마라.

배우자 또한 안정적인 직장에 다니되, 더 나아가 자부심을 가지고 즐겁게 일하는 사람을 만나라. 행복하게 일할 줄 모르는 사람이 행복한 결혼생활을 할 확률은 그리 높지 않다.

아무튼 결혼을 준비할 때는 양가에 손 벌리지 않고도 가정 경제를 꾸려나갈 수 있는 경제적 능력을 갖추는 것이 중요하다.

세 번째는 건강이다.

"긴 병에 효자 없다."는 말이 있다. 아무리 사랑하는 사람이라도 하루 이틀도 아니고 오랫동안 병상에 누워 있으면 그것을 참아낼 사람은 많지 않을 것이다. 또한 육체의 건강은 정신적, 영적 건강과도 밀접한 관계가 있다. 서로가 긴밀하게 연결되어 있기 때문이다.

결혼생활을 원만하게 영위하기 위해서는 건강이 필수다. 가정주부는 집에서 별로 하는 일도 없어 보이고, 많은 힘이 요구되지도 않는 것 같지만 실상은 그렇지 않다. 오히려 직장 생활보다 더 힘들고 고될 수 있다. 게다가 임신을 하고 아이를 낳아 기르는 일은 군대 생활보다도 훨씬 힘들다고 할 수 있다.

여성뿐만이 아니다. 한 가정의 가장인 남자들은 비상시 아내를 업고 뛸 정도의 체력은 가지고 있어야 한다. 남자가 여자를 책임진다는 것은 먹여살리는 경제적 부분만이 아니라 어떠한 위험에서도 보호하고 지켜줄 수 있는 든든함을 의미한다.

이 세 가지만 기본적으로 준비되었어도 훌륭한 배우자감이다. 지금 한번 자신을 점검해 보라. 나는 과연 준비된 배우자인가? 아니면 나는 전혀 준비되어 있지 않으면서 준비된 배우자감만 찾고 있지는 않은가?

내 님은 가까이에!

"남의 떡이 더 커 보인다."는 말이 있다. 남녀관계도 마찬가지다. 같은 교회, 같은 팀에서 늘 보는 이성에게는 별 매력을 못 느끼고, 옆 교회, 다른 팀 이성은 더 멋있어 보이고 뭔가 있어 보이고 더 예뻐 보인다. 그러한 사람들이 가져야 할 생각이 하나 있다. 바로 "우리 교회 형제가 최고다. 우리 팀 자매가 제일이다."라는 의식이다.

공기, 햇볕, 물 같은 것은 늘 접하고 항상 부족함 없이 공급되기에 소중함을 잘 못 느끼고 산다. 가족도 매일 보고 늘 곁에 있기에 마찬가지 느낌을 받는다. 그러나 몇 시간만 단수斷水되어 보라. 난리다. 물의 소중함을 절감하게 된다. 가족을 떠나 군대나 해외에 가 있어 보라. 제일 소중한 것이 가족이다.

삼일교회 청년들의 작은 소원 하나가 있다. 삼일교회 내에서 배우자를 만나는 것이다. 왜 그런 생각을 가지게 되었을까?

첫째는 다른 교회 사람들을 만나면 말이 잘 안 통한다고 한다. 다른 말로, 타 교회 지체들과는 믿음의 색깔이 잘 안 맞는다고나 할까? 예를 들어 삼일교회는 선교, 새벽기도, 팀 활동을 생명과 같이 여긴다. 이 세 가지가 청년들 삶의 중요한 일부분이다. 그런데 타 교회 지체를 만나 이런 얘기를 하면 공감대가 형성되기 어려울 수 있다.

둘째는 삼일교회에서 계속 신앙생활을 하고 싶어하기 때문이다. 오랫동안 영의 양식을 공급받은 교회를 떠나기 싫은 것이다. 삼일교회는 일년에 수백 쌍씩 웨딩마치를 울린다. 보통 결혼하면 형제측 교회에 출석하는 경우가 많으나, 삼일교회는 반대 경우도 많다. 교회를 떠나기 싫어하는 자매의 강한 의지가 작용해서일 것이다.

여하튼 나 역시 자신이 출석하는 교회에서 배우자를 찾아보라고 권하고 싶다. 내 옆에 있는 이성이 신비감은 좀 떨어질지 모르나, 오랫동안 호흡을 같이하고, 함께 사역하고, 헌신하던 지체들이 배우자감으로 최적이다. 오랜 친구와 같은 배우자가 될 수 있다.

더욱이 같은 교회에 다니면 늘 같은 목사님의 말씀을 공급받고, 같은 사건을 접하고, 같은 사역을 되풀이한다. 그러면 당연히 서로 나눌 수 있는 것이 많아지고 쉽게 교감할 수 있다. 얘깃거리가 무궁무진하다. 결혼해서도 마찬가지다. 공감대를 형성할 수 있는 얘깃거리가 많다는 것이 얼마나 결혼생활에 큰 도움이 되는지 모른다. 같은 생각, 같은 가치관을 갖고 있다는 사실이 두 사람을 더욱 하나로 묶어 주는 역할을 한다.

같은 이유로 불신자와의 교제와 결혼은 강력히 말리고 싶다. 무엇보다 말이 안 통한다. 나는 '선교, 기도, 하나님께 대한 순종'을 얘기하는데, 배우자는 거부감만 느낀다. 나는 주일 저녁예배 은혜를 나누고 싶은데, 배우자는 등산 갔다 온 얘기만 늘어놓는다. 나는 헌금을 기쁨으로 드리는데, 배우자는 쓸데 없는 낭비라고 한다. 그러니 어찌 서로 이해하고 하나 될 수 있겠는가? 하지만 같은 교회, 같은 신앙, 같은 사역을 하게 되면 이런 걱정은 하지 않아도 된다.

애타게 짝을 찾는 청년들이여, 이제 먼 곳에만 눈을 돌리지 마라. 내 평생의 짝은 어쩌면 내 옆에 앉아 있을 수도 있다.

외모에 별 다섯 개

남자들은 외출할 때 그렇게 시간이 많이 걸리지 않는다. 하지만 여자들은 다르다. 보통 외출 전 1시간 화장은 기본이다. 남자는 보통 두 종류의 화장품만 있으면 그만이지만, 여성들은 6-7가지 화장품은 필요하다. 그러므로 보기에 별로 예쁘지도 않고 튀지도 않는 여성이라 해도, 그 얼굴이 오랫동안 공들인 얼굴이라 생각하고 공로를 인정해 주기 바란다. 여자들이 신경 쓰는 것은 얼굴뿐만이 아니다. 머리, 옷, 액세서리까지 세심하게 신경을 쓴다. 그러므로 여자들은 남자들보다 대체적으로 부지런하다고 봐야 한다.

더욱이 항상 단정하고 흐트러짐 없는 옷맵시를 자랑하는 여성이라면 보통 부지런한 사람이 아니라고 봐도 무방하다. 그렇게 얼굴과 몸을 가꾸는 열정으로 살림을 한다면 일등 주부가 될 것이요, 그 열정으로 신앙 생활을 한다면 최고의 영성을 자랑하게 될 것이요, 그 집중력으로 공부한다면 전액 장학금도 문제 없을 것이다. 반대로 늘 후줄근한 옷차림에, 까치집을 지은 머리, 까칠한 피부, 유행에 뒤떨어진 패션을 자랑하는 사람이라면 정신 상태도 그렇다고 보면 된다.

나는 어려서부터 이상한 현상 한 가지를 발견했다. 믿음 좋다고 하는 자매들을 보면 한결같이 옷맵시나 하는 행동이 그렇게 촌스럽고 매력 없을 수 없다는 것이다. 마치 속세를 떠나 산 속에 몇 년간 들어갔다 나온 사람 같다. 왜 그럴까? 믿음 좋은 것과 외모는 별개의 문제라고 생각하기 때문이다.

여기서 외모는 '잘생겼다, 못생겼다. 비싼 옷을 입었다, 싼 옷을 입었다.'를 뜻하지 않는다. 얼마나 사람들이 호감을 느낄 정도로 단정하고 깔끔하게 자신을 잘 꾸몄는가 하는 것이다.

우리 마음에 성령님이 들어오시면 가장 먼저 나타나는 현상이 삶의 전반적인 부분에 질서가 잡힌다는 것이다. 성령으로 거듭나게 되면 이전의 공허하고 혼란스러웠던 마음에 평안이 임하고, 삶의 우선 순위가 명확해지고, 영혼과 육체의 어지러웠던 부분에 질서가 세워진다.

거라사 지방의 광인의 모습을 생각해 보라. 예수님 만나기 전에는 귀신에게 사로잡혀 옷 벗고 다니고, 자해하고, 더러운 공동묘지에 거했다 막 5장. 그러나 예수님 만나고 귀신이 나간 뒤에는 말끔하게 옷을 차려 입고 예수님 발 앞에 앉아 있지 않았는가? 이것이 예수 믿고 변화된 자의 모습이다. 예수님이 마음에 들어오시면 영혼의 변화에 따라 얼굴도, 외모도, 옷차림도 단정하고 깔끔하게 변화된다는 것을 기억하라.

그러므로 "믿음 좋다"고 하면서 씻지 않아 냄새를 풍기고 후줄근한 차림새로 다닌다는 것은 어불성설이다. 그는 믿음이 좋은 것이 아니라 비위가 좋은 것 아닐까?

물론 결혼하고 싶은 사람과 연애하고 싶은 사람에 대한 기준이 달라서 배우자감의 외모가 1순위는 아니다. 그러나 적어도 처음 교제를 시작할 때는 외모가 매우 중요하다. 그러니 외모 가꾸기는 별 다섯 개를 그려 넣어도 부족할 만큼 기본적이고 중요한 것이다. 지나가는 사람이 모두 돌아볼 만큼 '얼짱'이나 '몸짱'일 필요는 없다. 그러나 호감 가는 인상이라는 말 정도는 들어야 소망이 있다.

호감 가는 인상에 도달하는 가장 경제적인 방법은 당신의 매력 포인트를 돋보이게 하는 것이다. 얼굴 중에서 가장 예쁜 부분, 몸 중에서 가장 근사한 부분에 이성의 눈길이 꽂히도록 해보라. 그러려면 일단 당신 외모에 대해 객관적으로 알아둘 필요가 있다. 당신의 외모에 대해 가차 없이 말해 줄 주변인을 포섭하라. 친한 친구여도 좋고, 옷가게 하는 친구나, 백화점에서 옷 파는 점원도 좋다. 그들에게 구하는 정직한 어드바이스는 당신이 결혼고시를 패스하는 데 소중한 밑거름이 될 것이다. 그들에게 이렇게 물어보라.

"더 예뻐 보이려면 옷은 어떻게 입고, 머리는 어떻게 바꿔야 할까?"

외모 가꾸기가 여자에게만 해당되는 사항은 아니다. 남자들도 웬만큼 신경을 쓰지 않으면 이성의 관심에서 제외될 수 있다. '나는 남자니까 뭐.' 이렇게 생각하고 아무렇게나 하고 돌아다닌다면 평생 연애를 못할 지도 모른다.

머리를 예로 들면 우선은 깔끔해야 한다. 어떤 남성은 "난 터프한 게 좋아."라고 하면서 수염도 기르고, 옷도 노숙자같이 입고 다니는데, 이들은 확실히 연애 부적격자들이다. 한번 생각해 보라. 어떤 여자가 지저분한 남자를 좋아하겠는가? 간혹 드라마나 영화에서 철학자처럼 하고 다니는 남자가 멋진 여자를 꼬드기는 것을 볼 수 있는데, 그것은 어디까지나 영화이고 드라마라 가능한 것이다. 남자든 여자든 자기관리를 잘 해야 연애에 성공할 수 있다는 것을 잊지 마라.

  크리스천 청년들이여, 몸가짐이 흐트러진 사람을 만나지 마라. 요셉과 같이 단정하고 아담한 사람을 배우자로 맞이하라. 그러면 결혼생활도 뒤죽박죽되지 않고 질서 잡히고 규모 있게 될 것이다.

성격이 좋으면 얼굴도 예뻐 보인다

"어느 날 그녀가 이성으로 느껴졌다."

연애를 해본 사람은 이 말이 무슨 뜻인지 알 것이다. 여자의 얼굴은 아침에 만났을 때와 저녁에 만났을 때가 다르고, 짜증낼 때의 모습과 찬양할 때의 모습이 다르고, 처음 만났을 때의 느낌과 1년 이상 만났을 때의 느낌이 완전히 다르다.

특히 여자의 얼굴은 성격에 따라 완전히 달라 보인다. 얼굴은 예쁜데 성격이 괴팍하면 계속 예뻐 보일 리가 없고, 얼굴은 기도가 필요한 얼굴이지만 착한 마음, 예수님의 마음을 품고 있다면 천사처럼 보일 것이다. 그래서 사람을 첫인상, 외모로 속단하지 말고 시간을 두고 지켜보라는 것이다.

"이성을 만날 때 가장 중요하게 생각하는 것이 무엇인가?"라는 질문에 가장 많은 청년들이 처음 만났을 때 '필feel이 오는 사람, 느낌이 좋은 사람'을 꼽았다. 그러나 이것은 속는 것이다. 처음 그 느낌이 끝까지 가는 경우는 거의 없다. 그 사람의 성품에 따라 완전히 다르게 보일 수 있기 때문이다. 그러므로 혹시 외모에 자신이 없는 여성들이 있다면, 주눅

들지 말고 밝은 모습, 선한 마음을 품으라. 그러면 조만간에 최고의 여인으로 인정받게 될 것이다.

개인적으로 경험한 바에 의하면, 많은 남자들이 처음에는 여자의 외모를 중요시하지만 시간이 지날수록 그리 중요하게 생각지 않는다는 것이다. 사람의 외모라는 것은 기분에 따라, 성격에 따라 얼마든지 다르게 보일 수 있기 때문이다. 특히 결혼하면 외모는 거의 효력을 상실한다는 것을 기억하라.

선교 가서 일주일만 같이 지내보라. 눈에 확 뜨일 정도로 출중한 미모를 가진 자매가 돌아올 때는 별로 주목받지 못하는 경우가 많다. 반대로 처음에는 형제들이 무관심했고 선교 왔는지도 잘 몰랐던 자매가 일주일을 지내면서 형제들 사이에 가장 인기 있는 매력녀로 추앙받는 경우도 있다. 그 차이가 어디서 왔을까? 성격이다.

요즈음 '얼짱, 몸짱'이란 말이 유행이 될 정도로 사람들이 외모에 관심이 많다. 외모로 사람을 판단하는 경우가 많기 때문이다.『첫인상 5초의 법칙』이라는 책을 보면 대기업 인사담당자의 78%가 신입사원을 뽑을 때 첫인상을 보고 당락을 결정한다고 한다. 이런 현실을 아주 피할 수는 없다. 그렇기 때문에 현대사회에서 인정받기 위해 얼굴이나 몸을 가꾸는 데 어느 정도 수고할 필요는 있다. 화장이나 다이어트도 필요하고, 필요에 따라서는 성형수술도 할 수 있다고 생각한다.

하지만 외모를 전부로 생각하는 것은 정말 위험하다. 성경에서 사람은 외모로 판단하지만 하나님은 마음속 중심을 보신다고 했다 삼상 16:7. 그런데 오랜 시간을 지내보면 하나님만 그러신 것이 아니라 사람들도 자연스럽게 그 사람의 마음을 보게 된다. 그것이 그 사람의 성품일 수도 있고, 인격일 수도 있고, 삶에서 흘러나오는 가치관일 수도 있다.

남녀가 만나 끌리는 데는 외모가 큰 비중을 차지한다. 그러나 외모 때문에 헤어지는 경우는 별로 없다. 인격이나 성품 등에 대한 실망으로 헤어지게 된다. 직장에서도 사람을 뽑을 때 외모라는 요인이 분명히 작용한다. 그러나 직장을 그만 두게 될 때 외모가 문제되는 경우는 별로 없다. 사람됨이 외모보다 훨씬 더 큰 요인이 된다. 개인도 마찬가지다. 한 번 생각해 보라. 누군가의 외모 때문에 불만인 경우가 얼마나 되는가? 대부분의 경우 사람됨에 대한 불만일 것이다. 물론 외모에 신경을 쓰는 것도 필요하다. 하지만 역시 성격의 내실이 중요하다.

무엇보다도 부부는 평생 서로 연합해서 사는 관계이므로 정신적으로, 성격적으로 성숙하지 못한 사람을 배우자로 선택하는 경우 평생 마음 고생을 하게 된다. 정신적으로 성숙한 부부가 진정 행복한 가정을 이룰 수 있다. 아무리 믿음 좋고, 기도 많이 하고, 은혜 체험이 많은 사람이라 해도 정신적으로 성숙하지 못한 사람은 결코 원만한 부부관계를 이루어 나가기 힘들다.

이 글을 읽는 독자 중에 만일 어떤 이성이 처음과 달리 자꾸만 마음에 걸리거나 눈에 밟힐 경우, 처음에는 별로라고 생각했는데 보면 볼수록 괜찮게 느껴질 경우엔 다시 한번 그 사람을 진지하게 살펴볼 필요가 있다. 첫인상은 절대적이 아니며, 남들의 시선도 그다지 중요하지 않다. 처음 봤을 때 눈에 걸리고 도저히 수용되지 않았던 상대방의 약점조차 너그럽게 받아들이고 그 기준을 내려놓는다면 어쩌면 당신은 감춰진

보화를 찾은 사람의 기쁨마 13:44을 일평생 누릴지도 모르는 일이다.

　남성들이여, 명심하라. 여자의 얼굴은 조석朝夕으로 변한다. 전혀 관심 밖의 여성도 함께 지내다 보면 어느 날 아름다운 이성으로 다가올 수 있다. 하나님께서는 유일하게 나에게만 끌리도록 어떤 매력들을 그 사람 가운데 숨겨 놓으셨는데 그것들을 발견하는 것이 중요하다. 그러므로 너무 예쁜 여자만 쫓지 마라. 내면의 아름다움과 성품에 비중을 두고 짝을 고르라. 그래야 후회 없는 만남, 행복한 결혼, 일류 인생이 될 수 있다.

내 짝은 내가 고른다

많은 사람들이 결혼생활에서 갈등과 어려움을 만나면 그 원인을 외부에서 찾는다. 배우자 탓하고, 부모님 탓한다. 물론 결혼하기까지 많은 사람들이 이 모양 저 모양으로 관여했을 것이다. 하지만 최종 결정은 자신이 한 것이고, 자신이 결혼생활을 하고 있는 것이기 때문에 모든 책임은 분명 자신이 져야 한다.

그러므로 나중에 후회하지 않으려면 배우자를 고를 때 신중에 신중을 기해야 할 것이고, 주위에서 어떤 얘기를 하든지 참고는 하되 자신이 주도적으로 결정해야 한다. 그리고 일단 결정했으면 그에 따른 모든 일들의 책임을 감수하는 것이 마땅하다. 자신의 선택에 대해 후회하는 사람만큼 불행한 사람도 없을 것이다.

B자매가 이런 말을 했다.

"저는 목사님이 정해 주는 사람과 결혼할래요."

물론 이 말의 본뜻은 영적 지도자의 안목을 신뢰한다는 의미일 것이다. 하지만 자칫 잘못하면 내 뜻은 전혀 고려치 않고 다른 사람에게 내 인생의 가장 중요한 문제를 맡기는 셈이 될 수도 있다. 영적 지도자의 의견은 존중하되, 결혼의 주도권은 내가 쥐고 있어야 한다. 결혼이라는 것은 나와 배우자가 주체가 되어 이끌어 가는 것이지, 누구도 그 자리를 대신할 수 없다. 자기 자신만큼 자신의 결혼 문제에 대해 절박하게 생각하고 고민하는 사람은 없을 것이기 때문이다.

Y형제는 O자매와 교회에서 만나 결혼했다. 그런데 결혼하고 보니 자매가 여간 고집이 세고 다혈질이 아니었다.

어느 날 형제가 직장을 잃게 되었다. 소위 퇴출을 당한 것이다. 그러자 자매는 위로는 못해 줄 망정 "당장 나가서 돈 벌어와요!" 하고 고함을 쳤다. 그후로 밥도 제대로 해주지 않았고, 심지어 물건을 집어 던지면서 화를 내기도 했다. 욥의 아내가 따로 없었다.

그 형제는 많이 힘들었는지 "사는 게 지옥입니다. 주님이 빨리 오셨으면 좋겠어요."라고 하소연하면서 아내에 대해 부정적인 얘기를 늘어놓기에 이르렀다.

물론 형제의 마음은 충분히 이해된다. 하지만 그래도 가정사를 다른 사람에게 떠벌리고 아내를 흉보는 것은 문제가 있다고 본다. 누구라도 결혼생활에 대해 한번쯤은 회의를 느끼고 불평할 수 있다. 그만큼 굴곡이 많은 것이 결혼생활이기 때문이다. 그래도 내가 선택한 배우자, 결혼, 인생이니 힘든 순간에도 소중히 여기고, 긍정적인 시각을 갖고, 최선을 다해 살아가야 할 것이다.

배우자를 선택할 때는 가족이나 신앙의 선배, 영적 지도자의 조언도 꼭 필요하다. 하지만 가장 중요한 것은 내 인생의 목적과 필요에 따라 배우자를 선택해야 한다는 것이다. 어디까지나 최종 결정은 당신의 자유롭고 독립적인 선택이어야 한다. 다른 어떤 사람도 당신을 대신해서 당신의 배우자를 선택하도록 해서는 안 된다. 왜냐하면 이것은 바로 당신의 결혼이며, 당신 일생에 단 한번뿐인 기회이기 때문이다.

진정한 행복이란 주도적인 삶을 살 때만이 가능하다. 타인에 의해 내 인생이 주도당하고 끌려다니는 일이 없어야 한다.

하나뿐인 내 삶의 반려자, 내 인생, 사랑하며 살자!

자주 봐야 정든다

"호랑이를 잡으려면 호랑이굴에 들어가야 한다."는 말이 있다. 호랑이를 잡으려는 사람이 호랑이가 무서워서 집안에만 웅크리고 있으면 되겠는가? 배우자감을 찾는 원리도 마찬가지다. 여자는 남자들이 우글거리는 곳에 가야 하고, 남자는 여자들이 들끓는 곳을 찾아나서야 한다.

어쩌면 당신이 아직 배우자를 만나지 못한 건 배우자감이 없는 장소에 있기 때문은 아닐까?

여자라면 꽃꽂이학원, 요리학원같이 여자들이 주로 모이는 학원은 결혼하고 다녀도 늦지 않다. 별 관심이 없더라도 남자들이 있을 것 같은 외국어학원이나 컴퓨터학원, 스포츠센터를 다녀보도록 하라. 매일 아침 30분 일찍 일어나 킹카가 즐비하다는 빌딩 안에 있는 커피숍에서 우아하게 아침 식사를 하는 것도 해볼 만한 일이다.

이때 지켜야 할 행동 강령이 있다. 학원에 다닌다면 쉬는 시간에는 되도록 화장실에만 가지 말고 로비나 강의실에서 누군가 말을 걸 수 있도록 혼자 있어 보라. 헬스클럽에서는 절대 이어폰을 끼지 마라. 항상 대화에 오픈된 상태여야 한다. 미소 띤 표정은 기본이다. 이런 노력이 있어야 짝을 만날 것 아닌가? 맨날 방안에 처박혀 있으면서 "내 님은 어디에 있나?" 푸념하는 것보다 어리석고 비참한 모습은 없을 것이다.

남자들은 좋은 곳에 좋은 여자가 있다는 것을 기억하라. 술집이나 나이트에서도 만날 수 있겠지만, 오히려 서점에서 책을 고르다가 만난다면 더 상대를 잘 알 수 있는 시작이 아닐까? 조건만 보는 자리에서 만난 여자에게 무엇을 바라겠는가? 정말 좋은 여자를 만나고 싶다면 봉사활동이나, 도서관이나, 그 밖의 가치 있는 장소에서 찾아라. "맹모삼천지교"가 괜히 나온 말이 아니다. 그런 의미에서 교회보다, 예배의 자리, 기도의 자리, 선교의 자리보다 더 좋은 자리가 어디 있겠는가? 거기서 만난 사람이 최고의 배우자감일 것이다.

늦은 나이까지 남자를 만나지 못하는 여성들의 특징이 무엇인 줄 아는가? 여자들 사이에서는 인기가 대단해서 늘 3-4명의 여자친구들이 붙어 다닌다는 것이다. 여자들이 그렇게 휩쓸려 몰려다니면 어떤 남자가 그 사이를 비집고 들어갈 수 있겠는가? 여자를 만나지 못하는 남자들도 마찬가지다. 늘 남자들과 지리산 등반가고, 바다로 여행을 떠난다. 그런 여성, 남성들은 팀 모임이나 또래 모임에는 나오지도 않으면서 "나 같은 킹카, 퀸카를 왜 아무도 데려가지 않지?" 하고 불평한다. 참으로 안타까운 일이 아닐 수 없다.

삼일교회에서 커플이 탄생하는 통로는 거의 정해져 있다. 같은 팀에서, 선교 현장에서이다. 아주 드물지만 예배시간에 옆에 앉아 예배드리다가 우연히 만나는 경우도 몇 번 봤다. 이건 당연한 이치다. 자주 부딪히고, 같이 사역하다 보면 사랑이 싹트기 마련이다.

C자매는 여성스러운 외모와 달리 털털하고 편안한 성격이었다. 활발한 성격 탓에 여자친구들 사이에서 인기도 좋고 편하게 지내는 남자친구도 많았다. 하지만 선머슴 같은 구석이 있는 그녀는 소개팅에서 번번이 거절당하는 수모를 겪어야 했다. 남자들의 반응은 모두 비슷했다.

"다 좋은데 여성적인 매력이 별로 안 느껴져요. 애인보다는 친구로 지내면 좋을 것 같은데요."

그녀는 그때서야 자신의 접근법이 잘못되었음을 깨달았다. 자신의 본모습을 보여주고 싶다는 생각에 첫 만남부터 너무 솔직했던 것이 화근이었다. 물론 솔직함은 중요하다. 하지만 솔직함과 친밀감은 이성적 매력과 결합할 때 상대에게 호감과 기대감을 주고 사랑으로도 발전할 수 있는 것이다.

편안하고 털털한 모습만을 보여 남자들에게 자신의 진가를 보여주지 못했음을 깨달은 C자매는 이후 달라진 모습으로 남자들을 대했다. 솔직함과 편안함과 아울러 여성적인 매력과 개성을 갖추기 위해 피나는 노력을 했다. 그리고 얼마 안 되어 마음 맞는 형제를 만날 수 있었다.

형제는 너무나 여성스러운 매력이 넘치는 C자매를 보고 첫눈에 호감을 가졌고, 만날수록 편안함을 느꼈다고 고백했다. 두 사람이 교제하면서 자매는 터프하기까지한 털털한 모습을 형제에게 숨김없이 보였지만, 이미 그녀의 매력에 빠진 형제에겐 그녀의 어떤 모습도 사랑스러워 보였다고 한다. 두 사람은 얼마 후 평생을 약속했다.

이는 무엇을 얘기하는가? 사람의 진가는 같이 지내보고 겪어봐야 알 수 있다는 것이다. 시간이 필요하다는 얘기다. 어떤 사람은 첫인상은 좋았지만 시간이 갈수록 멀리하고 싶은 사람이 있고, 반면에 어떤 사람은 첫인상은 별로였는데 시간이 갈수록 진국인 사람이 있다. 그래서 사람을 쉽게 속단하는 것은 금물이다. 그런 의미에서 내 쪽에서는 자신의 진가를 드러낼 수 있는 기회를 많이 가지는 것이 바람직하다.

지금 당장 눈에 보이는 어리숙한 모습이 그 여성 본래의 모습이 아닐 가능성이 많다. 지금 빡빡머리 촌뜨기 같은 모습이 그 남성 진짜 내면의 모습이 아닐 수도 있다. 그 진가는 같이 팀 활동하고, 같이 예배드리고, 같은 공동체생활을 하면서 드러날 수 있다.

K자매는 누가 보아도 행동거지와 말하는 것이 영락없는 아줌마 스타일이다. 20대 중반인데 말이다. 몸의 균형도 맞지 않는다. S라인과는 거리가 멀다. 패션감각도 빵점이다. 형제들에게 매력 있는 스타일은 아니라는 것을 하나님도 알고 계시고, 주위 사람들도 알고, 본인도 잘 알고 있다.

그런데 우연한 기회에 한 팀의 간사로 섬기게 되었다. 간사 직분을 감당하면서 양들을 향한 자매의 눈물과 애정이 깊어졌다. 급기야 자매를 통해 큰 부흥이 일어났다. 그 모습을 옆에서 1년 동안 계속 지켜보던 같은 팀의 B형제가 그녀를 찾아가 "사귀고 싶다."고 고백했다. 프로포즈를 한 것이다. 그런데 이게 웬일? 자매는 의외의 반응을 보였다.

"저는 사역에 집중해야 하므로 팀내에서 이성교제는 할 수 없어요."

형제의 프로포즈를 일언지하에 거절한 것이다. 자매의 거절은 B형제의 마음에 불을 질렀다. 그는 그녀의 마음을 돌이키기 위해 몸부림을 쳤다. "지성이면 감천"이라고 드디어 그녀의 마음문도 열렸다. 그후 어떻게 되었겠는가? 스토리는 뻔하다. 지금은 아기 낳고 신앙생활 열심히 하면서 잘살고 있다.

L형제는 아는 집사님에게 I자매를 소개받았다. 그런데 첫인상이 서로 별로였다. 교회에서 가끔씩 만나면 가볍게 인사는 했지만, 개인적으로 두 번 만나고 싶은 생각은 들지 않았다. 그렇게 소강 상태에 있다가 우연히 철야예배 때 옆에 앉게 되었다. 두 사람 사이에 어색한 침묵이 흐르고 있는데, 예배를 인도하시는 목사님이 갑자기 옆에 앉은 사람과 기도 제목을 나눈 후 손을 잡고 기도하라는 것이었다. 두 사람은 어쩔 수 없이 겸연쩍게 기도 제목을 나눈 후 손을 잡고 기도하는데 갑자기 1만 볼트 전류가 흐르는 듯했다. 형제 말로는 그때 성령께서 강하게 역사하시는 느낌이었다고 한다. 그것을 계기로 두 사람 사이에는 사랑의 줄이 이어졌고, 결국 결혼의 열매를 맺게 되었다.

이는 무엇을 말해 주는가? 어찌 하든지 만남의 기회를 많이 가져야 사랑의 역사는 일어난다는 것이다. 마음에 드는 상대가 있는가? 예배시간에 옆에 앉아라. 부담되지 않을 정도로 늘 주위를 맴돌라. 기도로 그를 품으라. 그리고 당신의 진가를 드러낼 수 있는 기회를 잡으라.

이 땅의 솔로들이여, 이것만은 기억하라!

계속 홀로 있으면 영원히 솔로로 남는다는 것을….

집중의 원리

모든 여자들에게 친절하고 잘해주는 남자들이 있다. 친절하다는 것은 좋은 일이지만, 열매가 있으려면 특별한 관심과 애정을 주는 한 사람이 있어야 한다. 여자들 사이에는 거의 마하의 속도로 의사소통이 이루어지기 때문에 누구에게나 친절한 남자는 바람둥이로 찍힐 위험이 있다.

전에 다니던 교회의 P형제는 교회 주차를 맡고 있었다. 그런데 유독 예쁜 자매의 차만 주차해 주고, 미모가 떨어지는 자매는 불친절하게 대했다. 맘에 드는 자매들에게는 선물공세와 사탕발림도 남발했다. 자매들 사이에 소문이 퍼지지 않을 리 있겠는가? 자매들은 그 형제를 '요주의 인물'로 점찍었다. 아직도 그 형제, 노총각 신세다.

총각 때는 이 여자는 얼굴이 예뻐서 좋고, 저 여자는 잘 웃어서 좋고, 그 여자는 유능해서 좋다. 하나같이 버리기 아깝다. 결국 문어발같이 마수를 여기저기 다 뻗치게 된다. 하지만 기억하라. 그러다 한 여자도 잡지 못한다. 두 마리 토끼를 잡으려다 둘 다 놓치는 셈이다.

여자의 경우도 마찬가지다. '나는야 만인의 연인'이라는 생각으로 한 남자에게 얽매일 수 없다는 여자들이 있다. 이 남자에게 매이자니 저 남자가 아깝고, 저 남자를 보자니 이 남자가 아깝다. 하지만 기억하라. 제대로 열매를 맺으려면 가지치기는 필수다.

하나님은 아담을 위해 열 여자가 아니라 '한 여자'를 지으셨다. 한 사람에게 마음을 쏟지 못하고, 한 사람에게서 만족을 누리지 못하는 이가 어디에 전심전력할 수 있겠으며 어디서 만족을 누리겠는가? 한 이성에게 집중하지 못하는 사람이 있다면 이정하 시인의 "한 사람을 사랑했네"라는 시를 보길 바란다.

> 바람이 불고 낙엽이 떨어지는 날이면
> 문득 전화를 걸고 싶어지는
> 한 사람을 사랑했네.
>
> 떠난 이후에도 차마 지울 수 없는 이름,
> 다 지웠다 하면서도 선명하게 떠오르는 눈빛,
> 내 죽기 전에는 결코 잊지 못할
> 한 사람을 사랑했네.
> 그 흔한 약속도 없이 헤어졌지만
> 아직도 내 안에 남아
> 뜨거운 노래로 불려지고 있는 사람.
>
> 이 땅 위에 함께 숨쉬고 있다는 이유만으로도
> 마냥 행복한 사람이여,
> 나는 당신을 사랑했네.
> 세상에 태어나 단 한 사람
> 당신을 사랑했네.

고백의 법칙

아담은 하와를 처음 봤을 때 "이는 내 뼈 중의 뼈요 살 중의 살이라"창 2:23고 외쳤다. 이는 천년에 한번 있을까 말까 한, 여심女心을 여는 기막힌 고백이라 하겠다. 어떻게 이런 사랑의 문장을 구사할 수 있는지 놀랍기만 하다. 아담이 이런 아름다운 고백을 할 수 있었다는 것은 그가 시인이요 진정한 로맨티스트였음을 보여준다고 하겠다. 이는 모든 동물들의 이름을 일일이 짓는 걸 봐도 잘 알 수 있다.

당신은 당신의 짝이 당신 앞에 나타났을 때 외칠 고백이 준비되어 있는가? "워~메, 좋은거! 오우, 죽인다!"라고 촌티가 줄줄 흐르는 고백을 할 것인가? 상대의 마음을 사로잡을 한마디를 지금부터 준비하라.

아담과 하와의 중매는 하나님께서 하셨지만, 하와의 마음을 사로잡는 것은 아담의 몫이었다. 만일 아담이 하와를 만났을 때 꿀 먹은 벙어리처럼 멍하니 보고만 있었다면 하와가 아담의 짝이 되었을까? 물론 에덴동산에는 둘밖에 없었기 때문에 선택의 여지가 없었겠지만, 하나님께서 그들을 로봇으로 만들지 않은 이상 둘의 의견을 무시한 채 억지로 두 사람을 엮어 주지는 않으셨을 것이다. 두 사람이 연인과 부부로 맺어진 결정타는 바로 아담의 사랑 고백이었다. 그 고백 앞에 하와의 마음이 무너져 내린 것이다.

남녀관계에 있어서 사랑 고백은 매우 중요하다. 사랑 고백을 통해 상대방의 마음을 알고, 상대방의 마음을 알 때 나도 그를 사랑하기로 결정하게 된다. 정말 좋아하는 사람이 있다면 상처 받는 것을 두려워하지 말고 적당한 기회를 봐서 꼭 고백해야 한다. 고백이 있어야 상대방이 그 고백을 듣고 폭풍 같은 사랑을 느끼고, 이성적인 판단을 하고, 고민을 하고, 고민 끝에 교제를 결정하게 된다. 하나님께서는 우리에게 고백이라는 코드를 넣으셨다. 그래서 우리는 고백을 들을 때 행복해진다

한번은 '인터넷 연애, 결혼 상담 코너'에서 이런 내용을 본 적이 있다.

질문 : 제가 7개월 전부터 좋아해 오던 애가 오늘 남자친구가 생겼어요. 다음달이 그애 생일이라 그날 고백하려고 했는데 말이에요. 제 생애에 이렇게 슬퍼본 적은 처음이에요. 응원의 한마디 해주세요.

답변 : 일단 고백을 하세요. 그러고 나서 기다리세요. 고백도 하지 않고 너무 오래 끄는 동안 일이 이렇게 꼬여 버린 것입니다. 서로 맺어질지 여부를 떠나서 (최악의 경우 불가능하다 하더라도) 고백은 당신의 마음 안에 가두어진 답답한 생각을 표현하고 닫힌 마음을 여는 열쇠입니다. 그 말을 들어줄, 들을 수 있는 이 세상의 유일한 사람이 바로 그녀이므로 반드시 고백을 해야 합니다. 안 그러면 마음의 병이 될 수도 있습니다. 앞뒤 가리지 말고 일단 고백하시고, 추이를 지켜보면서 대응해 나가세요. 허탈하고 속상한 것은 지금 중요한 문제가 아닙니다. 그럼 잘되시기를 바랍니다.

무슨 말인지 알겠는가? 정말 그녀를 좋아하고, 그놈을 사랑한다면 상처를 두려워하지 말고 고백하라는 것이다.

사랑하는가
사랑 / 한다면
천 번 / 고백하고
천 번 / 기도하라

_ 채바다, "그래도 그대는 행복하다"

  사랑 고백은 기적을 일으킨다. 사랑의 꽃은 고백할 때 비로소 아름답게 피어난다. 사랑 고백은 멀리 떨어져 있는 두 사람 사이에 다리를 놓는 것과 같다. 고백을 한 순간부터 사랑의 속도는 빨라진다. 사랑 고백에 있어서 시기도 물론 중요하지만, 더 중요한 것은 용기다. 사무치게 사랑하면서도 한마디 사랑 고백도 못해 보고 사랑도 잃는 경우가 허다하다. 사랑 고백, 거기서부터 새 역사가 시작된다는 것을 기억하길 바란다.
  여성들이 왜 근사한 프로포즈를 원하는지 아는가? 프로포즈는 평생에 한 번 받을 수 있는 최상의 사랑 고백이기 때문이다. 프로포즈하는 남자가 초콜릿 하나 던져 주면서 "내 아를 낳아도!" 하는 경우는 거의 없다. 촛불을 준비하고, 현수막을 준비하고, 음악을 준비하고, 정성이 담긴 편지를 준비하고, 감동적인 이벤트를 준비한다. 이런 진실되고 황홀한 사랑 고백을 받은 여성들은 평생 그 순간을 잊지 못한다. 입에 발린 사랑 고백이 아니라 심령 깊숙한 곳에서 우러나오는 사랑 고백은 두 사람을 끈끈하게 연결시켜 주는 끈이 된다.

　한국 부부들의 70% 이상이 프로포즈 없이 결혼한다고 한다. 그냥 구렁이 담 넘어가듯이 결혼한다. "꼭 말로 해야 아나? 말 안해도 내 마음 알제?" 그러면서 대충 넘어간다. 유교 사상에 젖어 있던 부모님 세대에는 이것이 흔히 통용되는 미덕으로 여겨졌을지 모른다. 하지만 그런 구시대의 풍조는 이미 물 건너간 지 오래다. 요즈음은 온갖 달콤한 말로 프로포즈하는 시대다. 시대에 맞는 이성관을 가지고 그에 합당한 사랑 고백이 필요한 때이다.

　사랑은 어떤 식으로든 진실되게 표현되어져야 한다. 남자와 여자는 사랑 고백이라는 자양분을 먹고 자란다. 아담의 입술에서 터져나온 그 기가 막힌 '사랑의 세레나데'를 나도 사랑하는 그 사람을 위해 준비하자!

돕는 배필의 법칙

2007년 한 해 동안만 우리나라에서 만 쌍이 이혼했다고 한다. 이혼 사유는 여러 가지인데, 제일 많은 것이 '성격 차이'이고, '배우자의 성적 부도덕 행위'가 그 다음이라고 한다. 이것은 상대방의 행복을 배려치 않고, 내 행복만 추구하려는 욕심이 만든 결과다.

많은 사람들이 배우자를 잘못 만나 자신이 행복하지 못하다고 생각한다. 그러나 배우자를 잘못 만난 것이 아니라 내가 잘못 생각하고 있는 것이다. 하나님께서는 내가 먼저 배우자를 행복하게 해주라고 나를 그 사람에게 붙여 주신 것이다. 그렇게 생각만 바꾼다면 행복은 저절로 찾아온다.

또 어떤 사람들은 지금 살고 있는 사람보다 더 좋은 사람을 만나면 행복할 것 같다고 얘기한다. 그러나 이혼하면 더 큰 고통이 찾아오고, 더 큰 아픔이 찾아오는 것을 알아야 한다. 지금 살고 있는 사람과도 성격이 안 맞는데 누구하고는 맞겠는가? 지금 살고 있는 배우자와 성격이 정 안 맞으면 내 성격을 먼저 고치면 된다. 상대방의 성격이 고쳐지기를 기대하지 말고 내 성격을 그 사람에게 맞추어 살면 되는 것이다.

하나님께서는 남자와 여자를 똑같은 가치로 만드셨지만 분명 다르게 만드셨다. 전혀 다른 두 사람이 만나 서로의 부족함과 연약함을 이해하고, 품어 주고, 채워 주고, 도와주면서 살도록 만든 것이 하나님의 사랑의 법칙이다.

볼트와 너트는 완전히 다르게 생겼지만 서로 결합할 때 기계나 중장비의 완성품을 만들어 낸다. 남자와 여자도 마찬가지다. 모습과 성격이 다르고, 배경과 지식도 다른 두 사람이 만나 하나 되어 서로 도울 때 놀라운 능력을 발휘할 수 있다. 서로의 다름과 약점을 인정하고 서로 돕겠다는 마음을 가지고 하나 될 때 큰 능력이 나타나는 것이다. 하지만 서로 군림하거나 나한테 억지로 끼워 맞추겠다고 하면 그때부터 관계는 깨어지고 만다.

결혼은 '부족하고 연약한 두 사람의 만남'이다. 그렇기 때문에 '상대방에게서 어떤 이득을 얻을 수 있을까? 어떤 유익이 있을까?'라는 마음을 가지고 있으면 반드시 실망하게 되고, 결혼 시기도 늦어질 수밖에 없다. 대신 내가 그 사람의 부족한 부분을 채우는 'helper, 돕는 배필, 조력자'가 되겠다고 하면 얼마든지 주위에 배우자감이 있다.

다시 말하지만, 내가 원하는 조건을 갖춘 사람을 만나고자 욕심 부리면 배우자를 만나기가 힘들다. 하지만 나를 필요로 하는 사람을 만나고자 한다면 생각보다 쉽게 짝을 만날 수 있다. 섬김을 받으려고 하면 만남이 어렵지만, 섬기려고 하면 기회는 얼마든지 있다는 뜻이다. 항상 섬기려는 사람은 선택의 폭이 넓을 수밖에 없다.

'나의 부족한 반은 그대가 채우고, 그대의 부족한 반은 내가 채우리라.'는 마음으로 배우자감을 찾는다면 그리 어렵지 않게 짝을 만날 수 있을 것이다.

  당신의 주위를 한번 잘 살펴보라. 분명히 당신의 도움이 꼭 필요한 사람이 있을 것이다. 그 사람에게 다가가 이렇게 말해보라.

"May I help you?"

4
이런 남자, 이런 여자는 No!

꽃뱀주의보 발령
눈이 높은 것도 죄다
어린 여성만을 고집하는 남자
소극적인 이성은 사절
모임의 지각생은 인생의 지각생

내 아들아! 이런 여자 만나지 마라
혈기 충만한 여자
수다쟁이 여자
사치스러운 여자
머릿속이 복잡한 여자

내 딸아! 이런 남자 만나지 마라
불성실한 남자
부정직한 남자
중독에 빠진 남자
폭력적인 남자
믿음 없는 남자

꽃뱀주의보 발령

삼일교회에는 1만여 명의 청년들이 모여 있다 보니 별별 일들이 다 벌어진다. 그 중에서도 가장 빈번하게 발생하는 일이 '이성 문제, 돈 문제'이다. 이 두 가지 문제는 항상 붙어 다니는 것 같다.

한번은 어떤 형제가 교회 안에서 여러 청년들에게 수백 만원의 돈을 빌린 뒤 갚지 않고 감쪽같이 종적을 감춘 사건이 일어났다. 그 형제는 누구에게나 신앙 좋고, 성실하고, 믿을 만한 사람으로 인정받고 있었던 터라 충격이 컸다. 미리 물밑 작업을 다 해놓았으니 주위 사람들이 의심치 않고 돈을 빌려 준 것이었다. 그가 지금 어디로 자취를 감추었는지는 아무도 아는 이가 없다.

P자매도 마찬가지 경우다. 그녀는 주일학교 교사, 리더로 헌신하는 자매였다. 그런데 여러 형제들에게 접근해 위장교제를 하고 수천 만원의 돈을 빌려 사라졌다. 얼마나 형제들의 마음을 녹여 놨는지 돈을 빌려 주면서 갚지 않아도 된다고 할 정도였다고 한다. 알고 보니 그녀의 이름도 가명이었고, 다닌다는 직장도 가짜였다는 것이 밝혀졌다. 더욱 놀라운 것은 그녀의 이런 범죄가 삼일교회에서 처음 자행된 것이 아니라는 사

실이었다. 이미 여러 교회에서 똑같은 범죄를 저질러 왔던 것이었다. 주위 사람들의 신망을 얻기 위해 오랫동안 기도(?)로 준비했다니 참으로 놀랍다. "열 길 물 속은 알아도 한 길 사람 속은 모른다."더니 이 경우에 딱 들어맞는 말인 것 같다.

그럼 이런 꽃뱀, 카사노바를 분별하는 방법을 몇 가지 소개하니 참고하기 바란다. 이런 사람이 경계대상 1호이다.

첫째, 초반에 지나치게 뛰는 사람을 주의하라.

교회 온 지 몇 개월 안 됐는데 너무 설치는 사람들이 있다. 그들은 갖가지 무용담을 늘어놓고, 남들이 경험해 보지 못한 깊은 영적 체험을 했다고 떠벌린다. 그런 유의 사람들은 정감 가는 눈빛, 과도한 친절, 유창한 언변으로 사람들에게 인기도 좋다. 그러나 속지 마라. 이런 사람이 꽃뱀, 카사노바일 가능성이 많다.

우리가 꼭 기억해야 할 것은 제아무리 화려한 신앙 경력을 지닌 사람이라도 교회에 처음 오면 시간의 테스트와 검증을 거쳐야 하고, 공동체에 녹아드는 시간, 그 교회 스피릿으로 무장하는 시간이 필요하다는 것이다. 디모데전서 3장 6-7절에 일꾼을 세울 때 주의 사항이 잘 나와 있다.

> 새로 입교한 자도 말지니 교만하여져서 마귀를 정죄하는 그 정죄에 빠질까 함이요 또한 외인에게서도 선한 증거를 얻은 자라야 할지니 비방과 마귀의 올무에 빠질까 염려하라

교회 나온 지 얼마 되지 않은 사람, 시간의 검증을 통과하지 않은 사람

은 세우지 말라는 것이다. 본래 깊은 물은 소리 없이 흐르는 법이다. 고수, 전문가는 자신의 실력을 일부러 내세우지 않는다. 요란하고 시끌벅적한 사람은 속 빈 강정일 가능성이 높다. 일종의 열등감과 불안감의 표출일 수도 있다.

둘째, 사진 찍기를 거부하는 사람을 조심하라.

요즘은 워낙 교회 홈페이지나 개인 홈페이지가 활성화되어 있기 때문에 사진이나 동영상을 비롯한 거의 모든 자료들이 공유된다. 자신을 숨길 수 없는 시대가 된 것이다. 그런데 한번은 교회 홈페이지의 표지 사진을 보고 타 교회 성도가 제보를 해왔다.

"그 사람 이 교회에서 돈 떼먹고 도망갔어요."

상황이 이 정도니 하늘을 우러러 한 점 부끄러움 없는 사람만이 맘 편하게 사진을 찍을 수 있지 않겠는가? 남들 다 찍는데 매번 사진 찍기를 극구 거부하는 사람은 뭔가 캥기는 사람일 수 있다. 얼굴에 장애가 있거나 금방 자다 일어난 것이 아닌 이상 그런 반응을 보인다는 것은 의심스럽지 않은가? 죄 짓고는 못 산다고 했다. 죄가 있는 사람은 떳떳이 얼굴을 공개하지 못한다.

언제 어디서 꽃뱀, 카사노바가 당신을 노릴지 모른다. 바로 오늘이 될 수도 있고, 교회라고 예외가 될 수 없는 세상이다. 올바른 분별력을 달라고 기도하기 바란다.

눈이 높은 것도 죄다

　30대 후반의 N형제는 유난히 자매의 얼굴을 따졌다. 그러나 자신의 문제를 깨닫고, 보자마자 상대방을 판단하고 첫인상으로 교제를 결정하던 성급한 태도를 바꿨다. 그러고 나니 점점 자신이 제대로 보였고, 그에 맞춰 자신에게 어울리는 자매에 대한 이미지도 대폭 수정했다. 터무니없이 높았던 기준을 내려놓고 겸손히 자신에게 맞는 자매를 달라는 기도드렸고, 결국 잘 어울리는 자매와 만나 결혼에 골인했다. 만일 그 형제가 끝까지 눈높이를 낮추지 않았다면 아직껏 노총각 신세를 못 면했을지도 모른다.

　비단 N형제뿐 아니라, 수많은 청년들이 잘못된 배우자 기준을 고집 부리다 결혼이 늦어진다. 물론 자신의 기준을 모두 버릴 수야 없겠으나 문제는 그 정도다. 어느 정도 선에서 타협해야 함에도, 많은 이들이 내면의 음성에 귀기울이지 않고 터무니없는 욕심에 이끌려 불행을 자초한다. 옆에서 보기에 너무 안타까워 연민마저 자아낼 정도다.

　혼기가 꽉 찼음에도 불구하고 아직 짝을 만나지 못한 사람들의 특징이 있다. 옆에서 보기에는 다 괜찮은 것 같은데 혼자인 사람을 만나보면

"다 이유가 있었구나!" 하고 무릎을 치게 된다.

한 이성에게 만족하지 못하는 사람, 과거의 상처가 깊은 사람, 감추고 싶은 가족 관계가 있는 사람, 자신감이 부족한 사람, 매력이 부족한 사람 등등 여러 가지 이유가 있다. 하지만 그 중에 가장 큰 비중을 차지하는 것은 단연 '눈이 높다'는 것이다.

특히 너무 유능하고 미모까지 출중해서 웬만한 남자는 눈에 차지 않는 여성들이 있다. 왜 교회 여성 지도자 중에 노처녀들이 많은 줄 아는가? 영적 지도자의 위치, 가르치는 위치에 있다 보니 성도들 중에 배우자를 만나기 힘들고, 자기를 이끌어 줄 만한 형제가 드물기 때문이다. 너무 똑똑하고 너무 유능해도 결혼하는 데 걸림돌이 되나 보다.

남자의 경우에는, 가슴 아픈 얘기지만 반대의 경우가 많다. 이렇다 할 직장을 가지고 있지 않거나, 남성적 매력을 전혀 발산하지 못하는 경우가 많은 것 같다. 더욱 큰 문제는 그런데도 '눈이 너무 높다'는 것이다. 남자들은 자존심의 존재이기 때문에 '나는 비록 부족해도 내 배우자만은 어리고, 예쁘고, 유능해야 된다.'는 생각을 가지고 있다. 설상가상으로 눈은 높으면서 용기는 없다. 도대체 어쩌겠다는 것인지 모르겠다.

남자들의 눈이 낮아지지 않는 이유가 있다. 나이는 40대라도 마음은 20대이기 때문이다. 20대 초반부터 삼일교회에서 쭉 팀 활동을 해온 형제들은 아무리 나이를 먹어도 여전히 자신이 20대인 줄 착각한다고 한다. 팀에서 20대 청년들과 있다 보니 자신이 나이 먹는 걸 잊는 것이다. 20대를 지나고 30대를 건너뛰어 40대인 형제가 여전히 20대라고 착각하고 20대 자매를 구하고 있다니 참 안타까운 일이 아닐 수 없다.

하지만 절망하기에는 이르다. 남자나 여자나 빨리 짝을 만나는 비결이 하나 있다. 바로 눈을 낮추는 것이다. 나이가 들면 선택의 폭은 좁아져만 가는데 눈높이는 그대로면 점점 문제가 심각해질 수밖에 없다. 지금보다 눈높이를 50% 정도 확 낮추면 금방 짝을 만날 수 있다고 확신한다. 외모도 1/2로, 능력도 1/2로, 학벌도 1/2로, 가문도 1/2로 낮추고, "나도 그렇게 잘난 것 없소이다." 하고 겸손하게 엎드리면 된다. 야고보서 4장 6절에서도 "하나님이 교만한 자를 물리치시고 겸손한 자에게 은혜를 주신다"고 했다. 어디 하나님만 그러시겠는가? 사람도 아무리 유능하고 똑똑하고 잘생겨도 교만하고 잘난 척하면 만나 주지 않는다.

또한 짝을 빨리 만나려면 눈을 낮춤과 동시에 더 나은 사람에 대한 헛된 기다림을 버려야 한다. "이 남자, 2%가 부족해. 더 괜찮은 사람이 얼마든지 나타날 거야." 그러나 더 괜찮은 사람이 나타나리란 보장은 없다. 게다가 나이가 한두 살 더해 갈수록 그럴 확률은 더 낮아진다.

복지센터에서 일하는 K형제는 30대 중반이다. 직장도 한 곳에 꾸준히 있지 못하고 자주 옮겼다. 이번이 4번째 직장이다. 모태 신앙이지만 그렇게 적극적으로 신앙생활을 하는 것도 아니다. 외모는 남성답게 우락부락 생겼는데, 여자들에게 매력적이지는 못한 것 같다.

얼마 전 그 형제와 식사 중에 배우자와 결혼에 대한 얘기가 나왔다. 역시나 그 형제 눈이 하늘을 찌를 듯이 높았다. 자기와 10살 이상 차이나는 20대 중반의 자매를 찾고 있었다. 그러면서 "삼일교회 내에는 쓸 만한 자매가 없는 것 같다."고 푸념까지 늘어놓는다! 아니 그게 말이 되는 소리인가? 삼일교회 자매의 수가 최소 5천명은 되는데 그 중에 쓸 만한 자매가 없다면 어느 교회에는 있겠는가?

답답한 마음을 감추고 어떤 스타일의 여성이 맘에 드는지 주변에서 한 번 찍어 보라고 했다. 그랬더니 이효리의 섹시함과 구혜선의 청순함과 전지현의 몸매를 갖춘 듯한 자매만 골랐다. 참다 못해 "이세벨과 결혼하고 싶어요?" 하고 핀잔을 주었다. 게다가 더 큰 문제가 있다. 그런 자매가 과연 그 형제를 좋아하겠는가?

노아의 시대 때 하나님의 아들들이 세상의 딸들의 아름다움을 보고 결혼했다가 세상이 패괴해졌다. 이 시대도 하나님의 심판을 받고 망하는 방법은 간단하다. 크리스천 청년들이 배우자 선택의 첫 번째 조건을 믿음으로 두지 아니하고 외모(외적 조건)만 보고 가정을 이루면 된다. 그러면 가정은 깨어지고 그 자녀들도 하나님을 떠나게 될 것이다.

지금이라도 늦지 않았으니 바벨탑과 같이 눈이 잔뜩 높아진 청년들이여, 제발 눈에 성령의 인치심을 받아 겸손히 낮추라. 특별히 남자들은 오로지 미인만을 찾는 그릇된 이성관을 버려야 한다. 첫째도 외모, 둘째도 외모, 셋째도 외모 오로지 예쁜 여자만을 찾는 남자는 노총각으로 가는 지름길에 들어서 있다는 것을 알아야 한다. 결혼은 얼굴로 하는 것이 아니다. 남자든 여자든 외모보다는 대화가 통하고 마음이 통하는 상대를 찾도록 하라.

어린 여성만을 고집하는 남자

30대 초반의 C형제는 배우자감으로 25살 이하의 어린 자매만을 고집한다. 그 이유가 가관이다. 자신은 전도에 은사가 없으니 경건한 믿음의 자손이라도 많이 낳아 하나님 나라에 기여하기 위해서란다. 4명 정도 낳으려면 나이가 어리지 않으면 안 된다나? 요즘같이 저 출산 시대에 보기 드문 형제다. 애국자 반열에 들 수도 있겠다!

그런데 단순히 다산하기 위해 어린 여성만을 고집한다면 문제가 있다. 결혼생활에는 더 깊은 목적과 의미가 있는데 말이다. 어린 여성이 과연 4명의 자녀를 갖기 원할지도 의문이다. 그리고 나이가 많으면 자녀를 많이 갖지 못한다고 누가 말했는가? 그것은 확률일 뿐이지 예외적인 상황도 얼마든지 있다. J집사님 가정은 여자 집사님이 40이 다 되었는데 최근 네 번째 아이를 출산해 건강하게 잘 키우고 있다.

나는 C형제에게 이런 말을 해주었다.

"도대체 누가 출산을 하나님 나라 확장의 방편으로 삼으라고 했어요? 그렇게 간절히 하나님 나라에 기여하고 싶으면 괜히 어린 자매 고생시키지 말고 다른 길을 찾아 보세요. 얼마든지 하나님께서 기뻐하실 일이 많으니까요."

  나이든 남자들이 어린 여성을 좋아하는 속내가 다 있다. 첫째는 예쁘기 때문이고(젊음이 주는 아름다움이 있다), 둘째는 순수하게 자신을 잘 따를 것 같기 때문이고(나이가 들어가면서 따지는 게 너무 많고 쉽게 따라 주지 않는 것이 싫은 게다), 셋째는 작은 것에도 잘 반응해 주기 때문이다(이것이 남자를 매료시키는 여성 최고의 매력이다).

  나는 배우자와 결혼에 대해 올바른 판단을 할 수 없는 너무 어린 나이의 결혼은 그리 찬성하지 않는다. 20대 초반에는 그저 열심히 공부하고, 인생의 기반을 닦고, 꿈을 펼쳐야지 결혼할 나이는 아니라고 생각한다. 간혹 20대 초반에 결혼한 분들의 얘기를 들어보라. 그때 결혼하기를 잘 했다고 생각하는 사람은 거의 없는 듯하다. 결혼을 너무 늦게 하는 것도 문제가 되지만 너무 일찍해서 따르는 병폐들도 있다. C형제의 주장도 100% 틀렸다고는 할 수 없지만, 다산이 결혼의 주 목적이 된다면 문제가 된다.

  남자들은 무조건 어린 여성만을 고집하는 욕심을 버려야 한다. 무엇보다 자신을 솔직히 돌아보고 자신의 나이와 수준에 맞는 적당한 여성을 고르는 것이 좋다. 또한 여자들은 보통 자신과 비슷한 연배의 남자를 좋아한다는 것을 명심하기 바란다. 어린 여성이 무조건 좋은 것만은 아니라는 점도 충분히 생각해야 할 것이다.

  그리고 여성들이여, 나이든 남자의 감언이설에 속지 말지어다!

소극적인 이성은 사절

어떤 자매가 상담을 요청했다.

교회 안에서 만나 2년간 교제해 온 형제가 있는데, 얼마 전 결혼 이야기도 오가고, 양가 상견례도 했다고 한다. 그런데 혼수 문제로 양가 감정이 안 좋아져서 이러지도 저러지도 못하고 있다고 했다.

더 큰 문제는 달라진 형제의 태도였다. 그 후로 만날 땐 잘해 주지만 연락은 이틀에 한 번 할까 말까였고, 자매가 먼저 만나자고 해야만 만날 정도로 소극적인 자세로 일관했다. 그래서 자매쪽에서 헤어지려는 시도도 몇 번 해보았지만, 그때마다 여전히 형제를 좋아하는 마음도 있고 나이가 드니 누구랑 헤어지는 것도 쉽지가 않았단다. 이제 자매는 나이가 차서 집에선 결혼을 독촉하는데 형제는 가타부타 말이 없다고 했다.

나는 이런 말을 해주었다.

"인생을 살면서 중요한 결정을 내려야 할 때 스스로에게 자문해 보세요. 그렇게 힘든 상황임에도 불구하고 'Yes'라고 대답할 만큼 자기신념이 확고한지 말입니다. 그게 아니라면, 아직 때가 아닙니다."

내 개인적인 생각으로는 좀더 시간을 두고 이성적으로 결혼 문제를 생각해 보라고 하고 싶다. 형제는 자매와 그 가족에 대해 사랑과 배려가 부족해 보인다. 자매는 형제에 대한 믿음이 부족한 것 같다(물론 그 원인은 형제의 태도 때문일 것이다). 솔직하게 자매의 감정을 털어놓는 것도 좋을 듯 싶다. 그래도 형제가 달라지지 않는다면 감히 헤어지라고 하고 싶다.

그리고 양가에서 그렇게 반대하는 상황에서는 섣불리 결혼을 서둘러서는 안 된다. 불편한 양가의 감정을 풀지 못하고 결혼하게 되면 결혼 뒤의 생활이 순탄하지 않을 것이다.

배우자 선택 기준을 묻는 질문에 많은 여성들이 "나를 얼마나 지속적으로 사랑해 줄 사람인가?"를 중요시한다고 대답한다. "여자는 자신을 죽도록 사랑하는 남자를 만나야 인생이 편해진다."는 말도 있다.

이런 커플이 있었다. 남자가 여자에게 먼저 프로포즈를 했다. 그런데 오래 사귀었음에도 뚜렷한 이유 없이 우물쭈물거리고 이 핑계 저 핑계로 결혼에 대해 미온적인 반응을 보였다. 여자는 결혼을 주저하는 남자를 믿을 수 없었고 결국 다른 남자를 만났다. 놀란 남자는 결혼하자고 매달렸지만 허사였다. 한번 떠나 버린 여자의 마음은 돌릴 수 없었다.

이처럼 여자는 관계에 충실하지 않은 남자, 사랑의 충성도가 낮은 남자를 본능적으로 싫어하는 경향이 강하다. 상대가 아무리 멋지다 해도 적극적으로 나를 사랑하고 아껴줄 사람이 아닌 경우 배우자로서 바람직하지 않다고 보기 때문이다.

지금 만나고 있는 사람이 사랑한다고 하면서도 만남과 결혼에 대해 미온적인 태도를 보이고 매사에 우물쭈물한다면 배우자로서 적합한 사람인지 깊이 기도하고 생각해 봐야 할 필요가 있다.

모임의 지각생은 인생의 지각생

  시간 개념이 희박한 사람들이 있다. 15분, 20분 늦는 것은 당연하게 여기고, 늦어도 별반 미안함을 느끼지 못한다. 그 정도 늦는 것은 일상적인 일로 취급한다. 교회 내에서조차 이런 모습들이 많이 보인다. 지도자들도 마찬가지다. 모임에 일찍 오던 사람들도 항상 기다리게 되니 나중에는 15-20분 정도 늦게 나타난다. 그러다 보니 당연히 모임 시간이 예정보다 점점 늦춰진다.

  어떤 전도사님은 교사 모임이 6시라면 5시 30분에 모이라고 광고한다. 그러나 그것도 그리 바람직하지 못하다. 정확한 모임 시간을 알려줘서 거기에 맞추는 훈련을 해야지, 30분 일찍 모아놓고 시작은 30분 후에 한다면 먼저 온 사람들의 원성을 듣게 되어 있다.

  어쩌다 한두 번의 지각은 봐 줄 수 있으나, 상습적으로 지각하는 사람은 인생의 태도에 근본적인 문제가 있다고 본다. 긴장하지 않고 살고 있거나, 다른 사람에 대한 배려가 없거나, 게으르기 때문일 것이다. "어제 늦게 자서, 몸이 좋지 않아서, 차가 막혀서"와 같은 얘기는 핑계가 될 수 없다. 진짜 중대한 일에는 그런 일로 늦지 않기 때문이다. 비행기 타는 시간, 입사 면접과 같은 중요한 일에 늦는 사람은 거의 없다.

J형제는 보험회사 직원이다. 처음에는 추천하는 상품도 좋고, 형제의 인상도 서글서글해서 나를 포함한 많은 사람들이 보험을 들었다. 그런데 문제가 생겼다. 그 형제가 3번 중 2번은 약속 시간에 늦는다는 것이었다. 그렇게 시간 관념이 없는 사람이 다른 것에는 철저할 리 없다. 보험금을 지급할 때도 본래 얘기했던 금액과 터무니없이 차이가 나는 금액을 입금했다. 그리고 고객들의 경조사에는 전혀 관심도 없고, 휴대폰 번호가 바뀌어도 알려 주지 않았다(어떻게 보험회사에 계속 다니는지 신기할 따름이다!). 지금 그 형제에게 보험을 든 많은 사람들이 "내가 계속 이 형제를 통해 보험금을 납부해야 할까?" 갈등하고 있다고 한다.

'약속 시간'을 어떻게 지키는지 보면 그 사람의 인생에 대한 태도와 가치관을 엿볼 수 있다. 생명과 같이 귀한 시간을 소중히 여기지 않는 사람이 다른 것에 성실할 리 없다.

인생에서 어떤 목적을 이루고자 한다면 주도적인 인생이 되어야 한다. 타인에게 끌려다니고 지시받는 수동적인 인생은 어떤 업적도 이룰 수 없다. 회사나 교회에서 윗사람의 명령에 마지못해 일하는 사람은 항상 제자리걸음이다. 사장의 마인드를 가지고 일해야 사장이 되는 것이다. 인생을 주도적으로 살 수 있는 첫 걸음이 바로 지각하지 않는 것이요, 모든 만남과 모임에 먼저 와서 기다리는 것이다.

P목사님은 예전에 보험회사에 다녔다고 한다. 그는 항상 새벽기도를 마치고 남들보다 1시간 일찍 출근해 QT를 한 후, 재떨이를 비우고 사무실 바닥을 닦는 것으로 하루를 시작했다. 그렇게 6개월 정도 섬기는 마

음으로 일했을 뿐 아니라, 당시 직장에서 중간 정도의 위치였음에도 불구하고 직장 내에서 험하고 궂은일은 혼자 도맡아서 했다. 그러던 어느 날 동료가 함께 식사나 하자고 했다. 그러더니 자기 가정에 이러이러한 일이 있는데 기도해 달라고 하면서 이런 말을 하더란다. "내가 옆에서 자네를 쭉 지켜봤는데 감동 먹었어. 나 교회 다닐 맘이 생겼어. 자네가 섬기는 하나님을 믿고 싶더라고."

그처럼 성실한 자세로 매사에 임하니 많은 사람을 전도할 수 있었으며, 하나님께서도 일을 축복해 주셔서 큰 실적을 거두게 되었고, 결국 전국 최고 보험왕 자리에까지 오를 수 있었다.

지금은 그처럼 헌신적인 섬김으로 목회를 한다. 그러니 교회가 점점 부흥할 수밖에!

우리의 문제는 무엇인가? 늘 약속에 늦고, 시간에 쫓겨 다니니 다른 사람의 수하에 놓일 수밖에 없고, 열매나 발전을 기대할 수 없는 것이다. 데이트할 때도 마찬가지다. 약속에 자주 늦고, 분주하게 시간에 쫓겨다니는 사람을 주의하라. 인생 자체가 뒤로 처지는 인생이 될 수 있기 때문이다. 일찍 일어나는 새가 벌레를 잡아먹는 법이다. 크리스천 청년들부터 모든 모임과 만남에 10분 일찍 오는 운동을 하자. 삶의 모든 부분에 혁명이 일어날 것이다. 명심하라.

"지각하는 인생은 3대가 망한다!"

내 아들아! 이런 여자 만나지 마라

결혼 전에 상대방에게서 '분노, 질투, 무책임, 부정직, 중독' 등과 같은 기질이나 습관이 있을 때, 과연 내가 평생 이 문제들을 기꺼이 감당해낼 수 있는지 자문해 보아야 한다. 만일 이런 것들이 결혼 전에 이야기되지 않고 극복되지 않으면 결혼 후에 아주 심각한 갈등을 초래할 수 있다.

혈기 충만한 여자

아마 여성들의 최고의 약점이 있다면 바로 '짜증과 분노'가 아닐까 한다. 특히 나이가 어릴수록 감정제어가 잘 되지 않아 이런 성향을 더 많이 보이는 것 같다. 남성보다 여성들의 속성 자체가 예민하고 감정적이라서 그런 것일 수도 있다.

연애 시절에는 토라지고 짜증부리고 화내는 것을 애교로 봐 줄 수도 있다. 하지만 결혼해서도 이것이 지속적으로 표출된다면 그것을 견딜 수 있는 남자는 드물 것이다. 여자가 작은 일에도 자꾸만 토라지고 화내고 다툰다면 남자는 가정의 평화를 위해 할 수 없이 참고 비위를 맞춰 주겠지만, 나중에는 밖에서 보내는 시간이 점점 많아지면서 자신을 받아 주고 용납해 주는 다른 여자를 찾아갈지도 모르는 일이다. 상대방의 말에 너무 예민하게 반응하고 감정적인 충동을 억제하지 못하는 사람을 좋아할 사람은 세상에 아무도 없다는 것을 기억하라.

L형제는 H자매와 캠퍼스 커플이었다. 같은 과로 선교단체에서 만났다. H자매는 다른 과 남자들도 따라다닐 만큼 예뻤다. L형제는 그렇게 예쁘고 신실한 자매를 만난 것을 행운이라고 생각했다. 그런데 한 가지 문제가 있었다. H자매는 너무 쉽게 토라졌다. 약속 시간에 5분이라도 늦으면 화내기 일쑤였고, 사소한 일로 다툰 후에도 일주일씩 전화를 받지 않곤 했다. 뿐만이 아니었다. 혹 다른 자매와 같이 있기라도 하면 그 날은 대판 싸움이 벌어졌다. 처음에는 항상 먼저 사과했지만 그것도 한두 번이지 자꾸 반복되니 지쳐만 갔다. 자매를 만나면 계속 긴장되었고 신경이 예민해졌다. L형제는 H자매로 인해 생활에 활기가 넘치는 것이 아니라 오히려 삶의 의욕이 저하되었다. 결국 L형제는 솔직한 심정을 토로하고 이별을 선언했다.

그후 L형제는 여자 보는 눈이 완전히 바뀌었다. 예쁜 여자를 보면 피하게 되는 이상 반응까지 나타났다. 두 번 다시 그런 일을 겪고 싶지 않았던 것이다. 지금 형제의 이상형은 '착하고 온유한 여자'이다.

잠언 21장 9절에 이런 말씀이 나온다.

> 다투는 여인과 함께 큰 집에서 사는 것보다 움막에서 혼자 사는 것이 나으니라

잠언 25장 24절에 동일한 말씀이 또 나오는 걸 보면 이는 솔로몬의 경험에서 우러나온 말씀임을 알 수 있다. 솔로몬은 데리고 사는 여자가 천 명이나 되었다. 세상 모든 유형의 여자를 다 겪어 봤다고 해도 과언이 아닐 것이다. 그런 그의 고백을 우리는 새겨들어야 할 것이다.

연애를 해본 사람들이나 기혼자들은 이 말씀이 무엇을 뜻하는지 잘 알 것이다. 여자가 별것도 아닌 것 가지고 짜증을 부리거나 화를 내고 늘 찌푸린 얼굴을 하고 있으면 남자들 입장에서는 어찌할 바를 모른다. 참 난감하다. 그래서 배우자의 성격은 온화하고 부드러운 것이 최고다.

안 그래도 남자들은 밖에서 시달리고 스트레스 받는데 집에서까지 그래야 한다면 어디에도 안식할 곳이 없다. "여자는 가정의 태양"이라고 했다. 남편과 아이들은 아내와 엄마의 얼굴을 보며 힘을 얻고 위로를 받기 때문일 것이다. 힘든 가운데서도 여자가 늘 웃는 얼굴로 남편과 아이들을 대한다면 그 가정은 활짝 피어날 것이다.

베드로전서 3장 6절 말씀을 보면 "사라가 아브라함을 주라 칭하여 복종한 것같이 너희가 선을 행하고 아무 두려운 일에도 놀라지 아니함으로 그의 딸이 되었느니라"고 했다. 아내의 최고의 덕목은 남편에게 순종하고, 선한 일을 많이 행하고, 어떠한 환경에서도 평온함을 잃지 않는 것이다.

여성들이여! 열국의 어미가 되고 싶은가? 그러면 남자에게 짜증 부리거나 화내지 말고, 늘 순종과 평온함으로 남편과 가정을 섬기라.

수다쟁이 여자

사실 남자들은 특별한 말쟁이를 제외하고는 대부분 말을 많이 하지 않는다. 쓸데없는 말은 되도록 자제하고 주로 정보가 담긴 말들을 주고받는다. 하지만 여성들은 말을 많이 하고, 그래야만 스트레스가 해소되도록 하나님께서 만드셨나 보다. 한 예로 교회 승합차를 타고 먼 거리를 가는 경우, 남자들만 타고 있으면 가는 내내 침묵이 흐른다. 하지만 여자들이 타면 출발해서 목적지에 도착하는 그 순간까지 한 순간도 말이 끊어지지 않는다. 귀가 따가울 정도다.

그래서 이런 우스개 소리가 있다.

"왜 예수님께서 부활하신 뒤 여자들을 먼저 만나셨을까?"

정답은 부활의 소식을 더 빨리 소문내기 위해서이다!

문제는 말이 많다 보니 당연히 말에 실수가 많고, 하지 말아야 할 말, 전하지 말아야 할 말도 전하게 된다는 것이다. 잠언 20장 19절을 보면 "두루 다니며 한담하는 자는 남의 비밀을 누설하나니 입술을 벌린 자를 사귀지 말지니라"고 했다. 말을 여기저기에 많이 흘리고 다니다 보면 남의 치부를 드러낼 수 있으니 입을 함부로 놀리는 자를 조심하라는 뜻이다.

'말 전달하기'라는 게임이 있다. 6명 정도를 한 줄로 세워 놓고 처음 사람이 말한 복잡한 문장을 그대로 끝까지 전달하는 게임이다. 그런데 보통 마지막 사람에게 가면 전혀 엉뚱한 문장이 되는 것을 볼 수 있다. 말이란 게 그런 것이다. 좋은 말이라도 여러 사람의 입을 거치면 나중에는 오해를 불러일으키는 전혀 엉뚱한 말이 될 수 있다.

잠언서는 반 정도가 입술에 관한 교훈을 담고 있다.
그 핵심은 일단 말을 적게 하라는 것이다.

> 미련한 자라도 잠잠하면 지혜로운 자로 여기우고 그 입술을 닫히면 슬기로운 자로 여기우느니라 잠 17:28

두 번째는 지혜롭게 말하라는 것이다.

> 혹은 칼로 찌름같이 함부로 말하거니와 지혜로운 자의 혀는 양약 같으니라
> 잠 12:18

현재 당신의 삶은 당신이 과거에 뿌렸던 말의 결과임을 알아야 한다. 누에고치가 자기 입에서 나오는 실로 지은 집에 들어가 살 듯이, 당신의 인생은 당신이 뱉은 말의 열매를 먹으며 살게 되어 있다.

정말 지혜로운 여성은 말을 지혜롭게 하는 여성이다. 말하는 것을 들어보면 그의 인격과 앞으로의 인생이 어떻게 전개될지 훤히 알 수 있다. 부정적이고 악독하고 남성을 꺾고 좌절시키는 말을 늘어놓는 수다쟁이 여성이라면 피하는 게 상책이다. 반면에 한마디를 하더라도 마음에 양약이 되는 선한 말을 한다면 최고의 신붓감이라고 감히 말할 수 있다.

사치스러운 여자

여자들의 아름다워지려는 욕망은 누구도 막을 수 없는 본능이다. 예쁜 옷을 보면 입고 싶고, 고급스러운 귀고리나 목걸이를 보면 밥을 굶더라

도 사고 싶고, 멋있는 부츠를 보면 기억해 두었다가 꼭 사고야 마는 것이 여성들의 심리다. "여자들의 변신은 무죄"라고 했다. 아름다움을 추구하는 여성들의 욕구를 막지 말고 인정해 주라는 것이다.

사실 남자들은 소수를 제외하고는 옷, 신발, 액세서리 같은 것에 별 관심이 없다. 그냥 몸을 가리기만 하면 된다. 그렇게 많은 옷이 필요치 않다. 오히려 그런 것에 돈쓰는 것이 아깝다. 차라리 그 돈으로 배터지게 맛있는 음식을 먹는 편을 택한다. 하지만 여성들은 그 반대다. 금식을 하는 일이 있더라도 계절마다 유행하는 옷이 나오면 다 입고 싶어하고, 영화 속 여자 주인공이 차고 나왔던 액세서리를 꼭 한번 차고 싶어한다. 여자들은 맛있는 음식과 예쁜 옷 중에 양자택일하라면 백이면 백 다 옷을 택할 것이다.

문제는 여자들이 자신의 경제 수준과 남편의 박봉을 고려하지 않고 무분별한 과소비와 사치를 일삼을 때다. 가장 무서운 것은 신용카드 남용이다. 현금은 손에 쥐고 있던 돈이 줄어드는 것이 보이고, 두툼한 지갑이 점점 얇아지는 것을 확인할 수 있기에 어느 정도 경각심을 가지고 절제하게 된다. 하지만 신용카드를 사용하면 돈의 씀씀이를 가늠할 수 없고, 어느 정도나 썼는지 자각하지 못할 경우가 있다. 아마 여자들이라면 백화점에서 충동구매하는 바람에 수십 만원의 청구서를 받아 본 경험이 한번쯤은 있을 것이다.

재혼 전문 결혼정보회사 '새혼3050'(www.3050solo.com)은 최근 남녀 회원 589명(남자 283명, 여자 306명)을 상대로 '가장 만나고 싶지 않은 배우자상'을 조사한 결과, 남성은 '사치를 일삼는 된장녀'(46.29%)를, 여성은

'구타와 폭언을 일삼는 폭력남편'(38.24%)을 각각 꼽았다고 한다. 여성의 사치 성향이 그만큼 고치기 힘들고 가정을 파탄으로 몰아넣을 수 있다는 의미일 것이다.

 디모데후서 3장 1절에서 바울은, 말세에 고통 당하는 때가 오는데 그 중에 하나가 '돈' 때문이라고 이야기한다. 내가 중학교 다닐 때만 해도 '신용불량자'란 단어 자체가 없었다. 그런데 신용카드가 생기면서 사치와 과소비로 인해 빚더미에 앉는 사람이 생겨났고, 그 결과 '신용불량자'라는 말이 생겨난 것 같다. 지금도 수백만의 신용불량자들이 빚 독촉에 시달리면서 하루하루를 고통 속에서 살아가고 있다. 그들이 신용불량자가 된 이유는 남자들의 사업 때문일 수도 있겠지만, 또 하나의 큰 이유는 여성들의 과소비와 사치 때문일 수도 있다.

 S형제의 이상형은 '옷 잘 입는 여자, 패션감각이 뛰어난 여자'였다. 형제는 옷 잘 입는 여자만 보면 그렇게 멋있을 수가 없단다. 결국 소원대로 옷 입는 센스가 남다른 베스트 드레서 C자매를 만났다. 그런데 문제가 있었다. C자매는 명품만 고집한다는 것이었다. 그녀의 코트는 '벙어리', 그녀의 시계는 '놀랙스', 가방은 '보라다', 구두는 '얼마니', 볼펜은 '몸블랑'이었다. 그녀는 월급 대부분을 명품 구입에 사용하고 있었고, 그것도 모자라 천여 만원의 빚도 있는 상태였다. 그녀는 과시욕으로 가득 차 있었다. K형제는 그녀의 명품 사랑을 고치기를 완곡하게 권면했지만 그때뿐이었다. 형제가 말할 때만 그러지 않겠노라고 다짐해 놓고 또 다시 명품을 구입하는 일이 빈번하게 발생했다.

 K형제는 자매가 아내가 된다고 생각하니 아찔했다. '내 월급으로 옷

한 벌 사고 구두 한 켤레 사면 끝일 텐데.' 하는 생각에서였다. 어릴 적부터 근검절약이 몸에 밴 형제는 자매의 행동을 도저히 이해할 수 없었다. 자매와 같이할 미래를 생각하니 앞이 캄캄했다. 자매의 사치 습성이 고쳐지지 않는다면 평생 빚에 허덕일 것이 뻔했다. K형제는 지금도 자매를 계속 만나고 있지만, 어떻게 해야 할지 심히 고민된다고 했다.

결혼하게 되면 혼자 지낼 때의 소비 형태를 완전히 버려야 한다. 혼자 지낼 때는 맘대로 돈을 써도 뭐라고 할 사람이 없다. 하지만 결혼하게 되면 부양할 가족이 있고, 섬겨야 할 양가 부모님이 계신다. 돈 들어갈 데가 한두 군데가 아니다. 생활비, 각종 공과금과 보험료, 자녀양육비(아는지 모르겠지만 분유, 기저귀, 옷, 책, 학원 등 만만치 않은 돈이 든다!) 등등…. 짠돌이, 구두쇠가 되지 않으면 안 되고, 재테크에 대한 기본 지식도 어느 정도 가지고 있어야 한다.

한 사람의 소비 습관은 부모님과 환경의 영향을 오랫동안 받아 온 것이기 때문에 쉽게 바뀌지 않는다. 그러므로 연애할 때 여자의 돈 씀씀이를 주의 깊게 살펴볼 필요가 있다.

선진국이 별 달라서 선진국이 아니다. 온 국민이 절약하고 저축하기 때문에 선진국이 된 것이다. 연필 한 자루도 아껴 쓰고, 해진 옷도 기워 입고, 종이 한장도 함부로 버리지 않는 것이 선진국으로 가는 첫 걸음이다.

선진국형 가정이 되고 싶은가? 그렇다면 절약이 몸에 밴 여성을 만나라. 가정에 부요함과 풍성함이 임할 것이다.

온 가족이 굶주리고 헐벗고 싶은가? 게으르고, 잠 많고, 명품으로 온몸을 치장하고, 100원의 가치를 전혀 모르는 여성을 만나라.

머릿속이 복잡한 여자

요즘 해외 원정출산 때문에 문제가 많다. 미국의 어느 지역 산부인과에 가면 1/3 이상이 한국 산모들이라고 하고, 한국 산모들이 없으면 장사가 되지 않을 정도라고 한다. 한 기자가 미국으로 원정출산 간 한국 산모에게 이유를 물었다. 대답인즉슨, 첫째는 미국 시민권을 획득하면 병역이 면제되기 때문이고, 둘째는 한국에 전쟁이 발발하면 자기 아들은 끌려가지 않고 미국으로 피할 수 있기 때문이란다!

이런 사람 보고 하는 말이 있다.

"걱정도 팔자네!"

백보 양보해서 미국 시민권자가 되면 누릴 혜택 때문이라는 것은 이해한다고 해도, 벌써부터 전쟁 일어날 것을 대비하는가? 오늘날 이렇게 걱정 많고, 생각이 복잡하고, 어렵게 인생을 살아가는 사람들이 많다.

예수 믿는다는 것은 단순해지는 것이다. 로마서 주제처럼 "오직 의인은 믿음으로 말미암아 살리라"고 외치면서 하나님께 인생을 온전히 맡기고 하루하루 살아가는 것이다. 믿는 사람이 좋아하는 주제 성구는 "너희 염려를 다 주께 맡겨 버리라 이는 저가 너희를 권고하심이니라"벧전 5:7이다.

이것은 자신의 현실과 미래에 대해 아무 생각도 하지 말고 준비하지도 말라는 얘기가 아니다. 하나님을 온전히 신뢰함을 통해서 오는 단순함, 하나님께 인생을 온전히 맡김을 통해서 누리는 단순함을 의미한다. 엄마 품에 안긴 갓난아기를 보라. 무엇을 먹을까 마실까 입을까 염려하지 않는다. 엄마에게 모든 것을 맡겼기 때문이다. 그러므로 하나님을 믿는다고 하면서 생각이 너무 복잡하거나 너무 많은 것을 염려한다는 것은 믿음이 없다는 것을 의미한다.

  머리가 너무 복잡하고 항상 우울한 표정으로 다니는 여성들이 있다. 그 머릿속은 세상의 온갖 걱정, 염려, 근심으로 꽉 차 있다. 그녀는 과거의 지나간 일을 걱정하고, 미래의 걱정도 미리 하고, 심지어 남의 걱정까지 다 짊어 지고 있다. 이런 여성과 교제하면 남자도 부정적인 영향을 받게 된다. 남자도 따라서 괜히 우울해지고 마음이 불안해진다. 그러다 보니 대화도 늘 어둡다.

  게다가 머릿속이 복잡한 여성은 늘 신경질적이고 따지는 것도 너무 많아 결혼도 쉽게 결정하지 못하고 머뭇거린다. 관계에 조금만 어려움이 생겨도 넘어지고 만다. 자신의 삶도 감당하지 못해 허우적거리는 사람이 어떻게 다른 사람의 짐을 나눠 질 수 있겠는가?

  본래 좋은 것은 잘 전염되지 않지만 어둡고 부정적인 것은 쉽게 전염되는 법이다. 부부는 모든 부분에서 닮아가는 존재다. 그런 여성과 살게 되면 결국 당신의 믿음은 온데 간데 없고, 늘 복잡한 생각과 걱정거리로 머리카락은 다 빠지고 말 것이다.

  남성들이여, 늘 어둡고 무거운 삶을 살고 싶은가?

  그러면 생각이 뒤엉킨 실타래같이 늘 복잡한 여성을 만나라.

내 딸아! 이런 남자 만나지 마라

불성실한 남자

평생의 동반자로 같이 살아야 하는 사람이 맡은 일도 소홀히 하면서 한 여자를 책임지겠다는 것은 어불성설이다. 오히려 한 여자의 인생을 망칠지도 모르는 일이다.

에덴동산에서 아담은 무위도식 백수건달이 아니었다. 우리는 아담이 에덴에서 단순히 놀고 먹기만 했을 것이라고 생각할 수도 있지만 절대 그렇지 않다. 동산지기로서의 역할에 충성을 다했을 것이다.

주어진 일에 최선을 다하는 사람은 꽃보다 아름답다. 비록 사람들이 말하는 정상의 자리, 인정받는 자리가 아닐지라도 주어진 일에 애정을 쏟고 행복을 느끼는 사람을 보면 그 모습에 반할 수밖에 없다.

아마 예수님이 오늘날 직장생활을 하셨다면 모범사원으로 선정되셨을 것이다. 예수님은 목수의 아들로 태어나 아버지의 직업을 이어받아 30세까지 목수로 일하셨다. 예수님이 목수로 일하시는 동안 어떤 태도로 일하셨을 것 같은가? 물론 예수님이 이 땅에 오신 목적은 목수 일이 아니었다. 그러나 목수로 계시는 동안 "내가 이런 짓이나 하러 이 땅에

왔나?" 투덜대거나 대충대충 하지는 않으셨을 것이다. 예수님은 문짝 하나도 최선을 다해 성실하게 만드셨을 것이다. 그래서 분명 그 지방에서 인정받는 목수이셨을 것이다.

직장에서 일하다 보면 때때로 "내가 이런 일이나 하려고 지금까지 죽도록 공부했나?" 하는 자괴감이 들 때도 있을 것이고, 남들이 알아 주지도 않는 일로 괜히 고생한다는 생각이 들 때도 있을 것이다. 학생들의 경우에는 "이렇게 어렵고 적성에 맞지도 않는 공부를 꼭 해야 되나?"라는 생각이 들 때도 있을 것이다.

대기업 신입사원들의 71%가 이직을 생각한 적이 있고, 더 좋은 조건이 주어진다면 이직할 생각을 가지고 있다고 한다. 100:1의 경쟁률을 뚫고 힘들게 들어왔는데, 맨날 시키는 것이 복사요 자료 정리이고, 별로 할 일도 없는데 상사가 퇴근할 때까지 눈치 보면서 기다려야 되는 것이 한심하게 느껴질 수도 있다. 그러다 보니 '내가 이런 거 하려고 100:1의 경쟁률을 뚫고 들어왔나?' 하는 생각이 드는 것도 당연할 것이다.

하지만 크리스천 직장인들은 그런 생각이 들 때마다 하나님의 아들이 이 땅에 오셔서 본래의 목적과 전혀 관계 없어 보이는 목수 일을 성실하게 하신 것을 생각하길 바란다. 자기 일에 성실하지 못한 사람은 신앙생활에도 성실하지 못할 가능성이 높다.

부정직한 남자

오늘날 사회의 가장 큰 병폐 중 하나는 정직하지 못하다는 것이다. 거짓말을 물 마시듯이 한다. 국회 청문회만 봐도 국민을 대표하는 정치인들이 얼마나 부정직한가? 비리를 저질러 놓고도 끝까지 오리발을 내민다. "기억이 나지 않는다."고 발뺌하는 것이 공식화되었다. 어떤 공직자는 비리가 탄로나자 투신자살하기도 했다. 자존심보다 중요한 것이 정직임을 모르는가?

규장에서 출판된 『나는 정직한 자의 형통을 믿는다』라는 책이 있다. 그 책에 소개된 국내의 모 크리스쳔 기업은 꿋꿋하게 정직함을 지킴으로써 어려운 위기를 잘 넘기고 하나님의 축복받는 기업으로 성장했다.

에덴동산에서의 최초 인간 타락도 아담의 부정직에서 출발했다. 하나님께서 추궁하실 때 그냥 "제가 먹었습니다. 제가 잘못했습니다. 용서해 주세요."라고 했으면 되는데, "저 여자가 꼬셔서 먹었습니다. 저는 전혀 그럴 맘이 없었는데 여자 때문에 이렇게 됐습니다."라고 했다.

한번은 K치과에 갔는데 로비에서 감사패 하나가 눈에 띄었다. 원장이 세금을 꼬박꼬박 잘 내주어서 고맙다고 세무서에서 준 패였다. 그것을 보면서 씁쓸함을 감추기 어려웠다. 얼마나 많은 사람들이 세금을 허위로 보고하고 떼어 먹었으면 저렇게 세금 납부 잘했다고 감사패까지 주는 걸까? 당연한 것을 표창하는 현실이 서글펐다.

어디 이뿐인가? 교육, 건축, 음악, 체육 등 사회 전반적인 부분에 부정직과 거짓말이 깊게 뿌리 박혀 있어 2세들에게도 나쁜 영향을 줄 뿐 아니라 온 나라를 더럽히고 있다.

이러한 시대에 요셉과 다니엘같이 하나님과 사람 앞에서 정직함을 고수하는 사람이 그립다. 모두가 불이익이 두려워 거짓말할 때 "그것이 아닙니다!"라고 외칠 수 있는 사람이 있다면 그야말로 가장 용기 있는 사람일 것이다.

나는 최근 고물차를 버리고 새 차를 샀다. 차를 새로 장만하게 되면 값비싼 도자기를 다루듯이 조심스러워지고 애지중지한다. 주차시키고도 맘이 놓이지 않아 돌아보고 또 돌아본다. 아침에 일어나 제일 먼저 하는 일도 차가 밤새 안녕한지 확인해 보는 것이다. 애인도 그런 애인이 없다. 그래서 자가용을 '애마'愛馬라고 부르는가 보다. 그렇게 아끼던 차에 조그마한 흠집이라도 나면 마음이 그렇게 아플 수가 없다.

우리 집에는 주차장이 없다. 그래서 도로변이나 가까운 교회 주차장에 주차한다. 한번은 주차시켜 놓고 잠시 일을 보고 오니 이게 웬일? 차 옆 부분에 큰 흠집이 생긴 게 아닌가! 그냥 긁힌 정도가 아니라 날카로운 도구로 푹 찍어 놓은 것같이 패어 있었다. 내 살점이 떨어져 나간 듯했다. 옆차가 긁은 것이 분명했다. 저 정도면 긁고 지나간 운전자가 충분히 감지하고도 남았을 텐데 그냥 도망쳐 버린 것이다. 나는 그 부정직함에 분노했다. 당연히 연락처라도 남겨야 할 것 아닌가?

한번은 역시 차를 바깥에 세워 두었는데 누가 추돌했는지 헤드라이트가 파손되고 범퍼 부분에 흠집이 나 있었다. 그런데 이번에도 미안하다는 말 한마디, 연락처 하나 남기지 않고 도주했다. (아, 개인 주차장이 없는 서러움이여!)

나는 어쩌면 그것이 하나님이 안 계시다고 믿는 사람들의 모습이라고 생각했다(그렇게 도망간 사람 중에 크리스천은 없다고 믿고 싶다. 분명 하나님을 믿지 않는 사람일 거라고 믿고 싶다). 아무도 자기를 보지 않는다고 생각하는데 무슨 짓인들 못하겠는가?

2주 전쯤이었다(도대체 왜 내 차만 수난을 당하는 것인지!). 역시 차에 긁힌 자국이 있었지만, 나는 내가 잘못해서 그렇게 됐다고 생각하고 있었다. 그런데 한 여성이 찾아왔다. 내 차를 긁었다고 용서를 구하며 보상해 주겠다고 했다. 며칠 전 밤에 교회 왔다가 그렇게 됐는데 당시에는 너무 겁나고 경황이 없어서 그냥 집에 갔단다. 그런데 일주일 동안 그것 때문에 죄책감에 시달려 한숨도 못 잤다는 것이었다. 나는 이전의 파렴치한 인간들과 비교되는 그 여성의 정직한 행동에 찬사를 보내고 그냥 돌려 보냈다. 그 여성을 보면서 그래도 크리스천의 양심은 아직 살아 있구나 싶어서 너무나 감사했다.

여성들이여, 이것을 기억하라. 하나님이 없다고 믿는 남자는 아무도 자기를 보지 않는다고 생각하기 때문에 혼자 있을 때 무슨 짓이든 할 수 있다. 그래도 하나님을 믿는 형제가 그나마 도덕적이고, 양심이 살아 있다. 남의 차에 큰 흠집을 내고도 아무 말 없이 도주해 버리는 남자와 살고 싶은가? 가장 용기 있는 남자는 세상의 부정직의 조류에 휩쓸리지 않고, "하나님 앞에서 내가 어떻게 득죄하리요?" 하면서 정직함을 끝까지 지켜내는 사람이다. 그런 남자가 있다면 절대 놓치지 않기 바란다.

그리고 남성들이여, 정직이 최선의 해결책임을 알고 하나님 앞에서, 사람들 앞에서 언제나 정직하기를 바란다.

중독에 빠진 남자

21세기는 '중독의 시대'라고 할 만큼 많은 사람들이 중독에 빠져 허우적대고 있다. 게임 중독, 일 중독, 도박 중독, 약물 중독, 성 중독, 인터넷 중독, 알코올 중독 등등…. 남자들이 경제적 주도권을 쥐고 있는 경우가 많고, 여자보다 어떤 것에 중독될 수 있는 환경에 더 노출되어 있기 때문에 중독에 더 쉽게 빠지는 것 같다. 중독에 빠지게 되면 일단 돈과 건강을 잃게 되고, 결국은 가족도 잃고 패가망신하게 된다.

O집사님은 중학교에 다니는 두 아들을 두고 있다. 그런데 이 두 아이는 거의 게임 중독에 빠져 있다. 방과 후면 곧바로 게임을 시작해서 밤 12-1시까지 한다. 그러다 보니 늦잠을 자서 늘 지각하게 되고, 책을 멀리하니 성적은 점점 떨어져만 갔다. 실제로 많은 포르노 사이트의 운영자가 중고등학생이라고 하니 경악할 일이다.

영적인 것, 좋은 것은 얼마든지 중독되어도 좋다. 그런데 좋은 중독은 노력해도 잘 안 되는데, 나쁜 중독은 애쓰지 않아도 저절로 되니 어쩌면 좋겠는가?

요즘 직장 남성들의 취미가 많이 달라졌다고 한다. 이전에는 퇴근 후 동료들과 간단하게 술을 마시거나 운동을 했는데 지금은 컴퓨터 게임을 늦은 시간까지 한다고 한다. 컴퓨터 게임에 대해 잘 모르면 왕따 분위기라고 한다. 그냥 한번씩 재미로 하는 게임은 괜찮은데, 온통 게임 생각으로 가득 차 있고, 여가 시간은 물론 업무 시간까지 하곤 한다면 거의 중독 상태라고 봐야 한다.

게임 중독과 관련한 사회적 문제도 심각하다. 게임 중 돌연사하는 사람도 종종 있고, 게임 아이템 때문에 살인 사건까지 발생했다고 한다. 게임 중독이 이 정도인데 알코올 중독, 도박 중독, 성 중독에 빠진 사람의 삶은 어떠하겠는가?

여성들이여, 연애할 때 만나는 남성이 어디에 마음을 빼앗기고 있으며 어디에 지배당하고 있는지 보라. 영적인 것, 좋은 것에 지배당하고 있다면 적극 권장하되, 비생산적이고 좋지 아니한 것에 지배당하고 있다면 그것을 청산하기까지 절대 결혼하지 마라. 만약 나쁜 중독을 청산하지 않은 상태로 결혼한다면, 안 됐지만 험악하고 고통스런 인생이 기다리고 있을 것이다.

폭력적인 남자

우리나라 가정폭력, 학원폭력은 이미 그 수위를 넘어섰다. 아내와 자녀를 폭행한 비정한 아버지가 연일 매스컴에서 보도되고, 동급생을 집단 구타하는 장면이 UCC로 제보된 것을 보았다. 왜 이러한 현상들이 나타나는가? '욱' 하는 기질 때문이다.

선진국에서 엄벌에 처하는 죄가 있다. 바로 여자, 어린아이 같은 약자를 폭행하고 학대하는 행위다. 신사적인 나라일수록 약자에 대한 배려가 있고, 비신사적이고 야만적인 나라일수록 약자를 무시하고 학대한다. 크리스천 가정이라고 예외는 아니다. 교회 다니는 남편한테 매 맞는 아내가 그렇게 많다고 한다.

그러므로 여성들은 결혼 전에 남자의 성향을 잘 파악해야 한다. 자신의 감정을 조절하지 못하지는 않는지, 다툴 때 극단적인 행동을 하지는 않는지, 말보다 손이 먼저 나오지는 않는지, 부모님의 관계는 어떠한지 꼼꼼히 살펴야 할 것이다.

예수님을 보라. 가장 능력 많으신 분이 자기를 때리고 멸시하는 사람들 앞에서, 털 깎는 자 앞에서 잠잠한 양같이 끝까지 인내하셨다. 여성들은 예수님의 이 '온유하고 겸손한 성품'을 지닌 남성을 꼭 만나기 바란다. 온유하고 겸손한 자가 교회생활, 사회생활, 가정생활에서 결국 승리할 것이다.

믿음 없는 남자

교회 집사님들 가정을 보면 남자 집사님 홀로 교회 나오는 가정은 거의 없어도, 여자 집사님 혼자 신앙생활하는 가정은 굉장히 많다. 이것은 무엇을 의미하는가? 가장인 남자가 믿음의 주도권을 가지고 있으면 온 가족들이 다 따라 나온다는 것이다. 반대로 아무리 아내가 믿음이 좋아도 남편이 믿음이 없으면 온 가족이 신앙생활하기 힘들다는 것이다.

따라서 믿음 없는 불신 남성을 만난다는 것은 곧 가정의 불신으로 이어지기 쉽다. 가장이 믿음이 부족하면 가족 전체를 영적 어둠으로 빠뜨리게 된다.

그러므로 여성들은 남자의 어떤 조건보다 믿음의 여부를 제1순위로 꼽아야 한다. 믿음 없는 남자는 자신을 보는 이가 아무도 없다고 생각하기 때문에 이중적인 삶을 살 가능성이 높다. 가끔 아내에게 거짓말을 하고 바람을 필지도 모를 일이다. 아내 몰래 유흥비로 돈을 탕진할지도 모른다. 보너스를 받고도 모른 척할지도 모르고, 월급의 반만 가져다 주고 전부라고 말할지도 모른다. 이런 남자를 만나기 원하는 여성은 아무도 없겠지만, 믿음 없는 남자를 만나면 그것이 현실이 될 수도 있다.

반대로 믿음 있는 남자는 하나님의 불꽃같은 눈동자 앞에서 살기 때문에 정직하게 살 가능성이 높다. 절망 속에서도 하나님을 의지하고 기도해 삶의 위기를 극복한다. 사업이 부도나도 하나님의 살아 계심을 믿기에 쉽게 좌절하거나 삶을 포기하지 않는다. 그는 하나님의 뜻대로 살려고 몸부림치기 때문에 점점 밝게 빛나는 인생이 될 것이 확실하다.

 여성들이여, 그래도 모든 조건이 갖추어졌다고 믿음 없는 남자를 만날 것인가?

5. 배우자 체크 리스트
6. 결혼은 장난이 아니야!
7. 짧은 선택, 긴 만남 _ 결혼, 이래서 중요하다!

제 2 막

결혼,
그 황홀한 연합

5
배우자 체크 리스트

하나님과 사랑에 빠져 있는가?
나를 웃길 수 있는가?
어떤 물에서 놀았는가?
남산 등반을 같이 해보라
다이어트에 성공한 경험이 있는가?
나는 전투적으로 밥 먹는 사람이 좋다
시간의 테스트를 받았는가?
서로 Up되는 만남인가?
상대를 향한 내 사랑을 확신하는가?
주위의 축복을 받고 있는가?
약점도 아름다운가?
비전이 같으면 더 강력해진다
하나님 말씀에 뿌리 내린 만남인가?
신앙의 색깔도 중요하다
존경할 만한 구석이 있는가?

하나님과 사랑에 빠져 있는가?

세상에 완전한 사랑은 없다. 오직 하나, 독생자를 내어 주신 하나님의 사랑만이 완전하다. 하나님은 변함도 없으시고 회전하는 그림자도 없으신 분이라고 했다약 1:17. 하나님의 사랑은 영원히 변하지 않는다는 것이다. 사실 이 땅에 존재하는 모든 사랑은 하나님의 사랑의 그림자라고 볼 수 있다(부모님의 사랑, 연인의 사랑, 친구의 사랑 등).

요즘에는 보험금을 타기 위해 아내를 죽이는 남편이 있는가 하면, 재혼에 걸림돌이 된다고 5살짜리 아들을 목 졸라 죽이는 비정한 아버지도 있다. 인간의 사랑이 제아무리 대단하다고 해도 이렇게 끔찍하게 변질될 수 있는 것이다. 로미오와 줄리엣의 사랑, 견우와 직녀의 사랑이 제아무리 아름답고 숭고하다 해도 하나님의 사랑에는 견줄 수 없다.

그러므로 하나님과 사랑에 빠진 사람만이 진정한 사랑을 할 수 있다. 부모의 사랑이라고 해서 같은 부모의 사랑이 아니다. 하나님의 사랑을 경험하고 하나님을 사랑하는 부모의 사랑과 그렇지 않은 부모의 사랑은 분명 차이가 있다. 십자가의 사랑을 체험한 연인의 사랑과 그렇지 못한 연인의 사랑은 질적으로 다르다.

그래서 배우자 될 사람이 하나님과 사랑에 빠져 있는지가 중요하다. 하나님은 우리의 있는 그대로의 모습을 사랑해 주시고, 칭찬해 주시고, 우리를 그분의 영원한 짝꿍으로 인정하신다. 하나님은 우리의 약점을 포함해 전체를 사랑해 주신다. 그 하나님을 만나고 그분과 사랑에 빠진 사람이 사람을 진정으로 사랑할 수 있다.

하나님과 사랑에 빠지면 하나님을 닮게 되고 영혼이 예뻐진다. 남 모르게 흘렸던 눈물과 슬픔이 사라지고, 얼굴에 웃음이 피어나고, 다른 사람의 얼굴에도 웃음을 선물할 수 있다. 그는 하나님의 사랑과 용서와 인정을 경험했기 때문에 다른 사람을 용서할 수 있고 인정할 줄 안다.

하나님께서는 당신이 정말 좋은 사람을 만나 아름다운 사랑을 하고 잘 살기를 원하신다. 하나님께서는 당신이 기대, 설렘, 기쁨, 터질 것 같은 사랑의 마음을 가지고 살기를 바라신다. 그것이 하나님의 마음이다. 그러기 위해서는 영혼의 주인을 바꿔야 한다. 사람과 사랑에 빠지기 전에 하나님의 사랑으로 금이 간 영혼을 먼저 치료받으면 하나님께 배운 대로 진실하게 사랑할 수 있다.

명심하라. 하나님과 진한 사랑에 빠진 사람이라면 세상에서 가장 멋진 배우자가 되어 줄 것이요, 당신을 진정으로 사랑해 줄 것이다.

나를 웃길 수 있는가?

두 사람이 마주보고 있을 때 썰렁한 침묵만 계속된다면 그들의 앞날은 불 보듯 뻔하다. 미팅 자리에서 자기를 소개할 때도 평범하게 하지 말고 "만나서 반갑습니다. 제 이름은 최고로 큰 복, 복이 팍팍 묻어나는 최대복입니다!"라고 해보라. 그리고 입술로만 얘기하지 말고 몸짓, 표정도 곁들여 보라. 여자들은 남자들의 아주 유치한 장난에 기쁨을 느끼기도 한다. 특히 여자들은 말수가 적은 남자를 싫어한다. 여자들은 거의 대부분 무뚝뚝하고 말수 적은 남자보다는 재치와 유머가 넘치는 남자를 좋아한다는 것을 기억하라.

첫 만남에서 퇴짜를 맞았다면 대화에 실패한 것이라고 보면 정확하다. 상대의 화젯거리에 초점을 맞추지 않고 내 말만 늘어놓지는 않았는가? 상대방의 얘기를 호기심 가득한 표정으로 잘 들어주면서 "아, 그렇죠! 맞아요, 맞아. 그래요?"라고 추임새를 넣어 주었는가? 그 정도만 해줬어도 당신은 최고의 대화술사로 인정받았을 것이다.

노총각의 전형적인 모습이 있다. 바로 '이성에 대한 소심함'이다. 순수하고 순진한 것은 좋은데, 그것을 넘어서서 여자 앞에서는 고개도 못

들고 바닥만 쳐다보는 남자를 어떤 여자가 좋아하겠는가? 여자도 마찬가지이다. 남자 앞에서 말 한마디 못하고 눈도 못 맞추는 여자를 어떤 남자가 좋아하겠는가? 이성은 우주에서 날아온 별난 존재가 아니다. 당신과 똑같은 인간이다. 겁낼 것이 무엇인가? 자신감을 가져라.

 남녀의 만남과 사귐이 지속될 수 있을지 아닌지는 만났을 때 '웃음과 즐거움'이 넘치는지 보면 된다. 분위기가 너무 심각한 만남은 오래가지 못한다고 보면 정확하다. 서로에게 웃음을 줄 수 있는 관계라면 마음이 통한다는 것이요, 상대방에 대한 두려움이 없다는 것이요, 상대방을 이해한다는 것이요, 또 만나고 싶다는 것을 의미한다. 다른 사람을 웃길 수 있고, 같이 웃을 수 있는 사람은 고난을 헤쳐 나갈 수 있는 힘과 여유가 있다는 것을 의미한다.

 딱딱하고 썰렁한 분위기를 좋아하는 사람은 아무도 없다. "그 사람을 만나면 재미가 하나도 없어. 너무 지루해."라는 말이 나오면 끝장이다. 데이트 때마다 심각한 정치 이야기만 나눈다면 꽝이다. 서로가 웃음을 선물하기 위해 노력하고, 상대의 말에 웃음으로 반응할 준비를 해야 한다.

 항상 잔뜩 찌푸리고 있는 사람 중에 일 잘하는 사람을 본 적이 없다. 일 잘하고 어딜 가든지 인정받는 사람은 얼굴에 항상 웃음과 기쁨이 넘친다. 그 사람이야말로 가장 강력한 사람이다. 한 분야의 고수들을 보라. 항상 미소가 있고 여유가 있다. 반면 초보들은 항상 경직되어 있고 심각하다.

 이전에 일일시트콤 "거침없이 하이킥"이라는 프로그램이 인기 절정이었다. 그 시트콤의 주인공은 이순재 씨다. 그는 70이 넘은 나이에도 불구하고 10대들의 마음까지도 사로잡는 웃음을 보여주었다. 유치원 다니는 우리 집 첫째아이도 그 프로를 보고 웃는 것을 보았다. 이게 진정한 웃음의 고수다. 그에게는 세대를 초월한 웃음, 일상생활 속에서 웃음을 퍼 올리는 능력이 있다. 70대 노인도 온 국민을 웃기는데, 같은 세대에게 웃음을 선사할 수 없다면 문제 아니겠는가?

나를 웃길 수 있는 사람을 만나라. 만나면 즐거운 사람을 만나라. 인생에 활짝 웃음꽃이 필 것이다.

어떤 물에서 놀았는가?

 사람은 환경의 동물이다. 타고난 기질도 있지만 주위 환경, 특히 가정 환경을 통해 그 사람의 기질과 인격이 많은 부분 만들어진다. 그래서 나는 교제하고 있는 청년들에게 꼭 당부한다.
 "배우자가 될 사람 집에 반드시 가 보라. 가서 집의 영적 분위기도 보고, 상대 부모님과 많은 대화도 나눠 보라."
 S형제는 초등학교 아이들을 대상으로 하는 학습지 방문교사다. 그 형제가 이런 말을 했다. 아이 방에 딱 들어가는 순간 아이의 성격이 대충 보이고, 엄마를 만나 보면 아이의 성향을 거의 알 수 있다는 것이다. 집안의 정리정돈 분위기, 풍기는 향기, 벽에 걸린 액자, 책꽂이에 꽂힌 책들을 보면 어떤 집안인지 대충 알 수 있다는 뜻일 것이다. 그런 말도 있지 않던가? "도둑도 신발이 정돈된 집은 들어가지 않는다."
 특별히 남자들은 장모 될 분을 잘 보라. "그 어머니의 그 딸"이라고, 딸은 어머니의 복사판이기 쉽다. 엄마의 80% 이상은 따라간다고 보면 된다. 엄마를 보면 그 딸의 30년 후가 보인다고 하지 않던가? 장모 될 분이 지혜롭고 선하다면 딸도 역시 그러할 것이다. 엄마의 지혜로움과 진실성의 씨앗은 뿌리 깊게 딸의 마음에 박혀 있다. 아무리 겉보기에 그 딸이 철없고 막무가내로 보여도 언젠가는 그 씨앗이 피어날 것이다.

남자도 마찬가지이다. 돌연변이가 아닌 이상 부모 닮는 것은 당연하다. 나 역시 아버지의 다혈질을, 어머니의 유머와 베풀기 좋아하는 품성을 닮았다. 그것을 수십 년간 보고 자랐는데 어찌 하겠는가?

그래서 사람은 "어떤 물에서 놀았는가?"가 매우 중요하다. 자라온 가정 환경이 중요하고, 친구가 중요하고, 신앙생활 배경이 중요하고, 교육 환경이 중요하다. 사람은 지금껏 살아온 환경 가운데서 본 대로, 느낀 대로, 들은 대로 행동하게 되어 있다.

배우자가 될 사람의 집안 분위기는 어떠한가? 그는 누구를 가장 존경하는가? 가장 영향을 많이 받은 사람은 누구인가? 어릴 적부터 어떤 신앙 교육을 받았는가? 가장 감명 깊게 읽은 책은 무엇인가?

사소한 질문들 같지만 이러한 것들이 모여 그 사람을 빚어 왔음을 기억하라. 겉으로 보기에는 매우 고상해 보이고 품위 있어 보이는 사람도 긴장이 풀리면 어떻게 변할지 모른다. 분명한 것은 그 사람이 지금까지 보고 듣고 자란 환경적인 영향의 요소들이 그대로 드러난다는 것이다.

남산 등반을 같이 해보라

내가 총각 때 한번은 삼촌이 이런 말씀을 하셨다.

"교제하는 여자가 생기면 제일 먼저 남산을 같이 올라가 봐라."

삼촌은 여자가 도중에 못 올라가겠다고 헐떡거리고 쓰러진다면 건강에 문제가 있는 것이니 만남을 보류하라고 하셨다. 나도 건강 체질이지만 남산 계단을 약간 빠른 속도로 오르면 땀이 나고 숨이 찬다. 여자에게 결코 쉬운 코스가 아니다.

그래서 나는 아내를 만난 지 얼마 되지 않아 같이 남산을 올라 보았다. 당시 아내는 약간의 호흡 곤란 증세를 느끼는 것 같았지만 그래도 무난히 올라가는지라 합격점을 주었다.

삼촌이 왜 그런 말씀을 하셨는지 이제는 더 잘 알 것 같다. 누구나 몸이 약하고 아프면 정신도 나약해지는 것을 경험해 보았을 것이다. 또한 내가 경험한 바로는 운동하지 않는 사람보다 날마다 운동하는 사람이 훨씬 밝고 긍정적인 삶을 살아간다.

얼마 전 신문에서 "운동하면 머리가 좋아진다"는 기사를 보았다. 운동하면 뇌세포가 활발해지기 때문에 그렇다고 한다. 기사에서는 일반적으로는 체육특기생들이 공부를 못하는 것으로 알고 있는데, 그들의 성적이 좋지 않은 것은 머리가 나빠서가 아니라 필기 점수가 별로 중요하지 않기 때문에 신경을 안 써서 그렇다고 했다.

실제로 내 친구 중에 고등학교 때까지 축구를 한 친구가 있는데, 공과대학에 입학해서 놀라운 집중력으로 공부하는 것을 보았다. 그러더니 금방 기사자격증을 따냈다. 건강한 육체에서 건강한 정신도 나오는 것이 맞긴 맞나 보다.

교제하는 사람이 병치레가 잦다고 생각해 보라. 몸이 자꾸 아프면 모든 것이 귀찮고 짜증나기 마련이다. 마음도 약해지기 쉽다. 그런 사람을 계속 유쾌하게 만나기는 쉽지 않을 것이다. 결혼해서도 마찬가지다. 해야 할 일이 산더미 같은데 남편이나 아내가 자주 앓아 눕는다고 생각해 보라. 가정은 엉망이 되고 말 것이다.

미국에서 여성이 남자친구를 찾는 광고에 흔히 등장하는 문구가 있다. "식스 피트 톨"6feet tall이라는 문구이다. 키가 크고 힘이 센 남자를 찾는다는 뜻이다. 여성에게는 키 큰 남자를 좋아하는 유전자가 있다고 한다. 왜 그럴까? 석기 시대에는 키가 크고 힘이 센 사람이 사냥도 잘하고 가족을 보호할 수 있었기 때문이다. 현대에 와서도 평균적으로 키가 큰 남성이 돈을 잘 벌고 승진도 빨리 한다는 통계가 있다고 한다. 미국의 대통령 가운데에도 6피트가 되지 않는 사람은 매우 드물다고 한다.

그래서 교제를 시작할 때 한 가지 운동을 꾸준히 해온 사람을 만나는 것이 좋다. 이것이 가장 중요한 기준이라고는 할 수 없지만 그래도 무시할 수 없는 부분이다. 앞으로 태어날 자녀들은 엄마 아빠의 체질을 그대로 물려받기 때문에 더욱 그렇다. 나의 아버지는 기관지가 좋지 않으시고, 어머니는 치아가 좋지 않으시다. 내가 지금 꼭 그렇다. 그리고 우리 아들도 기관지가 별로 좋지 않아 병원에 자주 다닌다.

지금부터라도 배우자 될 사람의 건강을 한번 체크해 보라. 남산에 거뜬히 올라갈 수 있는지, 가리는 음식은 없는지, 꾸준히 운동은 하는지, 유전된 병은 없는지 등등. 요즘은 많이들 그렇게 한다는데, 종합검진을 받아 서로 결과를 보여주는 것도 좋은 방법 아닐까?

하지만 그렇다고 해서 결코 육체적 결함이나 장애를 가진 사람을 무조건 기피하라는 말은 아니다. 헌신과 사랑으로 귀한 가정을 이루는 가정들도 있지만, 보편적으로 건강이라는 것은 부부가 한평생 함께 살아가며 함께 활동하는 데에 필요한 최소한의 조건이라 하겠다.

다이어트에 성공한 경험이 있는가?

　요즘은 워낙 먹거리가 풍성해서 살 안 찌는 것이 기적일 정도다. 아마 세계에서 가장 잘 먹는 나라 중의 하나가 우리나라가 아닌가 한다. 먹다가 지쳐 쓰러져 자는 나라가 우리나라다. 요즘은 24시간 음식을 배달해 주는 곳도 많고, 24시간 영업하는 편의점도 문밖에만 나가면 있다. 아무리 먹어도 살 안 찌는 체질을 제외하고는 이런 탐식의 유혹을 이기면서 다이어트에 성공했다는 것은 그야말로 인간 승리다. 그래서 가끔 매스컴에서도 수십 킬로그램의 체중 감량에 성공한 사람들을 보여주면서 그들의 인내와 불굴의 의지를 격찬한다.

　대부분의 사람들은 한번쯤은 살을 빼려고 시도해 보았을 것이다. 나도 마찬가지다. 그런데 그게 말처럼 쉽지가 않다. 뼈를 깎는 고통이 동반된다. 먹을 것 맘대로 못 먹고, 날마다 규칙적인 운동은 필수다. 나같이 살찌는 체질은 다이어트 후에도 조심하지 않으면 이전의 비대한 몸으로 원상 복귀되는 것은 시간 문제다. 다이어트에 성공한 사람은 이런 어려움과 난관을 뚫고 그 자리에 우뚝 선 것이다.

　그래서 나는 이렇게 생각한다. (너무 확대 해석하는 것인지는 모르지만) 다이어트에 성공한 경험이 있는 사람은 다른 목표도 달성할 수 있고, 다른 도전에도 성공할 수 있다고 말이다. 다이어트 성공은 단순히 살을 뺐다는 것만을 의미하지 않는다. 자신과의 싸움에서 승리한 사람이요, 강한 의지의 주인공이요, 수많은 탐식의 유혹을 물리친 진정한 승리자다.

나는 김연아 선수와 박태환 선수를 가장 좋아한다. 그들의 승리가 왜 위대한가? 단순히 세계를 제패해서가 아니다. 세계 정상의 자리에 서기 위해 그들이 흘린 땀과 눈물, 인내와 자기절제가 위대한 것이다. 그 자리에 오르기 위해 자신을 얼마나 채찍질하면서 연습하고 또 연습했겠는가? 그래서 어떤 분야든지 승리의 쾌거를 이룬 사람은 존경받을 만한 가치가 있다.

당신의 배우자 될 사람이 다이어트에 성공했다면 그의 인내와 의지와 절제에 박수를 쳐 주라. 감히 말하지만, 그는 또 다른 도전에서 승리할 수 있는 잠재력을 가진 사람이다.

나는 전투적으로 밥 먹는 사람이 좋다

밥 먹는 모습을 보면 그 사람의 성격, 기질, 삶의 태도를 어느 정도 짐작할 수 있다. 밥을 맛있게 전투적으로 먹는 사람은 매사에 에너지가 넘치고 왕성하게 활동하는 사람이다. 반면 고양이 밥 먹듯이 먹는 둥 마는 둥 하거나, 늘 밥을 남기거나, 맛없는 표정으로 음식을 먹는다면 소극적이고 비활동적인 사람일 가능성이 높다.

B형제는 며칠 굶은 사람처럼 밥을 먹는다. 반찬이고 국이고 남김 없이 싹싹 긁어 먹는다. 집이 가난한 것도 아닌데 그렇다. 윗사람에게 밥을 그렇게 먹는다고 지적당한 것 빼놓고는 매사에 얼마나 적극적인지 모른다. 교회에서 사역할 때도 늘 자신감이 넘친다.

여자라고 남자보다 적게 먹는다고 생각하는 것은 오해다. 여자들도 먹는 모양새만 다를 뿐이지 먹는 양은 남자 못지않다. 간혹 여자가 밥을 많이 먹으면 보기 싫다고 습관처럼 남기는 여성들이 있는데, 여자가 밥을 많이 먹으면 보기 좋지 않고 예의가 아니라고 누가 그러는가? 물론 누가 봐도 다이어트가 필요한 여성이 밥을 두 사발씩 먹으면 조금 걱정이 되기는 된다. 하지만 다이어트가 전혀 필요 없는 여성이 다이어트한다고 밥을 두 숟가락 먹다가 남긴다면 그것보다 꼴불견은 없다.

 결혼해 보라. 잘 먹는 아내가 얼마나 예쁜지 모른다. 아이들이 밥 잘 먹으면 예쁜 것과 똑같다. 맛있는 음식 해놓고 젓가락으로 쑤셔대면 나까지 입맛이 떨어진다. 옛날에 "밥 힘이 최고다."라고 했다. 한국인들은 밥을 잘 먹어야 사회생활도 잘할 수 있고, 신앙생활도 잘할 수 있고, 가정도 잘 꾸려나갈 수 있다.

 팀원들과 식사할 때 유심히 살펴보라. 누가 밥을 제일 맛있게, 왕성하게 먹는지 말이다. MT 가서도 주의 깊게 보라. 누가 삼겹살을 제일 맛있게 먹는지 말이다. 먹는 모습이 그 사람의 장차 인생의 모습이라고 보면 된다. 세끼 밥 잘 먹고 만족해 하는 사람이 행복한 인생을 살 수 있고, 감사하며 살 줄 안다.

시간의 테스트를 받았는가?

나는 동역자를 뽑을 때 가장 중요한 요건 중 하나로 '시간의 검증'을 꼽는다. 공동체 안에서 일정 기간 동안 충성했는지를 보는 것이다.

C형제는 대학선교단체에서 6년 이상 리더로서 성경공부를 인도하고 제자를 양육한 경험이 있다. 그의 경력을 인정한 간사가 교회에 나온 지 2개월 만에 그를 리더로 세웠다. 그런데 형제는 교회 전체 흐름을 따르지 않았다. GBS 교재도 다른 것을 사용하고, 교회 선교 시즌에 대학선교단체 수련회에 조원들을 끌고 갔다. 몇 번 주의를 줬지만 형제는 고집을 꺾지 않았다(C형제는 가르치는 은사는 있을지 모르지만 교회생활의 원리는 모르는 것이다). 바로 시간의 검증을 거치지 않았기 때문에 이런 문제가 발생한 것이다.

남녀관계에 있어서도 마찬가지다. 감정적으로 급격히 뜨거워지다 보면 만난 지 1주 만에 사귀고, 연애한 지 1개월 만에 결혼하는 우를 범한다. 삼일교회 목사님이 늘 하시는 말씀이 있다.

"인생의 중차대한 문제일수록 신중에 신중을 기하라."

"돌다리도 두드려보고 건너라."는 말씀이다. 80세 노인도 인생에 대해서, 사람에 대해서 잘 모른다고 머리를 숙이는데, 20대 젊은이들이 어떤 사람에 대해 1주, 1달 보고 다 안다고 큰소리치는 것은 문제 아닐까?

처음 사귈 때는 "네가 좋아하는 일이라면 뭐든지 할 수 있어. 하늘의 별이라도 따다 줄게!" 하고 호언장담하지만 1년도 못 되어 헤어지는 커플들이 부지기수이다. 왜일까? 심지어 결혼식 하루 전에 깨지는 커플도 봤다. 그 사람의 진실된 모습을 공동체생활과 여러 가지 경험을 통해 보지 못하고 너무 성급하게 교제를 결정했기 때문이다.

이런 속담이 있다. "바다로 갈 때는 한 번 기도하고, 전쟁터로 갈 때는 두 번 기도하고, 결혼식장에 갈 때는 세 번 기도하라." 그만큼 남녀관계에는 어려움이 많기 때문에 신중을 기해야 한다는 뜻이다. 어리석은 사람은 사람을 속단한다. 첫인상을 보고 판단한다. 물론 신중하게 배우자를 선택해도 갈등과 아픔이 불가피하지만, 그래도 오랜 시간의 검증을 거친다면 갈등과 아픔을 최소화할 수 있을 것이다.

하나님이 아담에게 처음부터 짝을 주셨던 것은 아니다. 아담이 동물들에게 이름을 부여하면서 다들 짝이 있는데 자신에게만 짝이 없음을 알기까지 기다리게 하셨다. 아담이 짝의 필요를 깊이 깨달았을 때 하나님은 하와를 데려다 주셨다. 서로 기다리면서 지켜본 것이야말로 가장 확실한 배우자 시험법이다.

지금 어떤 이성을 마음에 두고서, 조만간 사랑을 고백하려고 마음먹고 있는가? 그러나 상대를 안 지 얼마 되지 않았다면 D-day를 연기하라. 지금 교제하는 사람과 결혼을 생각하고 있는가? 그 사람과 사귄 지 얼마 되지 않았다면 절대 섣불리 청혼하지 마라. 좀더 기다려라. 좀더 나중에 해도 결코 늦지 않다.

서로 Up되는 만남인가?

이 사람이 미래의 배우자감인지 아닌지를 분별할 거의 확실한 방법이 있다. 그를 만나고 나면 생활에 활력이 생기고, 자기발전을 위해 더 노력하게 되고, 더 기도하게 되고, 더 예배를 사모하게 되고, 하나님께 더 가까이 나가게 되는가? 아니면 더 곤고해지고, 허무해지고, 기쁨이 사라지고, 부정적이 되고, 비판적이 되는가?

만남에는 두 종류가 있다. 하나는 채워 주는 만남이요, 하나는 소모시키는 만남이다. 후자의 만남이라면 차라리 만나지 않는 것이 더 좋다. 하나님께서는 하와를 아담의 '돕는 배필'로 지으셨다. 돕는 배필은 말 그대로 상대에게 도움이 되어야지, 뒤로 퇴보하게 만들면 되겠는가?

홍일권 목사의 글 중에 '하나님이 예비해 주신 사람임을 분별하는 12가지 지혜'는 배우자감을 두고 기도하는 젊은이들의 현명한 선택을 돕는다. 그중 몇 가지만 소개하도록 하겠다.

♥ 그를 향한 외적 끌림(유혹)이 아니라, 그를 순수하게 아끼고 사랑하고 싶은 마음이 일어난다.

- ♥ 단점을 포함해 그의 모든 부분을 수용할 마음의 준비가 된다.
- ♥ 사귈수록 하나님이 멀어지는 것이 아니라 하나님의 은혜를 더욱 발견하며 감사하게 된다. (만일 두 사람이 사귀면서 하나님과의 관계가 점점 멀어진다면 두 사람이 하나 되는 것은 하나님의 뜻이 아님을 알 수 있다.)
- ♥ 만나면 만날수록 상대방의 소중함을 느끼며, 상대방을 통해 하나님의 소중한 메시지도 받고 느낄 수 있다.
- ♥ 상대방의 부족보다 나의 부족을 많이 발견하고 좀더 나 자신을 개선하려고 노력하며, 겸손과 진실함으로 상대방을 좀더 세워 주고 싶은 마음과 노력이 자연스럽게 일어난다.
- ♥ 거룩한 길로 두 사람이 더 진지하게 인도를 받는다.

하나님의 방법은 언제나 사람이다. 내가 그를 통해 하나님의 사랑을 느낄 수 있고, 그와의 만남이 나의 성장과 성숙에 도움이 되며, 서로에게 영적 도전을 줄 수 있다면 하나님의 인도로 확신해도 좋다. 그런 만남이라면 함께 세상을 향해 나가는 삶의 동반자가 될 수 있을 것이다.

 반면에 오늘 그 사람을 만날 생각만 하면 긴장되는가? 신경이 곤두서는가? 만나기만 하면 사소한 것으로 다툼이 잦은가? 이전에는 열심히 신앙생활했는데 그 사람을 만나고 난 이후부터 교회를 자꾸 등지게 되는가? 그와의 만남을 다시 한번 생각해 보라. 하나님께서 원하시지 않는 만남일지도 모른다. 하나님께서 주신 마음은 두려워하는 마음이 아니고 사랑과 능력과 근신하는 마음이다 딤후 1:7.

상대를 향한 내 사랑을 확신하는가?

많은 연인들이 교제하다가 결혼에 골인하지 못하고 도중에 이별을 한다. 헤어지면서 나름대로 핑계를 댄다.

"성격이 안 맞아요, 나이 차이가 너무 많이 나요, 비전이 달라요, 자주 만날 수가 없어요, 부모님이 반대해요."

하지만 그것들은 어쩌면 헤어지기 위한 한낱 핑계일 수 있다. 헤어지려고 마음먹는다면 무슨 꼬투린들 못 잡겠는가? 혹시 그런 장애물들을 극복할 만한 상대방에 대한 사랑이 부족한 것은 아닌지 자신의 사랑을 점검해 보라.

내 경험상 서로 정말 사랑한다면 웬만한 성격 차이도 극복할 수 있고, 자신의 목표와 비전을 꺾고 상대방에게 맞출 수 있으며, 헤어져 있어도 변심하지 않을 수 있고, 부모의 반대도 설득할 수 있으며(자식 이길 부모 없다고 하지 않던가?), 나이 차이도 별 문제 되지 않는다(삼일교회 청년들 중에도 극심한 부모의 반대를 지혜롭게 극복하고, 많은 나이 차이를 극복하고 결혼한 커플들이 많다). 심지어 장애도 극복하는 것을 보았다.

결혼해서 사는 부부들 중에 조건이 완벽하게 맞아서 결혼한 경우는 거의 없을 것이다. 결혼 과정에서 주위 사람들의 지지를 100% 받은 것도 아닐 것이다. 서로 부족한 부분이 있음에도 불구하고 사랑의 힘으로 많은 산들을 넘어온 것이리라.

K형제는 결혼할 나이가 되었는데도 여자들에게 접근하기를 꺼린다. 물질적인 부분의 준비가 부족하다고 생각해서다. 적어도 전셋집 정도는 남자가 구해야 하는데 그럴 수 없다는 것이다. 물론 남자쪽에서 집을 준비한다면야 더할 나위 없이 좋을 것이다. 그렇다고 집이 준비되지 않은 남자는 여자도 만날 수 없고, 결혼도 할 수 없다는 말인가? 결코 그렇지 않다.

물론 일반적으로 남자쪽에서 신혼집을 장만하는 경우가 많을 것이다. 하지만 반드시 그래야만 하는 것은 아니다. 남자쪽에서 준비가 부족하면 여자쪽에서 더 많이 부담할 수도 있는 것이다. 그래도 형편이 안 되면 작은 월세방에서 신혼살림을 시작하면 어떤가? 서로 힘을 합쳐 열심히 벌어 더 좋은 집으로 이사 가면 그만이다. 그까짓 집 때문에 소심해질 필요가 없다. 한번 부딪혀 보는 거다. 어떤 남자는 6-7개의 아르바이트를 뛰면서 수많은 빚을 다 갚고 수억 원의 재산까지 모았다고 하지 않던가? 문제는 두 사람이 그런 노력과 고생을 할 각오가 되어 있는가 이다. '나는 어쩔 수 없다. 나는 할 수 없다.'고 생각하면 평생 싱글로 남을 수밖에 없다.

그러므로 "이것 때문에, 저것 때문에 헤어진다."고 구차하게 변명하지 마라. "당신을 더 이상 사랑할 수 없어요. 사랑하는 마음이 식었어요."라고 말하라. 자신에게 솔직해져라. 진실로 사랑한다면 모든 장애물을 극복할 수 있다고 나는 믿는다. 사랑의 힘으로 말이다.

주위의 축복을 받고 있는가?

결혼이라는 것은 하나님의 축복과 더불어 주위 사람들의 축복 속에서 이루어져야 한다. 그런데 두 사람의 만남과 결혼을 주위 사람들이, 더욱이 부모님이 극구 반대한다면 한번 깊이 생각해 볼 문제다. 사실 내 아들과 딸이 좋아하는 사람이라면 결혼시키고 싶은 것이 부모의 심정이다. 그리고 교회에서도 두 사람이 사귀면 거기에 끼어들어 뜯어 말리려는 사람은 거의 없다. 왜 쓸데없이 남의 애정 전선에 참견하겠는가? 서로 못 살아서 죽겠다는데 그걸 반대할 사람은 없다.

그런데도 반대가 있다면 반대가 누그러질 때까지 기다리는 것이 지혜다. 맺힌 것이 있다면 서로 풀고, 변화되어야 할 것이 있다면 고치고, 양보해야 할 것이 있으면 한발자국 뒤로 물러서는 것이 지혜다. 환경의 변화가 필요하다면 기도하면서 환경이 바뀔 때까지 기다리는 것이 옳다. 그러면 반드시 좋은 결과가 있을 것이다.

내가 아는 한 커플은 양가 부모님이 결사 반대하는 결혼을 강행했다. 결국 결혼식에 부모님이 참석하지 않는 불상사가 벌어졌다. 축제가 되어야 할 결혼식은 장례식 분위기였다. 나를 낳아 주시고 지금까지 길러 주신 부모님의 마음에 못을 박고 결혼을 강행하는 것은 참 어리석은 일이다.

한 가지 확실한 것은, 하나님께서 인도해 주신 배우자라면 부모도 마지막까지 거부하지는 않을 것이라는 사실이다. 이 사실을 믿는다면 부모님에게 불손하게 행동하거나 집을 뛰쳐 나가는 철없는 짓은 하지 않을 것이다. 하나님이 짝지어 주신 것을 사람이 나눌 수 없다고 했다. 만일 마음속에 상대방과 결혼하는 것이 정말 하나님의 뜻이라는 분명한 확신이 있다면 과정이 비록 어렵더라도 하나님의 손길을 믿으며 순리대로 문제를 풀어가야 한다.

잠언 16장 7절에 귀한 약속이 기록되어 있다.

사람의 행위가 여호와를 기쁘시게 하면 그 사람의 원수라도 그로 더불어 화목하게 하시느니라

이 말씀을 기억하고 끝까지 부모님에 대한 존경과 순종하는 마음을 잃지 말아야 한다.

마리아가 예수님을 잉태했을 때 오해한 요셉은 파혼하려고 했지만 마리아는 함부로 경거망동하지 않고 무리하게 요셉을 설득하려고도 하지 않았다. 조용히 최선을 다하고 나머지는 주님께 맡겼다. 이런 행동이 반대에 부딪힌 두 사람에게 필요한 태도다.

이삭의 신붓감을 구하기 위해 떠나면서 아브라함의 종은 이렇게 기도했다.

> 아브라함의 하나님 여호와여 원컨대 오늘날 나로 순적히 만나게 하사 나의 주인 아브라함에게 은혜를 베푸시옵소서 창 24:12

그리고 하나님의 구체적인 인도하심을 기다렸다. 우물에 물을 길러 오는 처녀에게 물을 달라고 부탁했을 때, 처녀가 자신에게 물을 주고, 약대를 위해서도 물을 긷는 친절을 보여주면 하나님이 인도해 주시는 그 사람이라고 믿겠다고 했다. 그런데 그가 기도를 마치기도 전에 리브가가 나타나 그대로 행동했다.

이처럼 하나님께서는 배우자와의 만남과 결혼에 대해 확실한 환경적 인도하심을 보여주신다. 하나님이 허락하신 사람은 주변 사람들도 아낌없이 축복해 줄 것이다.

약점도 아름다운가?

에덴동산에서 아담과 하와는 벌거벗었으나 부끄러워하지 않았다창 2:25. 이것은 무엇을 의미하는가? 부부는 서로의 부족한 부분을 부끄러움 없이 드러낼 수 있어야 하고, 품을 수 있어야 한다는 뜻이다.

누구에게나 약점이 있다(집안 형편, 실패했던 과거, 육체적 문제 등). 또한 누구나 사랑하는 사람이 그 약점을 몰랐으면 한다. 하지만 진정으로 사랑한다면 약점까지도 드러낼 수 있어야 한다. 누구나 처음에는 장점을 보고 좋아하겠지만, 시간이 흐를수록 약점 때문에 사랑할 수 있어야 한다.

내 약점이 드러났을 때 실망하거나 피하는 사람은 절대 사귀지 마라. 나의 약점까지도 받아 주는 사람을 만나라. 약점 때문에 나를 더 사랑해 주는 사람을 만나라. 그래야 행복해질 수 있다. 사실 그 일이 쉽지는 않다. 모든 인간은 영혼이 깨졌기 때문이다. 제대로 사랑하고 싶은데 마음에 금이 가 있어서 잘 안 된다. 상대의 단점을 용납하는 게 힘들고, 사랑하기가 힘들다. 그래서 사랑에 빠지기 전에 내 영혼부터 회복되어야 한다. 그래야만 진짜 아름다운 사랑을 할 수 있다.

오늘 스스로 물어보라.

나는 내 배우자 될 사람의 약점까지도 사랑할 수 있는가?

비전이 같으면 더 강력해진다

같은 비전과 꿈을 품고 있다는 것은 나눌 것이 많다는 것이요, 공유할 것이 많다는 것을 의미한다. 그리고 한 방향으로 나갈 수 있기 때문에 그만큼 갈등과 마찰을 줄일 수 있다는 것을 의미한다.

크리스천 부부의 강점이 무엇인가? 하나님의 영광, 사명이라는 목표가 같다는 데 있다. 또한 혹시 갈등할 때도 하나님의 말씀이 중재자 역할을 해준다는 것이다. 그들은 서로의 주장이 대립될 때 말씀 앞에서 무릎을 꿇을 수 있다.

L자매는 모기업에 다니는 유능한 디자이너이다. 교회에서도 직분을 맡아 왕성하게 사역하고 있고 여성으로서 매력도 넘친다. 그래서 접근하는 형제들이 많다. 연하남들도 대시하곤 한다. 이젠 서른이 넘었기 때문에 집에서도 결혼을 독촉하는 편이다. 그런데 한 가지 걸리는 것이 있다. 바로 비전이 다르다는 것이다.

자매는 일 욕심이 대단하다. 앞으로 디자인스쿨을 세울 계획이다. 확고부동한 비전이기에 자매는 자신의 꿈과 목표를 함께할 수 있고, 밀어줄 수 있는 형제를 만나고 싶어한다. 하지만 그런 형제가 아직 없어서 자매는 여전히 혼자 지내고 있다.

그런데 여자들은 결혼하면 대개 남편의 비전과 목표를 따라간다. O자매는 음대 출신으로 유학을 꿈꿨다. 같이 간사로 사역할 때 신학생을 만나 볼 생각이 있느냐고 물었더니 "절대로 내 취향이 아니다."라고 딱 잘라 말했었다. 그런데 지금 전도사의 아내가 되어 있다. 좋아하는 형제가 나타나자 유학이고 뭐고 다 포기하고 형제의 비전을 따라 나선 것이다.

그러니까 둘 중 하나다. 자신의 꿈과 비전에 맞춰 줄 사람을 만나든지, 상대방의 비전에 맞추어 주든지 말이다. 내가 말하고자 하는 것은 한마음, 한 뜻, 한 비전을 품는 것이 중요하다는 것이다.

정열은 결혼 후 1년 반에서 3년 정도 지나면 사라지게 되어 있다고 한다. 그후에 중요한 것은 친밀감이라고 한다. 즉 같이 있으면 나눌 수 있는 것이 많아야 한다는 것이다. 두 사람의 비전이 하나로 모아지면 친밀감은 더욱 두터워질 것이다.

결혼은 한 목표를 향해 달려가는 비전의 결합이다. 예수 그리스도라는 목표가 같아야 하고, 하나님 안에서 함께 달려갈 수 있는 비전과 사명이 같아야 하고, 마음에 품은 소원이 같아야 한다. 추구하는 것이 같을수록 부부는 더 큰 친밀감을 누리고, 더 행복한 결혼생활이 될 것이며, 더 풍성한 인생이 될 것이다.

하나님 말씀에 뿌리 내린 만남인가?

크리스천의 결혼은 하나님 안에서 두 사람의 육체와 영혼이 하나 되는 거룩한 사건이다. 단순히 자손 번식을 위한 결합이 아니라 영혼의 결합인 것이다.

두 사람이 긴밀하게 영적으로 교통하고 하나 되기 위해서는 선행되어야 할 일이 있다. 바로 두 사람이 한 분 예수 그리스도를 주님으로 모시고 있어야 하고, 물과 성령으로 거듭난 하나님의 자녀가 되어야 한다는 것이다. 크리스천이 영혼이 거듭나지 못하고 말씀으로 무장되어 있지 않은 불신자를 만나 결혼하게 되면, 엄청난 갈등을 겪게 되고 치열한 영적 전쟁이 벌어진다. 모든 생각과 모든 사건을 보는 관점이 서로가 완전히 다르기 때문이다.

행동은 그 사람의 생각과 가치관의 산물이다. 그래서 나치즘, 공산주의가 무서운 것이다. 사람을 영혼의 가치로 평가하지 않고, 극단적 민족 우월주의와 물질의 잣대로 평가하니 살인도 정당화된다. 결혼도 마찬가지다. 하나님께서 주신 유일한 결혼의 원리이자 매뉴얼인 하나님 말씀으로 무장하지 않은 사람을 만나게 되면 결과는 불 보듯 뻔하다.

우리 크리스첸은 하나님의 말씀, 성경을 정확무오한 신앙과 생활의 원리로 믿는 자들이다. 그 말씀을 생명과 같이 여기고, 만고 불변의 진리로 믿는다. 여기에 인생의 기반을 둔 사람들이다. 그런데 말씀을 전혀 믿지도 않고, 자신이 인생의 주인인 사람과 어찌 하나가 될 수 있겠는가? 물과 기름이 섞일 수 없듯이, 믿는 자와 믿지 않는 자는 결코 하나 될 수 없다.

C자매는 장로님 딸로, 독실한 믿음의 가정에서 자랐다. 어느 날 그녀는 친구의 소개로 법조계에 근무하는 장래가 촉망되는(?) 한 남자를 만났다. 인품도 괜찮아 보였고 외모도 출중해서 첫 만남에 호감을 느꼈고, 금방 사랑에 빠졌다. 그리고 만난 지 3개월 만에 결혼을 결심했다. 한 가지 흠이 있다면 교회에 안 다니는 불신자라는 것이었다. 그래도 남자가 결혼하면 꼭 교회에 같이 다니겠다고 약속까지 하니 믿고 결혼을 감행했다.

신혼 때는 남편이 주일예배에 그런 대로 잘 참석했다. 그런데 아이를 낳자마자 승진시험 핑계를 대며 점점 교회를 멀리했다. 주일에 교회 가자고 하면 짜증 부리고 화부터 냈다. 나중에는 교회에 가자고 간곡하게 조르니 손찌검까지 했다!

얼마 전 C자매와 통화를 했다. 자매는 울면서 남편이 승진시험에도 떨어지고, 교회와도 완전히 등을 돌린 상태라고 했다.

왜 이런 일이 일어났을까? C자매의 남편에게는 말씀에 대한 믿음과 결혼에 대한 성경적 가치관이 전혀 없었다는 것이 문제였다. 신앙을 결혼의 수단으로 이용한 것이다. 그는 예배, 헌금, 순종, 헌신 같은 것들은 전혀 안중에도 없었다. 오히려 교회에 헌금 갖다 바치는 아내가 미웠고, 예배드리러 가는 것이 쓸데없는 짓으로만 보였다.

여성들이여, 이것만은 기억하라. 내 배우자 될 사람이 결혼과 가정에 대한 성경적인 명확한 비전과 가치관으로 무장하고 있는지, 말씀을 통해 하나님을 인격적으로 만난 경험이 있는지 확인해 보라. 그리고 그가 성경을 '정확무오한 하나님 말씀'으로 믿고 있고, 또한 그 말씀에 순종할 준비가 되어 있는지 보라.

"성경을 매일 읽는가? 성경에 연필 자국과 눈물 자국이 있는가? 좋아하는 말씀을 얼마나 많이 암송하고 있는가?" 등을 체크해 보는 것도 말씀에 대한 사모함을 알 수 있는 좋은 방법일 것이다.

마지막으로 강조하지만, 심령 속에 말씀이 전혀 없는 사람은 만나지도, 결혼하지도 않는 것이 지혜롭다. 순간의 사랑에 이끌려 평생 눈물과 한숨이 끊이지 않는 결혼생활을 하고 싶지 않다면 말이다.

신앙의 색깔도 중요하다

삼일 청년들은 하나같이 외부 교인보다 삼일교회 내에서 짝을 만나려고 애를 쓴다. 왜? 신앙의 색깔 때문이다. 같은 교회 사람들은 신앙의 색깔이 같고 말이 통하기 때문이다.

교회마다 신앙의 강조점이 다르고 신앙의 타입이 다르다. 삼일교회는 예배, 새벽기도, 선교, 현장의 변화를 중요시한다. 뜨거운 가슴과 냉철한 머리를 중요시한다. 단순 무식하게 믿으면서도 상식적이고 합리적인 사고를 중요시한다. 그러기에 "예배만 살짝 드리겠다. 새벽은 깨울 수 없다. 선교는 못 간다. 헌신하지 않겠다."고 하는 사람은 삼일교회에서 오래 견뎌내지 못한다.

다른 교회에 다니다가 삼일교회에 온 사람들은 여러 번 놀란다. 예배가 많음에 놀라고, 젊은이들의 무리와 열정에 놀라고, 과격한 율동에 놀라고, 직설적인 메시지에 놀라고, 선교의 헌신에 놀란다. 이런 뜨거운 분위기 속에서 신앙생활하던 청년들이 영적으로 미지근한 사람을 만나면 신앙의 색깔이 맞지 않고 말이 통하지 않을 수밖에 없다.

영적으로 뜨거운 사람은 영적으로 뜨거운 사람을 만나야 직성이 풀린다. 선교의 경험이 있는 사람은 선교 갔다 온 사람을 만나야 하고, 새벽을 깨우는 사람은 새벽을 깨워 본 사람을 만나야 하고, 주일 아침부터 저녁까지 양들을 돌보고 예배를 드려 본 사람은 비슷한 경험이 있는 사람을 만나야 말이 통하고 영적으로 교감하기가 수월하다.

한번은 H형제가 다른 교회 자매와 소개팅을 한다고 자랑했다. 미팅 후 형제에게 만남이 괜찮았는지 물어 보았다. 한마디로 말이 안 통하더란다. H형제는 삼일교회 대학청년부 간사로 오랫동안 헌신했다. 교회와 사역은 그에게 있어서 삶의 가장 중요한 부분이다. 그러니 누구를 만나도 대화의 많은 부분이 신앙생활에 관한 것이었다. 그런데 소개받은 자매는 신앙적인 부분에는 전혀 관심이 없고, 세상의 잡다한 얘기만 늘어놓더라는 것이다. 모르긴 몰라도 그 자매는 아마 H형제를 '앞뒤가 꽉 막힌 사람'이라고 생각했을 것이다.

이렇게 같은 신앙을 가진 사람이라도 신앙의 색깔이 다르면 말이 안 통하는 어려움이 있을 수 있다. 그러므로 되도록이면 나와 신앙의 색깔이 같은 사람을 배우자로 만나는 것이 여러 모로 좋다.

존경할 만한 구석이 있는가?

결혼이라는 집을 받치고 있는 여러 기둥들이 있는데, 가장 중요한 기둥 중 하나가 바로 상대방에 대한 '존경'이다. 한번 생각해 보라. 나를 무시하고 업신여기는 사람과 어떻게 한평생을 살 수 있겠는가? 반대로 내가 존경할 수 없는 사람을 어떻게 평생 믿고 따를 수 있으며, 내 인생을 의탁할 수 있겠는가?

나는 배우자가 될 사람의 어떤 부분을 존경하고 있는가? 믿음인가, 인격적인 부분인가, 탁월한 능력인가? 나 또한 상대방에게서 존경받을 만한 어떤 것을 가지고 있는가? 그것이 어떤 것이라도 좋다. 그것으로 상대방에게 기여할 수 있다면 멋진 만남이 될 것이다.

"불실기친不失其親"이라는 공자의 말이 있다. "가까운 사람을 잃지 말라."는 뜻이다. 다시 말해 "가장 가까이 있는 사람을 가장 소중히 여기라."는 의미로 생각할 수 있다. 왜 그런가? 그는 나를 가장 잘 알고 있는 사람이고, 나를 가장 정확히 평가해 줄 사람이기 때문이다.

일본에서는 '정년이혼'이라는 말이 보편화된 지 오래라고 한다. 이는 자식 교육 등을 고려해 참고 살다가 남편이 정년퇴직을 하면 이혼하는 것을 말한다. 우리나라에서도 최근 들어 '황혼이혼'이라는 말이 심심찮게 들린다. 70이 넘어서 이혼을 요구하는 사람도 있다고 하니 참 서글픈 일이 아닐 수 없다. 평생 같이 살아온 사람, 가장 가까운 사람에게 버림 받는 사람의 심정은 어떠할까?

사실 친구, 가족에게 존경받는 사람은 정말 최고의 사람이다. 잘 알겠지만, 나를 너무나 잘 알고 있는 사람에게 인정받기가 더 어려운 법이다. 특히 배우자의 존경을 받는다면 그의 인격은 거의 성자의 수준에 도달했다고 봐야 할 것이다. 하지만 부부관계에서 사랑만큼이나 중요한 것이 서로를 향한 존경일 것이다.

평생을 함께하겠다고 서약하기 전에 먼저 생각해 보라.

나는 내 배우자가 될 사람을 존경할 수 있는가?

그 사람도 나를 존경하고 있는가?

6
결혼은 장난이 아니야!

돌이킬 수 없는 아픔, 불신 결혼
눈에 보이는 대로 따라가면 망한다
여성들이여, 선녀로 남아 있으라
외모 유통기한, 1년
성격, 기성품이다
서두르면 망친다
지금 가정에서의 모습이 결혼 후의 모습이다
많이 싸운 커플이 잘산다
기도의 리더십을 회복하라

돌이킬 수 없는 아픔, 불신 결혼

크리스천 청년들이 배우자를 선택할 때 가장 중요시해야 할 것이 무엇이라고 생각하는가? 물론 건강, 가문, 능력 같은 것도 중요하지만 가장 중요한 것은 단연 상대방의 '믿음'이다. '신앙'이 가장 우선적이라는 것이다. 신앙보다는 조건을 보고 불신자를 배우자로 선택하는 사람이 많은데 이것은 불행의 지름길이다. 고린도후서 6장 14절은 이를 분명히 밝히고 있다.

  너희는 믿지 않는 자와 멍에를 같이하지 말라

농사를 지을 때 소는 소끼리, 말은 말끼리 멍에를 메어야 한다. 그렇지 않으면 밭을 제대로 갈 수 없다. 불신자와의 결혼은 마치 말과 소에게 한 멍에를 메우는 것과 같아서 살아갈 때 서로 부딪히게 되고 심하면 믿음과 구원의 자리에서 떨어질 수도 있다.

주위에서 처녀 때 예수를 잘 믿었으나 불신자 남편을 만나 하루하루를 힘들게 살아가는 여 집사들을 가끔 볼 수 있다. 그들의 첫 번째 기도 제목은 항상 '남편 구원'이다. 하지만 남편 구원을 놓고 수십 년 기도해 왔지만 아직도 응답이 없는 가정이 태반이다. 어떤 여 집사는 불신자 남편이 주일에 교회 앞까지 태워다는 주는데 교회 안에는 한번도 들어온 적이 없다고 한다. 그 집사는 남편이 제발 교회 안에만이라도 한번 들어와 보는 게 소원이란다.

노처녀 딱지를 떼기 위해 혹은 부모의 결혼 성화에 못 이겨서 불신 결혼이라는 편도 차편을 덥석 올라타는 여성들이 간혹 있다. 그들은 대부분 평생 눈물과 한숨으로 세월을 보낸다. 나는 지금까지 불신 결혼해서 진정 행복하다고 말하는 사람은 한번도 본 적이 없다. 이것은 수많은 영적 임상실험을 거친 확실한 결론이다.

왜 이런 어려움이 가정에 있는가? 결혼의 첫 단추를 잘못 끼웠기 때문이다. 첫 단추를 하나님의 축복 속에서, 주위 사람들의 기도 속에서 믿음이 좋은 사람과 끼워야 되는데 그러지 못한 것이 화근이 된 것이다. 물론 믿는 자의 간절한 기도를 통해 그 배우자가 구원받는 경우가 아예 없지는 않다. 하지만 그 과정 중에 치러야만 하는 대가는 정말 값비싸다. 게다가 더욱 안타까운 것은 애초부터 믿는 사람과 결혼했다면 불신 배우자가 구원받게 하기 위해 드린 노력과 땀과 눈물을 영혼을 구원하고, 교회를 세우는 데 사용할 수 있었을 것이다.

불신자와 교제하고 있는 크리스천 청년들 중에는 "결혼해서 전도하면 되죠."라고 말하는 이들이 있다. 나는 그에게 이런 말을 해주고 싶다.

"결혼해서 전도하는 것보다 전도해서 결혼하는 것이 훨씬 더 쉬울 것이다."

결혼 전에 상대가 예수를 믿지 않는다면 그 결혼은 영원히 보류하는 것이 가장 현명한 방법이다. 그리고 결혼을 전도의 장으로 사용하라는 말씀은 성경 어디에도 없다.

연세가 많으신 부모님에게 한번 여쭤보라. 배우자 전도가 그렇게 만만한지. 배우자는 이 세상에서 가장 전도하기 어려운 고약한 전도 대상이다. 말 정말 안 듣는다. 더구나 남자들은 여자가 하는 말 자존심 때문에 더 안 듣는다. 남자들은 40-50대가 되면 자기 나름대로의 방법과 철학으로 생각이 굳어져 버려서 종교를 바꾼다고 하는 건 거의 불가능에 가깝다. 인생관의 틀이 아직 잡히지 않은 어린아이들을 전도하는 일은 열정만 가지면 되지만, 자기 인생 철학이 확고한 어른들을 바꾼다는 것은 얼마나 어려운 일인지 모른다.

혹시 불신 배우자가 교회에 잠시 나왔다고 해도 믿음은 쉽게 생기지 않는다. 또한 결혼 전에 결혼을 미끼로 교회에 다니고 있다 해도 진정한 믿음을 갖기는 쉽지 않다. 몸만 교회에 가 있으면 뭘 하는가? 마음이 하나님을 찾고자 하는 열망이 없다면 믿음은 성장하지 않는다.

이 문제는 한 세대에서 끝나지 않는다. 부모 중 한 사람이 믿음이 없으면(우리는 이것을 짝 믿음 가정이라고 부른다.) 자녀들이 신앙 때문에 갈등하는 것을 본다. 자녀들도 '엄마 파, 아빠 파'로 나누어진다. 설사 자녀들이 신앙을 갖게 되었다 할지라도 부모가 서로 갈등하는 속에서 자녀의 신앙이 잘 성장하기란 쉽지 않다. 이를 볼 때 부모가 자녀에게 줄 수 있는 최고의 축복은 부모가 한마음으로 하나님을 잘 섬기는 것임을 절감하게 된다.

에릭 프롬은 『사랑의 기술』에서 사랑에도 기술이 필요함을 역설하고 있다. 그가 말하는 기술이란 흔히 우리가 생각하는 테크닉이 아니라 '지혜'이다. 특히 우리 믿음의 청년들은 결혼에 있어서 사랑이라는 감정에 너무 휩쓸리지 말고, 지혜롭고 냉철하게 배우자를 골라야 한다. 결혼은 물건처럼 잘못 됐다고 해서 쉽게 바꿀 수가 없다. 평생을 갈등하며 살아야 한다니 얼마나 큰 재앙인가!

불신 결혼은 자손 대대로 악영향을 미치는 치명적인 실수다. 후회와 아픔으로 가는 편도 고속도로다. 그 어떤 변명으로도 합리화될 수 없는 것이다. 아직 결혼 전이라면 불신 결혼만큼은 반드시 피하길 바란다. 이미 불신자와 결혼했다면, 비록 늦은 감이 있지만 불신 남편, 불신 아내가 속히 주님께 돌아오기를 두 손 모아 기도한다.

눈에 보이는 대로 따라가면 망한다

사사기 14장에는 삼손이 블레셋 딤나에 내려갔다 한 여성을 보았다고 기록하고 있다. 같이 만난 것도 아니다. 그저 보았다. 무엇을 보았겠는가? 긴 머리, 롱다리, 호수 같은 눈…암튼 얼굴이나 몸매를 봤을 것이다. 딤나 여인은 삼손의 마음을 한번에 사로잡을 만큼 미인이었던 듯하다.

삼손은 그 여자를 보고 집으로 돌아와서 부모에게 대뜸 얘기한다.

"내가 딤나에서 블레셋 사람의 딸 중 한 여자를 보았사오니 이제 그를 취하여 내 아내를 삼게 하소서"삿 14:2.

아들의 이야기를 들은 삼손의 부모는 기가 찼다.

"네가 나실인이 아니냐? 하나님의 자녀가 아니냐? 그런데 어찌하여 블레셋, 할례받지 못한 여성을 아내로 삼으려고 하느냐?"

사실 이 정도 기준과 원칙을 가지고 자녀에게 이야기할 수 있는 부모만 되어도 훌륭하다. 그런데 오히려 부모가 더 자녀의 배우자의 외적 조건에 푹 빠지는 경우가 많다. 맨 먼저 물어보는 것이 무엇인가?

"뭐하는 집이냐? 돈은 좀 있냐? 땅은 얼마나 있냐?"

이런 것들이 최고의 관심사인 부모들이 많다. 심지어 예수 안 믿는 사람이라도 의사, 변호사라고 하면 오케이라고 하니. 솔직히 예수는 안 믿는데 "돈은 한 달에 몇 천 만원 번다." 그러면 거기에 마음이 동하지 않는 부모가 얼마나 되겠는가?

  부모들뿐만 아니라 우리 청년들도 믿음의 기준, 성경의 기준을 가져야 되는데 사실 이게 쉽지 않다. 살다보면 믿는 사람보다 믿지 않는 사람을 많이 접하게 되고, 믿지 않는 이성에게서 교회 청년들에게서 느낄 수 없는 묘한 매력을 발견하게 되기 때문이다.

  나는 신학대학원 다닐 때 3년 동안 기숙사에 있었다. 그때 아주 유능하고 장래가 촉망되는 동기 전도사가 있었다. 그는 매일 아침 일찍 수영장에 다녔다. 그런데 어느 날 믿지 않는 예쁜 수영강사와 눈이 맞게 되었다. 나이가 무려 7살 연상이었다. 한동안 두 사람은 밀어를 속삭이면서 사랑을 나누는 것 같았다. 심지어 결혼까지 생각한다고 귀띔해 주었다. 이거 제 힘으로 안 되겠다 싶어 결혼한 동기 전도사들에게 소문을 다 냈다. 다행히 주위 전도사들이 다 뜯어 말리는 바람에 그의 사랑은 거기서 막을 내릴 수 있었다.

  그 사건을 보면서 삼손이 생각났다. 사사 삼손이 들릴라에게 눈이 멀듯이 성도가 세상에 눈이 멀게 되면 자신의 신분도 망각하게 되고, 영적 자존심도 버리게 된다. 남 욕할 것이 아니다. 당신도 장담하지 못한다. 실제로 어떤 자매는 선교 활동 후에 바로 믿지 않는 남자와 결혼했다.

  "크리스천 청년이 배우자를 고를 때 세상 눈은 감게 하시고, 믿음의 눈은 활짝 열리게 하소서!"

여성들이여, 선녀로 남아 있으라

 우리는 '선녀와 나무꾼' 얘기를 잘 안다. 선녀는 날개옷이 있어야만 하늘로 올라갈 수 있는데, 그놈의 나무꾼이 옷을 숨겨놓고 내어 주지를 않았다. 나무꾼은 그것을 빌미로 선녀를 붙잡아 두었다. 아마 나무꾼은 선녀와 같이 살면서도 혹시 선녀가 하늘로 올라가 버리지는 않을까 노심초사했을 것이다. 그리고 선녀의 옷이 없어지지는 않았는지 매일 확인해 보았을 것이다. 이러한 이유 때문에 나무꾼은 지루함이나 권태기 같은 것은 느낄 틈이 없었을 것이다.

 왜 권태기가 오는가? 밀고 당기는 연애 시절의 스릴이 없기 때문이다. 여자들이 다 '아줌마'가 되어 버리기 때문이다. 남편 앞에서 숨기는 것도 없고, 아무데서나 옷 벗고, 왕창 왕창 먹어대기 때문이다.

 여자가 여자로서의 영원한 매력을 유지하는 비결은 바로 선녀의 기품을 잃지 않는 것이다. 언제든지 팽팽한 긴장감을 잃지 않는 것이다. 벗겨도 벗겨도 다 벗겨지지 않는 양파의 숨은 매력을 지니는 것이다.

 결혼했다고 남자가 원하는 대로 무조건 다 해주면 안 된다. 무조건 잘못을 감싸 주는 것이 능사가 아니다. 아내가 채찍과 당근의 수위 조절을 잘해야만 한다. 칭찬과 책망의 조미료를 조화롭게 잘 이용해야 한다. 그렇게 할 때 남편은 아내를 함부로 대하지 못하고, 보호해 주고, 사랑하고, 존경해 준다. 결혼했다고 아내가 자신을 완전 무장해제해 버리면 그때부터 돌아오는 것은 남편의 무관심과 억압뿐이다.

아내들이여, 결혼해서도 선녀로 남아 있으라.

밀고 당기는 지혜를 잃지 마라.

외모 유통기한, 1년

결혼정보회사 '듀오'에서 20세 이상 미혼남녀 2,072명(남성 724명, 여성 1,348명)과 전국의 재혼희망자 427명(남성 133명, 여성 294명)을 대상으로 '이상적인 배우자상과 결혼의식'에 대한 설문조사를 실시했다. 남성의 경우 성격(86.5%)에 이어 외모(70.2%), 가정환경(37.8%) 등 '외적 요인'을 고려한다고 응답한 반면, 여성은 성격(84.6%)에 이어 경제력(68.0%)과 직업(64.1%) 등 배우자의 '능력'을 중요시하는 것으로 나타났다. 물론 남녀 모두 성격을 우선시했지만, 전체적으로 보면 남자는 여자의 외적 요소, 여자는 남자의 능력을 중시한다는 결과가 나왔다.

몇 년 전 삼일교회에서도 무기명으로 비슷한 설문조사를 했다. 배우자감을 고를 때 무엇을 가장 중요시하느냐는 질문에, 형제는 자매의 '외모'를 본다고 했고, 자매는 형제의 '능력'을 본다고 했다.

나는 교회에서 이런 응답이 나왔다는 것에 너무나 놀랐다. 그래서 직접 설문에 응한 청년들에게 물어봤다.

"정말 형제는 자매의 외모를 가장 많이 보고, 자매는 형제의 능력을 보는가? 그러면 믿음은 안 보는가?"

그랬더니 하는 말이, "믿음은 기본이죠. 베이스로 깔고 하는 말입니다. 당연히 예수 안 믿으면 배우자감에서 제외되는 거죠."란다. 그 대답을 듣고 다소 안심이 되기는 했지만, 그래도 교회 청년들의 시각이 세상 청년들과 다를 바 없는 것 같아 꺼림칙했다.

물론 여자가 예쁘면 어떤 남자라도 시선이 집중되고, 남자가 능력이 있으면 여자가 끌리게 된다는 것은 인정한다. 하지만 과연 결혼생활에서 그것이 그렇게 큰 비중을 차지하는지 질문해 보지 않을 수 없다. 특히 이성의 외모가 결혼생활에서 그렇게 중요한 것일까? 대답은 백이면 백 다 "NO!"라는 것이다.

전혀 유익이 없는 것은 아니다. 예를 들어 거리를 같이 걷거나 공식적인 자리에 같이 참석했는데 아내가 예쁘고 날씬하면 사람들의 보는 눈초리가 예사롭지 않을 것이고, 남편의 어깨도 순간 '으쓱' 올라가게 될지 모른다. 하지만 그것 빼고는 외모가 결혼생활에 도움이 되는 것은 거의 없다.

보통 결혼하게 되면 여자는 임신을 하게 된다. 누구나 배가 불룩 튀어나온 모습으로 변하는 것이다. 그 상태에서 외모를 가꾸기는 쉽지 않다. 또 아이를 출산하고 나서 1-2년 정도는 아이 보느라 정신이 없기 때문에 자신을 가꾸기가 쉽지 않다. 어쩌면 그때가 여자의 일생에서 가장 힘든 시기이고, 가장 꾸미지 않을 때인지 모른다. 그때는 누구나 처녀 때의 날씬하고 아름다운 모습은 온데 간데 없어진다.

그런데 그런 아내의 모습이 예쁘지 않다고 도망가는 남편은 없다. 오히려 입덧을 하고, 아귀같이 맛있는 것을 혼자 먹어대도 새 생명을 품고 있는 아내의 모습이 사랑스럽기만 하다. 외모가 주는 아름다움인가? 아니다. 새 생명을 품고 있는 아내의 모습, 남편을 위해, 가정을 위해 헌신하는 아내의 모습이 아름다운 것이다. 그때 남편은 아내의 외적 모습이 아니라 본질을 보는 눈이 열린다.

그러므로 결혼해서 조금만 시간이 지나도 "예쁘다, 못생겼다, 날씬하다, 뚱뚱하다, 섹시하다, 촌스럽다" 같은 외적 아름다움은 모두 평준화된다. 처녀 때의 외적 아름다움은 1년 내로 거의 모두 사라진다고 봐야 한다.

그래도 배우자의 외모를 가장 중요시할 것인가? 외모 유통기한은 1년임을 기억하라. 외모는 거기서 거기다. 하나님께서 그대에게 지혜의 눈을 열어 주시길 바란다. 외모보다 더 중요한 것들이 더 많다는 것을 알고 현명한 선택을 하길 바란다.

성격, 기성품이다

한번은 KBS 2TV에서 방영하는 부부 클리닉 '사랑과 전쟁'이라는 프로그램을 봤는데, 입이 가벼운 아내 때문에 이혼 위기에 놓인 부부의 이야기였다. 과연 입이 가벼운 것이 이혼 사유까지 될 수 있을까 의문이 들지만, 사연을 보면 사태는 꽤 심각했다.

민정은 살림 잘하고 싹싹한 여자다. 단점이 있다면 입이 너무 가볍다는 것. 이 집 저 집 다니며 소문을 퍼뜨리다 머리채를 잡히는 바람에 이사도 여러 번 했다. 아내 때문에 이사를 다녀야 하는 남편 성태는 괴로울 수밖에. 결국 또 이사를 했는데 이번에도 민정은 사고를 치고 만다.

어느 날 민정의 구미를 당기는 일대 사건이 벌어진다. 아파트 지하 주차장에서 남녀가 불륜 행각 중에 경비원에게 들킨 것이다. "쉬쉬"하며 그냥 넘어갈 수 있는 문제를 민정이 크게 확대시켜 소문내는 바람에 두 가정을 파탄으로 몰고 갔다. 결국 더 이상 참지 못한 남편은 이혼을 청구하기에 이른다. 과연, 민정의 잘못은 이혼 사유가 되는 것일까? 방송에선 결론이 나지 않았지만 시청자들의 의견은 분분했다.

이혼 반대 의견이 많았지만, 반면에 "성격은 고치기 힘들다. 이 아내의 경우는 천성이라 고치지 못할 것 같다."는 이혼 찬성 입장도 눈에 띄었다. 그 만큼 한 사람의 습성과 성격은 고치기가 힘들다는 것이다.

"A leopard cannot change his spots."라는 속담이 있다. "표범의 반점은 절대 변하지 않는다."는 말이다. 이와 비슷한 뜻으로 "Old habits die hard."(오랫동안 익힌 습관은 고치기 힘들다.)라는 속담도 있다. 우리 속담에도 비슷한 것이 있다. "자기 버릇 개 못 준다."는 말이다. 타고난 성격이나 그 성격 때문에 생긴 버릇은 없애기 힘들다는 뜻이다. 이런 말도 있다.

"결혼 전에는 눈을 크게 뜨고, 결혼 후에는 눈을 반만 뜨라."

이것만큼 결혼생활의 지혜를 담은 말도 없을 것이다.

성격 개조는 연애 시절에 해야지 결혼하면 이미 늦은 감이 있다. 결혼 후에 상대방의 성격을 고치려고 덤비면 더 큰 불화만 초래할 뿐이다. 이것은 많은 기혼자들의 한결같은 고백이다.

산에 오솔길이 나 있다. 그런데 그 길을 없애고 또 다른 길을 내려고 해보라. 엄청난 노력과 수고가 필요할 것이다. 바지에 주름이 잡혀 있다. 그런데 그 주름을 없애고 다른 주름을 잡으려고 해보라. 이미 있는 주름도 남아 바지를 망치게 될지도 모른다. 다 자란 나뭇가지를 다른 방향으로 꺾으려고 해보라. 부러지고 말 것이다.

배우자의 성격을 고치려고 하는 것도 마찬가지다. 많은 부작용만 생길 뿐이다. 그냥 그러려니 눈 감아 주고, 정 고쳐야 할 성격이라면 내가 먼저 본을 보이면 된다. 잔소리로 변화시키려고 하지 말고 본을 보여주면 그나마 변화될 수 있을지도. 그것도 안 되면 배우자의 성격을 놓고 기도하면 하나님께서 친히 손보시리라. 그보다 확실한 변화법은 없을 것이다.

서두르면 망친다

　우리는 세상을 살아가면서 수많은 선택의 기로에 놓이게 된다. 그중 가장 중요한 선택 중 하나가 바로 '평생의 반려자, 배우자'를 선택하는 일일 것이다. 배우자 선택이 이렇게 중요함에도 불구하고 오늘날 수많은 젊은이들이 배우자를 선택할 때 너무나 그릇된 기준에 의해, 즉흥적으로 쇼핑하듯이 쉽게 결정을 내리는 듯하다.

　무엇보다 요즘 젊은이들은 너무 쉽게 사랑에 빠지는 경향이 있다. 평소에 동경해 오던 스타일의 사람이 나타났다 하면 금방 사랑에 빠져든다. 그리고 불행하게도 그 사랑 때문에 파멸을 맞기도 한다.

　학교나 교회에서도 보면 용모가 출중하거나, 운동을 잘하거나, 노래를 잘하는 사람들은 인기가 많다. 그리고 그런 부류의 사람들을 연인으로 삼고 싶어 안달이 나고, 몸살이 나고, 심하면 상사병을 앓기까지 한다. 그러나 멋진 용모, 뛰어난 운동 신경, 빼어난 노래 실력은 훌륭한 배우자가 되는 것과는 전혀 무관한 경우가 많다는 것을 알아야 한다.

　왜 사람들의 시각이 이렇게 왜곡되었는가? 매스컴의 영향이 크다. 크리스천 청년들조차도 '사랑, 행복, 배우자'에 대한 정보를 'TV, 영화,

잡지'에서 얻고 있는 것이 현실이다.

하지만 이것을 명심해야 한다. 매력 중에는 '악한 매력'도 있다. 하나님 보시기에 좋지 않는 세상적 매력도 사람을 끌어당긴다. 노아 시대에 하나님의 아들들이 세상의 딸들의 아름다움을 보고 아내로 삼은 것처럼 말이다 창 6:2. 나의 마음이 어떤 사람에게 끌렸다고 해서 그것이 참된 사랑의 감정이라고 할 수는 없다. 하지만 두렵게도 교회 안의 젊은이들조차 이러한 악의 매력에 끌려 데이트하고 싶어하고, 결혼을 소원하는 경우가 많다.

사실 사랑과 결혼은 단순한 문제가 아니다. 매우 복잡하고 미묘하다. 평생 다른 환경에서 살아온 개인주의적인 두 사람이 합하여 한 몸이 되는 것이 어디 쉬운 일이겠는가? 성공적인 아내나 남편이 된다는 것은 훌륭한 의사나 변호사가 되는 것보다 훨씬 어렵고 힘들다고 할 수도 있다. 믿기 어려우면, 직업에서는 큰 성공을 했으나 결혼에서는 실패했거나 행복하지 못한 사람들을 한번 둘러보길 바란다.

이렇게 결혼이 중차대하고 복잡하고 어려운 것인데, 요즘 젊은이들은 배우자를 너무 일찍 성급히 선택하고 만나려는 경향이 있다. 심지어 어떤 이는 중고등학교 때부터 벌써 삶의 동반자를 만나려고 서두르고 있다. 그것은 결코 바람직하지 않다. (물론 기도는 일찍 할수록 좋다.)

그 이유는, 경제적인 문제는 말할 것도 없고, 이 시기에는 자신이 누구이며, 앞으로 어떤 삶을 꾸려나가야 할 것인지에 대한 명확한 가치관이 정립되어 있지 않기 때문이다. 그러므로 너무 어린 나이의 결혼은 위험하며, 준비되기 전까지는 결코 결혼해서는 안 된다.

결혼이라는 것이 그저 좋아하는 두 남녀가 한 집에서 함께 사는 것만을 뜻하지는 않는다. 성경에 있듯이 결혼이란 '정신적으로, 영적으로 성숙한 두 남녀가 각자의 부모를 떠나 영적으로, 사회적으로, 경제적으로 독립하는 것' 을 의미한다.

교회 안의 많은 자매들은 나이 서른까지 결혼하지 못하고 있는 것을 최악으로 생각한다. 그러나 오히려 그보다 더욱 나쁜 것은 나이 스무 살에 옳지 못한 사람과 결혼하는 것이다. 물론 때때로 서두르지 않는다는 것이 힘들다는 것을 잘 안다. 나도 나이 서른이 넘어서자 굉장히 초조해졌다. 심지어 하나님께서 그 부분에 대해서 일부러 꾸물거리신다고 생각했다. 그러나 하나님의 때가 되자 너무나 쉽고 자연스럽게 예비된 배우자를 만나게 하셨다. 하나님께서 하시고자 하시면 금방 짝을 만나게 하실 수 있다는 것을 그때 알았다.

그러므로 너무 초조해 하지 마라. 그러면 틀림없이 좋은 짝을 얻지 못한다. 만사를 하나님의 방법으로 하고, 하나님의 선하심과 인도하심을 신뢰하라. 그러면 당신과 가장 잘 어울리는 짝과 결국은 맺어지게 될 것이다. 이것이 바로 좋으신 우리 하나님의 약속이요, 믿음의 사람들이 걸어간 길이다.

지금 가정에서의 모습이 결혼 후의 모습이다

많은 결혼 상담가들이 이런 말을 한다.

"당신이 혹은 당신의 연인이 지금 가정에서 어떻게 살고 있는가를 보면 결혼 후에도 어떻게 할 것인지 알 수 있다."

만일 어떤 사람이 결혼하기 전에 집에서 부모님께 효도하고, 형제를 사랑한다면 결혼 후에도 배우자에게 그렇게 해줄 가능성이 높다. 그런데 대부분의 사람들은 이렇게 생각한다.

"아무리 이기적이고 무뚝뚝한 사람도 배우자에게는 다를 것이다."

이에 대해서는 우리의 부모님들도 꼭 같은 생각을 가지고 있었고, 지금 결혼을 앞두고 있는 주위 사람들도 동일한 생각을 하고 있다. 그러나 대단히 미안하지만, 천만의 말씀이다.

내가 지금 만나고 있는 사람이 지금 집에서 이기적이면 새로 꾸밀 가정에서도 이기적일 것이요, 내가 지금 집에서 가족들에게 헌신적이지 않다면 결혼 후에도 배우자에게 헌신적인 사람이 될 확률이 희박하다. 현 가정에서의 모습이 결혼 후 가정에서도 똑같이 나타날 진정한 모습이라는 것이다.

누구나 연애할 때는 자신의 최선의 모습을 보여준다. 되도록이면 단점은 숨기고 장점을 최대한 보여주려고 하고, 정돈된 모습, 웃는 모습, 헌신적인 모습만 보여주려고 한다. 바짝 긴장하기 때문에 약점은 거의 노출되지 않는다.

그러나 가정에서 우리의 모습은 어떠한가? 거의 무인도에 온 모습이다. 핫팬츠 차림으로 뛰어다니기도 하고, 입에 밥풀을 묻히고 성경을 보기도 하고, 가족들에게 괜히 짜증을 부리기도 하고, 침을 흘리면서 자기도 한다.

그런데 이런 긴장이 풀린 본연의 모습이 언제 또 나타나는가? 결혼하고 나서다. 아이 한둘 낳으면 그 모습이 적나라하게 나타난다. 그러므로 미혼일 때 가정에서 먼저 사랑하고, 절제하고, 섬기고, 인내하는 훈련을 해야만 결혼 후에도 나의 아내와 남편에게 그런 모습을 보여줄 수 있다.

당신이 결혼 전에 이 이야기를 듣게 된 것을 감사하길 바란다. 고칠 수 있는 기회가 아직 있으니 말이다.

많이 싸운 커플이 잘산다

교회에서 교제하는 청년들 중에 이런 말을 하는 커플이 있다.

"우린 지금까지 한번도 싸워본 적이 없어요."

그러면 둘 중 하나다. 서로에 대해서 무관심하든지, 본색을 아직 드러내지 않고 있든지.

남녀가 다투는 것은 극히 정상적인 모습이다. 교제하면서 다퉈봐야 입술과 행동거지를 조심하게 되고, 다른 사람을 배려할 줄 알게 되고, 겸손해진다. 늘 옆에 있을 때는 애인이 소중한 줄 잘 몰라도 싸워서 등돌려 보고, 며칠간 연락이 끊겨 못 만나 보면 서로가 얼마나 소중한 존재인지 깨닫게 된다. 그래서 오히려 연애 시절에 다투는 것은 너무 극단적인 싸움만 아니면 서로에게 약이 된다. 때문에 나는 지금 교제하고 있는 청년들에게 이렇게 얘기한다.

"연애할 때 충분히 싸워 보고 갈등 해결 능력을 길러라. 그래야 결혼 후에 갈등을 최소화할 수 있다."

옛날 우리 부모님들은 같이 살면서 왜 그렇게 많이 싸웠는가? 이런 갈등 조율 시간이 없었기 때문이다. 그냥 중매로 한번 만나보고 결혼했기 때문이다. 심지어 얼굴도 안 보고 결혼하는 경우도 있었다고 한다.

나도 아내와 교제할 때 많이 싸웠다. 무뚝뚝한 나와 예민한 아내가 자주 충돌했기 때문이다. 사실 나는 그때 아무리 천사표 자매라도 악마적인 부분이 있다는 것을 깨달았다.

그래서 나는 연애 기간이 1년 이상은 되어야 한다고 본다. 적어도 사계절은 겪어 봐야 되지 않겠는가? 물론 연애 기간이 아무리 길어도 결혼하면 또 다른 모습과 이해할 수 없는 모습이 드러나기 마련이다. 결혼 후에도 부부간의 갈등 조율 기간은 2-3년은 족히 걸리는 것 같다. 30년 가까이 서로 다른 환경에서 살아온 두 사람이 단 시간 내에 서로를 온전히 이해하고 하나 되기가 어디 쉬운 일이겠는가?

남녀가 그렇게 싸우고 갈등하다 보면 나중에는 "아, 이것이 이 사람의 본래 모습이구나. 본심은 그게 아니었구나!" 하면서 상대방의 마음을 좀더 이해하게 되고 용납하게 된다. 우리 부부는 지금도 가끔씩 부부싸움을 하지만 오랜 시간의 갈등 조율 기간을 통해서 이전보다는 훨씬 더 부드러워지고, 상대방을 용납하려는 모습을 볼 수 있다.

다시 한번 강조하지만, 결혼해서 당황하지 않으려면 연애 시절에 충분히 다퉈보고 갈등 조율 시간을 가져라.

기도의 리더십을 회복하라

디모데전서에는 이런 말씀이 나온다.

> 그러므로 각처에서 남자들이 분노와 다툼이 없이 거룩한 손을 들어 기도하기를 원하노라 딤전 2:8

남편이 가장으로서 보여줄 수 있는 최고의 리더십은 '기도하는 리더십'이다. 아내도 마찬가지다. 아내로서 남편과 자녀들에게 줄 수 있는 최고의 선물은 기도의 선물이다.

"결혼은 현실이다."라는 말을 많이 들어보았을 것이다. 무슨 뜻인가? 결혼은 젊은이들이 생각하는 것과 같이 장미꽃이 만발한 정원, 행복으로 점철된 길이 아니라는 것이다. 때로는 골짜기도 있고, 계곡도 있다. 우박과 소나기도 만날 수 있다. 결혼하면 사소한 것에서 큰 문제까지 참 많은 난제들이 도사리고 있다. 그때마다 남편과 아내가 하나님께 무릎 꿇고 기도하는 기도의 리더십만 회복한다면 어떤 문제라도 헤쳐 나갈 수 있으리라 믿는다.

삼일교회를 보더라도 부부가 다정하게 새벽기도에 나오는 가정치고 흔들리는 가정은 거의 보지 못했다. 그 가정과 자녀들에게는 하나님의 축복과 보호하심이 떠나지 않는다. 이런 말도 있지 않던가?

무기 아래 있는 자보다 기도 아래 있는 자가 더 강하다.

부모의 기도의 무릎 아래 있는 자녀는 어떠한 악한 세력도 건드리지 못하게 하나님께서 보호해 주신다.

나의 아버지는 목회자셨다. 내가 초등학교 때로 기억된다. 아버지께서 교회에 어려운 문제를 당해 전전긍긍하고 계실 때 어머니께서 이런 말씀을 하셨다.

"어려움이 있으면 걱정만 하지 마시고, 기도원에 가셔서 일주일 정도 금식기도하고 오세요."

어머니는 실제로 가정에 어려움이 생기면 늘 금식기도로 문제를 해결 받곤 하셨다.

기도는 심장과 같다. 심장이 쉴 새 없이 뛰어야 하듯이 기도도 쉬지 말아야 한다. 기도가 멈추면 모든 것이 멈춘다. 사람이 사지가 멀쩡해도 심장이 뛰지 않으면 이미 죽은 것이다. 마찬가지로 주위 환경이 아무리 잘 갖추어지고, 모든 것이 순조롭게 흘러가는 것 같아 보여도 그 사람이 기도의 자리를 떠나 있다면 이미 영적으로 죽은 자와 방불하다. 조만간에 썩는 냄새가 나게 될 것이다. 반대로 환경이 잘 풀리지 않고 어려워도 계속 기도하고 있다면 소망이 있다.

그러므로 배우자만큼은 새벽기도하고, 철야기도하는 사람을 고르라. 하나님께서 확실히 축복하실 사람이다. 연애 시절 기도 훈련을 해두지 않으면 결혼 후에 기도 자리에 나온다는 건 하늘의 별따기처럼 어렵다.

남편들이여!

기도의 리더십을 회복하라.

기도의 심장이 쿵쿵 뛰게 만들라.

그런 가정은 환난 풍파가 침범하지 못하는 반석 위에 세운 집이 될 것이다.

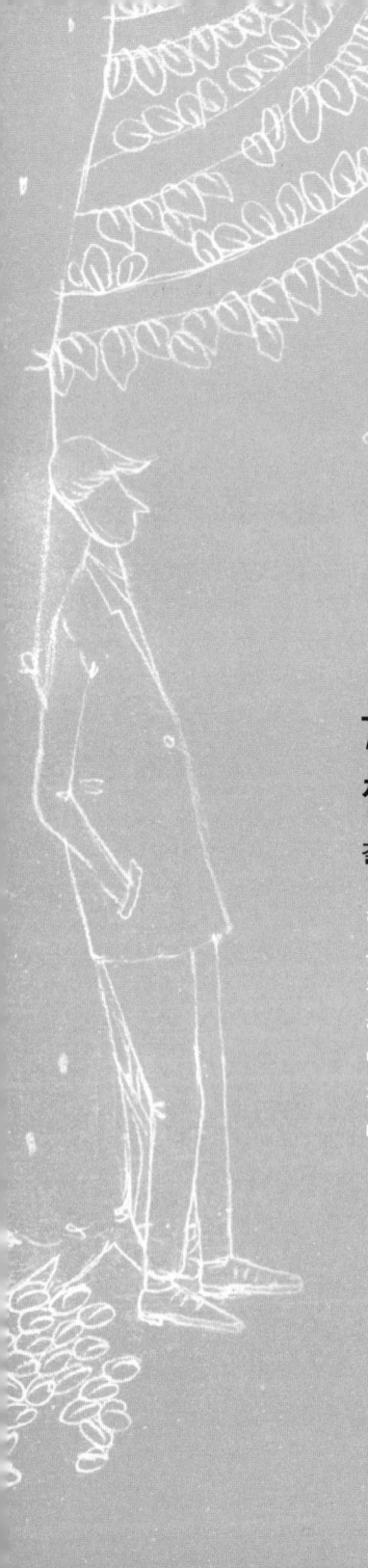

7
짧은 선택, 긴 만남
결혼, 이래서 중요하다!

하나님의 작품이기 때문이다
사명의 전초기지이기 때문이다
천국의 모형이기 때문이다
하나님 사랑의 체험장이기 때문이다
민족과 교회의 근간(根幹)이 되기 때문이다
경건한 자손의 모판이 되기 때문이다
배우자와 함께할 시간의 길이 때문이다

하나님의 작품이기 때문이다

대부분의 사람들이 사랑해서 결혼하고 가정을 이룬다. 그런데 왜 수많은 가정들이 파탄에 이르고 깨어지는가?

최초의 결혼과 가정에는 하나님이 계셨다는 사실이 중요하다. 가정과 결혼이라는 제도를 처음 만드신 분도 하나님이시요, 아담과 하와 두 사람을 만나게 하신 분도 하나님이시라는 것을 잊어서는 안 될 것이다. 오늘날 가정의 위기는 다른 데 있는 것이 아니라 이 창조와 축복의 근원 되시는 하나님을 빠뜨린 데 있다.

전자제품을 가장 고장 없이 오래 쓸 수 있는 방법은 무엇인가? 아무거나 누르면 안 된다. 매뉴얼대로만 사용하면 된다. 마찬가지로 결혼생활이 행복하려면 우리를 창조하시고, 결혼제도를 창시하신 하나님의 말씀, 성경대로 살면 된다. 그런데 너무나 많은 사람들이 결혼과 가정에 대한 분명하고도 확실한 말씀의 매뉴얼을 따르지 않고 각자 저마다의 방법을 따른다.

예를 들어, 결혼의 전제 조건은 두 사람 모두 하나님을 믿고 하나님 말씀에 순종해야 한다는 것이고, 결혼식은 예배로 드려야 한다는 것이다.

그런데 혼인예배를 드리지 않고 세상 사람들이 하듯이 결혼식을 한다든지, 둘 중 한 사람이라도 하나님을 믿지 않는 상태에서 결혼한다고 하면 그때부터 문제가 생기는 것이다.

목수도 어부도 아니었던 노아가 방주를 완벽하게 지을 수 있었던 이유가 무엇인가? 여호와께서 명하신 대로 준행했기 때문이다 창 3:22. 우리가 결혼과 가정이라는 방주를 지을 때도 마찬가지다. 하나님께서 결혼제도를 만드셨고 최초의 주례자셨다면, 결혼한 두 남녀가 하나님의 말씀에 따라 결혼하고 가정을 이루는 것이 행복의 지름길이다.

창세기 2장 22절을 보면 "여호와 하나님이 아담에게서 취하신 그 갈빗대로 여자를 만드시고 그를 아담에게로 이끌어 오시니"라는 말씀이 있다. 이것은 인류 최초의 결혼식 장면이다. 하나님께서는 신랑을 먼저 만드시고, 신부를 신랑에게 이끌어 오셨다. 즉, 두 사람을 만나게 해주신 분이 하나님이시란 말씀이다.

잠언 19장 14절에서도 "집과 재물은 조상에게서 상속하거니와 슬기로운 아내는 여호와께로서 말미암느니라"고 했고, 잠언 18장 22절에서도 "아내를 얻는 자는 복을 얻고 여호와께 은총을 받는 자니라"고 했다. 결국 하나님의 복이 임하고 하나님께서 만나게 해주셔야만 아내를 얻을 수 있다는 말씀이다.

그러므로 하와를 아담에게 이끌어 오신 하나님께서 당신의 배우자도 준비시켜 놓으셨다는 사실을 믿어라. 내게 적합한 배우자는 나 자신보다 하나님께서 더 잘 아신다는 사실도 믿어라.

오늘날 많은 부부 사이에 왜 문제가 생기는가? 자기네 힘으로, 스스로의 능력으로 만난 줄 알기 때문이다. 스스로 만났다고 생각하니까 일이 생기면 헤어질 수도 있다고 생각하는 것이다. 그러나 천만의 말씀이다. 두 사람을 만나게 해주신 것은 하나님이시기 때문에 사람 맘대로 할 수 없다. 그래서 예수님도 "하나님이 짝지어 주신 것을 사람이 나누지 못할지니라"막 10:9고 말씀하신 것이다.

그리고 하나님께서 결혼제도를 만드시고 축복하셨다는 것은 무엇을 의미하는가? 하나님께서는 남녀가 만나 결혼하기를 심히 원하신다는 뜻이다. 더 나아가 우리가 믿음의 자녀를 많이 낳아 생육하고 번성하기를 원하신다는 것이다 창 1:28. 그러므로 타고날 때부터 고자나 스스로 고자 된 사람 외에는마 19:12 때가 되면 창조의 섭리에 따라 결혼해서 가정을 이루고, 아이 낳고 사는 것이 하나님의 뜻이다.

그러면 성경에서 말하는 행복한 결혼생활의 원리는 무엇인가? 3가지로 살펴보자.

첫째, 사랑 고백의 원리이다

내 뼈 중의 뼈요 살 중의 살이라 창 2:23

아담이 하와를 처음 만난 자리에서 한 말이다. 정말 대단한 사랑 고백 아닌가? 잠잘 데가 있고, 먹을 것이 있고, 아이가 있으면 다가 아니다. 진정한 사랑 고백이 있어야 결혼생활이 행복하다.

어느 심리학자는 두 마디를 잘하는 부부라면 결코 불행해지지 않는다고 했다. 바로 "당신을 사랑해요. 내가 잘못했어요."라는 말이다. 이 두

마디가 결혼생활에 얼마나 필요한지 모른다. 관계가 깨진 부부들 대부분은 이 두 마디에 아주 인색했다고 한다.

그리고 성경을 보면 사랑 고백은 언제나 남자가 하고 있다. 세상에서 제일 치사한 남자가 여자의 사랑 고백을 기다리는 남자다. 남자가 해야 한다. 고백하기 쑥스러워도 계속 하다 보면 재미가 생긴다. 남자가 사랑을 고백하면 여자는 점점 사랑스러워진다. 하지만 남자가 사랑을 고백하지 않으면 사랑스러웠던 여자도 사랑스럽지 않게 된다.

결혼생활은 화초와 같다. 가만히 내버려두면 시들어 죽고 만다. 두 사람이 열심히 사랑의 언어를 통해 물과 거름을 주고 가꾸어야 한다.

그러나 아무리 사랑하는 부부라 해도 말다툼을 하지 않을 수는 없다. 다만 싸울 때는 극단적인 언어는 피하고, 창조적인 언어를 사용해야 한다. 싸울 때 가문과 혈연을 들먹인다든지, 상대방이 숨기고 싶은 과거의 약점을 자꾸 들먹이면 돌이킬 수 없는 큰 상처를 남기게 된다.

둘째, 독립의 원리이다

이러므로 사람이 부모를 떠나 엡 5:31

즉, 지금까지 부모를 의존하고 살아왔던 자녀들이 이제는 부모로부터 경제적, 정신적, 사회적으로 완전히 독립해야 한다는 의미이다. 그리고 부모들은 자녀들의 정신적인 탯줄을 끊으라는 말씀이다. 그렇지 않으면 산모(부모)도 죽고 아이(자녀)도 죽는다.

어떤 어머니는 아들의 몸은 떠나 보냈으나 마음은 여전히 보이지 않는 줄로 꽁꽁 매어두려 한다. 그러다 보니 뒤에서 조종하려는 시어머니와 조종받지 않으려는 며느리 사이에 비극적인 암투와 갈등이 벌어지게 된다.

반대로 어떤 자녀들은 결혼 후에도 독립하지 못하고 항상 부모에게 도움을 요청한다. 그렇게 자꾸 부모에게 기대다 보면 혼자 세상을 뚫고나갈 힘이 없어지고 만다. 그러므로 자녀들이 아무리 힘들고 어려워도 부모가 문제를 해결해 주기보다는 자녀들 스스로 해결할 수 있도록 도와주는 것이 자녀를 축복하는 길이다.

남자든 여자든 결혼한 이후에는 부모와의 관계를 잘 정리해야 한다. 부모를 무시하거나 소홀히 하라는 것이 아니다. 두 사람의 일은 두 사람이 대화를 통해 해결해야지, 부모가 부부 사이에 끼어들거나, 부모를 부부 싸움의 도피처로 삼아서는 안 된다는 것이다.

물론 자식이 결혼하기를 원했던 부모도 막상 평생 애지중지한 자식이 결혼하면 섭섭하고 고독해진다. 모두 잃어버린 것만 같기 때문이다. 그것을 극복하는 방법이 하나 있다. 하나님께 나오면 된다. 자식을 향하던 마음을 과감히 끊고, 남은 생애를 하나님을 의지하고 천국을 준비하면 더 복된 삶이 될 수 있다. 나는 이것이 하나님의 섭리라고 생각한다.

셋째, 의무의 원리이다

사라가 아브라함을 주라 칭하여 복종한 것같이 벧전 3:6

믿음의 조상 아브라함의 아내 사라는 남편 아브라함을 '주님, 하나님' 같이 모셨다는 것이다. 행복한 가정이 되려면 아내는 남편을 경외해야 한다. 에베소서 5장 33절에서도 "아내도 그 남편을 경외하라"고 했다. 다른 말로 하면 남편을 존귀하게 여겨야 한다는 것이다.

모든 남자들은 비록 사회에서 짓밟히고 억울한 일을 당해도 나를 존경하고 사랑해 주는 아내가 있으면 다시 일어설 수 있다. 그러나 아무리 밖에서 출세하고 명예를 얻었다 해도 아내에게 구박당하고 인정받지 못하면 남자는 결코 행복할 수 없다.

아내는 남편이 혹시 실수를 하거나 잘못을 저지르면 대뜸 "내가 그럴 줄 알았다니까. 아이고, 뭐 하나 제대로 하는 게 없어요!" 그러지 마라. 대신 못 하나 박아 줘도 "당신이 최고야. 당신이 아니면 이런 거 못해요."라고 하면서 남편을 치켜세워 주라. 그것이 아내의 의무다. 또한 남편이 좀 부족해도 남편을 가정의 최고 리더로, 최종 결정권자로 세워 주라. 이것이 아내의 도리이다.

그러면 남편은 어떻게 해야 할까?

> 이와 같이 남편들도 자기 아내 사랑하기를 제 몸같이 할지니 자기 아내를 사랑하는 자는 자기를 사랑하는 것이라 누구든지 언제든지 제 육체를 미워하지 않고 오직 양육하여 보호하기를 그리스도께서 교회를 보양함과 같이 하나니 엡 5:28-29

남편은 아내를 아가페 사랑, 예수님의 사랑으로 사랑해야 한다는 뜻이다. 예수님은 십자가에서 죽기까지 우리를 사랑하셨다. 우리가 뭐 잘난 게 있어서 그런 게 아니다. 그냥 무조건적으로 사랑하셨다. 남편은 아내에게 그런 사랑을 베풀어야 한다.

사실, 연애 시절 남자는 여자의 어떤 매력에 끌려서 좋아하고 사랑했을 것이다. 하지만 결혼하고 나면 연애 시절의 매력은 없어질지 모른다. 늘어가는 것은 잠과 몸무게와 주름밖에 없을 수도 있다. 그럴지라도 있는 모습 그대로 아내를 사랑해 줄 줄 알아야 된다. 남편은 아내의 약점을 내가 한번 고쳐 보겠다고 나서지 말고 수용하고 용납해 주어야 한다.

성경은 결혼을 "둘이 하나 되는 일"이라고 했다엡 5:31. '하나 되다, 연합하다' 라는 말의 원뜻은 '아교로 붙인다' 는 의미이다. 아교로 붙인 두 종이를 억지로 떼 내려고 하면 둘 다 찢어지고 쓸모없게 된다. 마찬가지로 결혼해서 하나 된 부부가 갈라서면 서로에게, 부모에게, 자녀들에게 큰 상처를 남기게 된다. 이것이 창조 섭리이다. 그러므로 두 사람은 어떤 일이 있어도 죽음 외에는 서로를 갈라 놓지 못하게 해야 한다.

이와 같이 결혼은 하나님께서 직접 만드신 하나님의 작품이기 때문에 하나님의 말씀의 원리를 따라가는 것이 최선의 길이라 믿는다.

사명의 전초기지이기 때문이다

　연애 시절에는 정말 열심을 다해 교회를 섬기고, 한결같은 모습으로 예배와 기도의 자리를 지키는 청년들이 있다. 부모가 둘 사이를 반대라도 하면 "하나님의 도움 없이는 안 됩니다." 부르짖으면서 하나님께 결사적으로 매달린다. 문제는 결혼하고 나서다. "개구리 올챙이 적 생각 못한다."고 하나님께서 둘을 불쌍히 여기어 맺어 주셨더니, 이제는 하나님을 나 몰라라 한다. 신혼의 단꿈에 빠져 오직 둘만의 밀어를 속삭이느라 이전의 열심은 다 사라져 버리고 없다.

　결혼의 중요한 목적 중 하나는 당연히 두 사람의 행복이다. 서로의 부족한 부분을 채워 주면서 함께 힘한 인생을 헤쳐 나가는 행복과 묘미가 분명 결혼에는 있다. 하지만 그것이 다가 아니다. 이젠 결혼이라는 도약대를 통해 더 큰 하나님의 사명을 향해 나아가야만 한다.

　그런데 결혼 후에 환경, 건강, 아이 핑계 대면서 신앙생활을 등한시하는 부부가 굉장히 많다. 물론 연애할 때보다는 헌신하는 데 제약이 있고, 예배와 기도의 자리에 나오기가 힘든 것을 잘 알고 있다. 하지만 맘만 먹으면 연애 시절 못지않게 헌신할 수도 있다. 삼일교회에는 아이가 둘, 셋 있어도 들쳐 업고 비가 오나 눈이 오나 새벽기도에 참석하는 가정도 있고, 아직 걸음마도 제대로 못하는 갓난아이를 안고 선교에 동참하는 부부들도 있다. 문제는 부부의 하나님을 향한 열정이다.

우리 부모님들은 거의 대부분 몇 십리 길을 걸어서 교회에 다녔다고 하지 않던가? 산을 몇 개 넘고, 공동묘지를 지나 새벽기도에 참석했다는 얘기를 많이 들어보았을 것이다. 그분들이 오늘날보다 여건이 좋아서 그렇게 한 것이 아니었다. 대중교통도 없고, 먹을 것도 없고, 건강도 좋지 않았지만 오직 하나님을 향한 열심 때문에 그렇게 하셨다. 그런 부모님들의 기도와 헌신 덕분에 우리가 지금 이렇게 마음껏 예배드릴 수 있고, 말씀의 홍수 속에 파묻혀 살고 있다는 것을 한시도 잊어서는 안 될 것이다.

결혼생활의 중요한 기능 중 하나가 '사명적 기능'이다. 하나님께서 두 사람이 가정을 이루게 하신 것은 두 사람만의 행복을 위해서만 살라는 것이 아니다. 결혼에는 분명 사명도 함께 주어진다.

브리스길라와 아굴라는 이미 결혼해서 가정을 이루었지만 바울을 따라 이사 다니며 복음을 증거하는 사명을 잘 감당했다 행 18장. 베드로도 가정을 가지고 있으면서 삶 전체를 사명을 위해 드렸다.

대부분의 가정은 아무리 큰 어려움이 있어도 꼭 해야 하는 것, 꼭 필요한 것은 하고야 만다. 예를 들어 고3 수험생 뒷바라지, 자녀 교육, 내 집 장만 등은 어떻게 해서든지 해낸다. 그런데 결혼했다고 가장 중요한 신앙생활을 게을리 한다는 것은 말이 안 된다.

역대상에는 성전에서 주야로 봉사하는 사람들의 명단이 쭉 나온다. 그

숫자가 무려 1,760명이다.

성전 문지기만 담당하는 이, 방과 곳간을 지키는 이, 아침마다 문 여는 이, 기병 관리에만 골몰하는 이, 고운 가루, 포도주, 기름을 준비하고 보관하는 이, 향기름을 만드는 이, 냄비에 지지는 일만 하는 이, 진설병을 만드는 일에만 전념하는 이, 찬송을 맡은 이 등등.

그런데 그들의 뚜렷한 특징이 있다. 결혼해서도 변함없이 충성했을 뿐 아니라, 온 가정이 충성했고 자손 대대로 맡겨진 사명에 충성했다는 것이다. 특별히 오벧에돔 가문은 자손 대대로 성전 문지기로 봉사하면서 큰 축복을 받았다.

1996년 당시 나는 유초등부 전도사였다. 그때 교사로 충성하던 청년들이 결혼해서 지금은 부부가 함께 변함없이 사명을 위해 충성하는 모습을 볼 때면 성전 문지기 오벧에돔 가문이 생각난다. 결혼을 통해 더 큰 사명의 장으로 달려나가는 그런 가정을 하나님께서 반드시 축복하실 것을 믿는다.

사도행전 10장에는 고넬료의 가정이 나온다. 이 가정 역시 사명을 잘 감당하는 가정이었다. 고넬료는 로마 장교로서 이스라엘을 지배하라고 파송된 사람이었다. 그런데 고넬료만큼 이스라엘 백성을 사랑으로 다스린 사람은 없었을 것이다. 그는 식민지 이스라엘 백성들을 폭력이나 총칼이 아니라 사랑으로, 구제로 다스렸다. 그래서 사도행전 10장 22절을 보면 "백부장 고넬료는 의인이요 하나님을 경외하는 자라 유대 온 족속이 칭찬하더니"라고 기록되어 있다. 종들의 입에서 이런 칭찬이 나왔다는 것을 볼 때 고넬료의 신앙과 인격을 짐작할 수 있다.

베드로가 환상 중에 하나님의 보내심을 받아 고넬료의 집에 갔을 때 고넬료는 베드로의 발 앞에 엎드리기도 했고행 10:25, 온 일가친척과 친구들을 모아놓고 베드로를 기다리는 모습을 통해서도 고넬료의 가정이 얼마나 사명의 가정이었는지 알 수 있다행 10:24.

전도서 4장 12절에는 "한 사람이면 패하겠거니와 두 사람이면 능히 당하나니 삼겹줄은 쉽게 끊어지지 아니하느니라"는 말씀이 나온다. 이는 결혼한 두 사람이 성령으로 하나 되면 어떠한 일도 감당할 수 있다는 것을 보여준다. 영적 시너지 효과를 결혼을 통해 기대할 수 있다는 말씀이다.

마태복음 18장 19절에는 이런 말씀이 나온다. "진실로 다시 너희에게 이르노니 너희 중에 두 사람이 땅에서 합심하여 무엇이든지 구하면 하늘에 계신 내 아버지께서 저희를 위하여 이루게 하시리라." 부부가 기도의 삶을 산다면 엄청난 기적을 이룰 수 있음을 보여주는 말씀이다.

M형제 가정은 마가의 다락방같이 오픈된 가정이다. 장소가 협소해 교회 모임이 힘들면 자기 집을 기꺼이 내어 준다. 이 가정을 통해 많은 가정들이 쉼을 얻고, 위로를 얻고, 힘을 얻는다. 이런 가정이야말로 결혼 후 더욱 사명을 잘 감당하는 가정이라 볼 수 있다.

결혼 후에 더욱더 헌신의 자리로 달려나가고 있는가? 아니면 결혼이 족쇄가 되어 아무 일도 못하고 있는가? 다시 한번 두 사람을 부부로 맺어 주신 하나님의 뜻을 되새기길 바란다.

천국의 모형이기 때문이다

요한계시록 21장 2-4절에서는 천국을 이렇게 묘사하고 있다.

또 내가 보매 거룩한 성 새 예루살렘이 하나님께로부터 하늘에서 내려오니 그 예비한 것이 신부가 남편을 위하여 단장한 것 같더라 내가 들으니 보좌에서 큰 음성이 나서 가로되 보라 하나님의 장막이 사람들과 함께 있으매 하나님이 저희와 함께 거하시리니 저희는 하나님의 백성이 되고 하나님은 친히 저희와 함께 계셔서 모든 눈물을 그 눈에서 씻기시매 다시 사망이 없고 애통하는 것이나 곡하는 것이나 아픈 것이 다시 있지 아니하리니 처음 것들이 다 지나갔음이러라

'가정 천국'이라는 말을 들어보았을 것이다. 천국은 어떤 곳인가? 자유, 평안, 기쁨, 즐거움, 행복, 쉼이 있는 곳이다. 가정이 바로 그러한 곳이라는 것이다.

가정은 행복의 창고이고, 천국의 축소판이자 모형이다. 천국에는 하늘 아버지가 있듯이, 가정에는 가장인 육신의 아버지가 있다. 천국에는 의의 태양이신 예수님이 계시듯이, 가정에는 가정의 태양인 어머니가 있

다. 천국에 가면 천사들이 있듯이 가정에는 천사와 같은 예쁜 자녀들이 있다. 그래서 천국이 어떠한 곳인지 이 땅에서 체험하고 싶다면 결혼해서 가정을 이루면 된다. 우리는 가정을 통해 천국을 미리 맛볼 수 있는 것이다.

미국의 극작가이자 배우였던 존 하워드 페인이라는 사람이 있다. 그는 한번도 가정을 가져본 일이 없는 방랑자였다. 이름 그대로 폐인이었다. 그는 고향과 조국을 떠나 프랑스 파리의 낯선 거리를 추위와 배고픔 속에서 헤매다가 "나에게도 가정이 있다면!" 하고 울먹이면서 1823년 한 노래를 지었다. 그 후에 그는 낯선 타국 알제리에서 가정을 그리워하면서 쓸쓸하게 인생을 마쳤다.

그가 지은 노래는 바로 전세계인이 애창하는 노래요, 미국인들이 가장 사랑하는 노래인 '홈 스위트 홈' Home Sweet Home (의역하면 '아늑하고 포근한 집으로' 이다.)이다. 우리 나라에서는 '즐거운 나의 집'으로 불린다. 가사를 한 번 보자.

> 즐거운 곳에서는 날 오라 하여도 내 쉴 곳은 작은 집 내 집뿐이리
> 내 나라 내 기쁨 길이 쉴 곳도 꽃 피고 새 우는 내 집뿐이리

이 가정보다 천국에 가까운 곳이 또 어디 있겠는가?
어린 딸이 엄마에게 물었다.
"천국은 어떤 곳이야?"
"천국은 우리 집과 같은 곳이란다."

이런 가정이 되어야 하지 않겠는가?

어떤 장로님은 딸만 셋인데 하나같이 이렇게 말한다고 한다.

"우리 아버지 반만 닮은 남자만 나타나도 당장 결혼하고 싶어요."

이런 가정은 얼마나 행복하겠는가? 이 정도의 가정이라면 천국의 축소판이라고 할 수 있을 것이다.

무엇보다도 '가정 천국'을 이루려면 가정에서 '즐거움과 행복'이 넘쳐야 한다. 우리는 거창하게 민족 변화, 사회 개혁을 외칠 것이 아니라, 좋은 아버지 되기, 좋은 어머니 되기, 좋은 자녀 되기에 힘써서 가정을 통해 행복과 즐거움이 흘러나가게 해야 할 것이다.

무엇보다도 가정 천국이 되려면 행복의 언어를 잘 사용해야 한다.

다윗이 왕이 된 후 제일 먼저 한 일은 아비나답이 보관하고 있던 법궤를 예루살렘으로 가지고 오는 것이었다. 하나님 중심으로 살고 싶어서였다. 드디어 법궤가 예루살렘으로 들어올 때 다윗은 너무 좋아서 춤을 췄다. 얼마나 열정적으로 춤을 췄는지 거의 알몸이 드러났을 정도였다. 그때 창문으로 남편을 본 아내 미갈은 왕이 너무 경솔하다고 업신여겼다 삼하 6:16. 그리고 남편에게 이렇게 비꼬았다.

"이스라엘 왕이 오늘날 어떻게 영화로우신지 방탕한 자가 염치없이 자기의 몸을 드러내는 것처럼 오늘날 그 신복의 계집종의 눈앞에서 몸을 드러내셨도다" 삼하 6:20.

이 말을 듣고 다윗이 맞받아쳤다.

"이는 여호와 앞에서 한 것이니라 저가 네 아비와 그 온 집을 버리시고 나를 택하사 나로 여호와의 백성 이스라엘의 주권자를 삼으셨으니 내가 여호와 앞에서 뛰놀리라 내가 이보다 더 낮아져서 스스로 천하게 보일지라도 네가 말한 바 계집종에게는 내가 높임을 받으리라"삼하 6:21-22.

그 후로 미갈은 아이를 낳지 못했다. 죽는 날까지 자식이 없었다. 다윗이 그 여인 곁에 가지 않았다는 말이다. 남남이 되어 버렸다. 행복의 언어를 사용하지 않아서 생긴 결과다. 서양 속담에 이런 말이 있다.

어머니가 20년 길러 놓은 남자를 아내가 20분 만에 망칠 수 있다.
그러므로 남편을 세워 주어야 한다.

가정이 행복하려면 무엇보다도 서로 자존심 다치는 말을 하지 말고 행복을 창조하는 말을 해야 한다는 것이다. 그래야 가정이 즐거움과 행복의 우물이 될 수 있다.

미국 콜롬비아 바이블 칼리지 학장이었던 맥컬리킨 교수의 감동적인 얘기가 있다. 맥컬리킨 부인이 치매로 고통을 겪게 되었다. 그런데 이상하게도 남편만 옆에 있으면 편안해했다. 반대로 남편만 보이지 않으면 불안 증세로 어쩔 줄 몰라했다. 정신적 고통이 보통이 아니었다. 공포감마저 느꼈다.

그러자 교수는 학장직에서 물러나기로 결심했다. 그는 사직 사유를 이렇게 밝혔다.

"이제 나는 아내의 곁으로 갑니다. 42년 전 결혼서약을 할 때 병들 때나 건강할 때나 아내를 돌볼 것을 이미 약속했습니다. 그 서약을 지키고 싶습니다. 아내는 40년 동안 나를 잘 돌보아 주었습니다. 이제는 내가 그 사랑의 빚을 갚기 위해 아내 곁으로 돌아가는 것입니다."

그 후에 많은 사람들이 그가 학장으로 있을 때보다 더 그를 존경하게 되었고, 아내의 치매를 곁에서 돕기 위해 가정으로 돌아간 그 위대함이 전세계 남편들에게 큰 감동을 불러 일으켰다. 이런 남편을 둔 아내, 자녀, 가정은 얼마나 행복하겠는가? 이런 희생적이고 사랑으로 충만한 어머니, 아버지들이 있을 때 그곳이 바로 천국이라고 할 수 있을 것이다.

하나님 사랑의 체험장이기 때문이다

세상 모든 만물에는 하나님의 사랑과 능력이 묻어 있다시 19:1; 롬 1:20. 우리는 해와 달을 보면서 하나님의 보호하심을 느끼고시 121편, 바다와 높은 산을 보면서 하나님의 위대하심과 도우심을 깨닫고시 127편, 들의 꽃을 보면서 하나님의 아름다우심을 경험한다. 그러나 가장 가까이서 깊은 하나님의 사랑을 체험할 수 있는 곳이 바로 '가정'이다. 하나님은 결혼과 가정을 통해 독생자를 주신 하나님 아버지의 사랑을 가장 강렬하게 계시하신 것 같다.

어떤 이는 결혼해서 가정을 이루게 되면 하나님에 대한 사랑이 식어질 것이라고 생각한다. 왜냐하면 하나님께 온전히 집중되어야 할 사랑이 배우자와 자녀에게 분산되기 때문이라는 것이다. 과연 그럴까? 아니다. 결혼한 사람들의 얘기를 들어보면 오히려 결혼 후에 더욱 믿음이 깊어지고, 하나님에 대한 사랑이 깊어졌다고 고백한다.

한 번은 둘째아이(예훈이, 3살)가 변비가 심해 대학병원에 일주일 동안 입원한 적이 있다. 입원하면 일단 기본적으로 검사를 하기 위해 피를 많이 뽑는다. 그런데 예훈이는 나이가 너무 어려서 혈관을 찾기 힘들었다. 그래서 간호사가 혈관을 찾기 위해 큰 주사바늘을 아이의 양 손과 발에 번갈아 가면서 꽂았다 뺐다 하는 것이었다. 아이는 자지러지게 울어댔다. 그것을 바라보는 아비의 심정이 어떠했겠는가? 예수님의 십자가 장면을 보는 듯했다. 그때 나는 독생자 예수님을 십자가에 못 박혀 죽게 내어 주신 하나님 아버지의 마음이 어땠을지 조금이나마 느낄 수 있을 것 같았다.

하나님 아버지와 그 아들 예수 그리스도의 사랑은 이 세상의 어떤 부자간의 사랑과 비교할 수 없을 정도로 깊고 넓을 것이다. 그런데 그 아들 예수 그리스도가 십자가에서 피 흘리며 죽으실 때 하나님의 마음은 얼마나 아프셨을까?

부부 사이에도 마찬가지다. 아내가 아프거나 괴로워할 때 남편도 같이 아프고 괴로워한다. 그래서 부부는 하나인가 보다. 하나님 아버지와 그의 아들도 하나이신데요 10:30, 아들 예수님이 이 땅에 오셔서 고통당하고 죽으실 때 아버지도 동일한 고통을 느끼셨으리라.

나와 친분이 있는 P목사님은 어느 날 두 살 배기 아들이 소아간암이라는 판정을 받았다. 갓난아기가 소아암에 걸릴 확률이 100만분의 1이라고 하는데, 목사님의 아들이 그 병에 걸리고 만 것이다. 하늘이 무너지는 느낌이었을 것이다.

병원에서는 아버지의 한쪽 간을 아들에게 이식하는 것이 최선의 방법이라고 했다. 하지만 이식 수술에 성공한다고 해도 아이는 평생 약을 먹어야 하고, 생존 확률도 10% 미만이라고 했다. 그래도 P목사님은 아들을 위해 기꺼이 수술대에 올랐다. 배를 십자로 30cm 이상 가르고 간을 떼내어 아들에게 이식하는 대수술이었다. 다행히 목사님의 아들은 성도들의 간절한 중보기도로 별 부작용 없이 건강하게 잘 자라고 있다고 하니 얼마나 감사한지 모른다.

  나는 P목사님을 보면서 로마서 8장 32절 말씀이 떠올랐다.

자기 아들을 아끼지 아니하시고 우리 모든 사람을 위하여 내어 주신 이가 어찌 그 아들과 함께 모든 것을 우리에게 은사로 주지 아니하시겠느뇨

  하나님께서는 우리를 위해 간 정도가 아니라 하나뿐인 아들 예수님의 생명까지 아낌없이 not spare 내어 주셨는데 그 무엇인들 주시지 않겠는가? 아들도 주셨는데 뭘 안 주시겠는가? 이 얼마나 놀라운 사랑의 말씀인지!

  이렇게 우리는 말로만 듣고 글로만 읽었던 하나님의 사랑을 부부의 사랑과 부모 자식간의 사랑을 통해 조금이나마 깨닫게 된다. 이런 이유에서 결혼해서 가정을 이룬 사람이 결혼하지 않은 사람보다 하나님에 대한 믿음과 사랑이 더 깊어진다는 것이다. 반대로 결혼해서 가정을 이루어 보지 못한 사람들은 하나님의 사랑을 가장 절실하게 체험할 수 있는 절호의 기회를 놓치는 것이다.

민족과 교회의 근간(根幹)이 되기 때문이다

하나님께서 직접 만드신 두 기관이 있다. 바로 '가정과 교회'이다. 순서상으로는 가정이 먼저다. 특별히 가정은 모든 조직 중에 가장 작은 단위의 조직이면서도 가장 중요한 조직이다. 가정이 모여서 교회가 되고, 가정이 모여서 사회가 되고, 가정이 모여서 나라가 형성된다. 그러므로 가정의 중요성은 아무리 강조해도 지나치지 않다.

마귀는 이것을 알기 때문에 가정을 붕괴시키는 데 혈안이 되어 있다. 무엇보다도 결혼을 앞둔 청년들에게 불신 결혼을 조장함으로써 민족과 사회와 교회의 근간을 뒤흔들고 있다. 그러므로 우리는 가정만 세우면 모든 것이 서게 된다는 것을 기억하고 믿음의 가정을 세우는 데 온 힘을 쏟아야 할 것이다. 그래서 믿음의 청년들은 시기가 늦어지더라도 반드시 믿음의 결혼을 해야 하는 것이다.

볼링게임에서 스트라이크가 나오기 위해서는 볼링공으로 핀 전체를 치는 것이 아니라 '킹핀' 하나만 제대로 쓰러뜨리면 된다. 그러면 모든 핀이 쓰러진다. 이 민족과 사회, 교회의 '킹핀'이 무엇인가? 바로 결혼이다. 결혼을 잘못하게 되면 가정도 무너지고, 사회도 무너지고, 민족도 무너질 수밖에 없다. "문제아가 있는 것이 아니라 문제 가정이 있을 뿐이다."라는 말도 있지 않은가? 이 사회와 민족의 모든 문제의 뿌리는 알고 보면 가정에 있다고 할 수 있다.

삼일교회에서는 어림잡아 1년에 250쌍 정도가 웨딩마치를 울린다. 결혼 시즌에는 1주일에 5쌍 정도가 결혼한다. 그런데 이렇게 많은 젊은이들이 결혼해서 가정을 이루지만 행복한 결혼생활에 대한 성경적 원리들을 잘 모르고 있고, 결혼의 중요성도 잘 모르는 것 같다. 청년들에게 만남과 결혼에 관한 성경적 지침을 기회가 있을 때마다 귀에 못이 박히도록 가르쳐도 불신 결혼을 한다든지 이혼을 생각하는 이들이 있다. 그런데 많은 교회들이 청년들에게 결혼과 가정에 대한 성경적 지침들을 가르치지도 않는다. 그러니 중직자의 자녀인데도 불구하고 불신 결혼을 하는 청년들이 부지기수다. 그 결과 교회내의 이혼율이 교회 밖의 이혼율과 비슷한 지경에 이르게 되었다.

얼마 전 10여 년간 군목으로 계시는 목사님과 얘기할 기회가 있었다. 그 목사님이 말씀하시기를 최근 3, 4년간 사병들의 가정 중에 이혼하고 깨진 가정이 갑자기 몇 배로 증가했다고 한다. 어떤 사병은 휴가를 나갔는데 부모가 이혼하고 말도 없이 사라져서 하루 만에 복귀해 중대장과 휴가를 보냈다는 얘기도 들었다. 그처럼 가정이 깨진 결과 부대 안에 정신적으로 문제가 있는 사병들이 굉장히 많아졌다고 한다. 목사님 이야기로는 한 내무반 안의 사병들 중 줄잡아 1/3은 문제가 있는 것 같다고 했다. 그래서 지금 지휘관들은 그 사병들이 사고 칠까 봐 노심초사하고 있다고 한다.

예전만 해도 부대에서 기합을 받고 싫은 소리를 들어도 그러려니 하고 넘어갔는데, 요즘은 조금만 심한 말을 하고 자존심을 건드려도 소원수리를 쓰거나 극단적인 행동을 한다고 했다. 군대에 올 때까지 집에서 싫은 소리 한번 안 듣고 자랐기 때문에, 조금만 귀에 거슬리는 소리를 들어도 "네가 뭔데?" 하면서 참지 못하고 일을 저지른다는 것이다. 가정이 무너지니 군대도 무너진 것 아니겠는가?

결혼한 지 20년 이상 된 부부들에게 이런 질문을 던졌다. "다시 태어난다면 지금 살고 있는 배우자와 다시 결혼하겠는가?" 대답은 80% 이상의 부부가 "아니오!"였다. 그만큼 오늘날 가정이 화목하지 못하고 깨어지고 있는 것이다.

사람이 살아가면서 사업에 성공하는 것도, 명예를 얻고 출세하는 것도, 직장에서 인정을 받아 승진하는 것도 중요하고 좋은 일이다. 그러나 우리에게 가장 긴급하고도 중요한 일이 있다. 바로 믿음의 가정을 세우는 일이요, 행복한 가정을 만드는 일이다. 그런데 안타깝게도 오늘날 많은 사람들이 사회적으로는 성공했으나 가정생활에는 실패하고 있다.

클린턴 가드너라는 사회학자는 이런 말을 했다.

"모든 것을 다 잃어 버렸어도 가정이 있다면 아직 다 잃은 것이 아니지만, 모든 것을 다 가졌어도 가정을 잃었다면 모든 것을 다 잃은 것이다."

그렇다. 가정이 무너지면 다 무너진 것이요, 삶의 기반을 잃어버린 것이다. 그렇기 때문에 우리는 가정을 언제든지 돌아가고 싶은 곳으로, 편히 쉴 수 있는 스위트 홈으로 만들어야 한다.

경건한 자손의 모판이 되기 때문이다

나는 9명의 자녀를 둔 장로님, 권사님 부부를 알고 있다. 손자, 손녀들까지 합치면 가족이 족히 50명은 넘는다. 장로님 부부의 믿음을 본받아 9명의 자녀들도 하나같이 신앙생활에 열심이고, 사회 각계각층에서 영향력을 발휘하고 있다. 이것이 바로 한 가정을 통해 태어난 믿음의 자손들이다.

나는 그 장로님 가정을 보면서 창세기 1장 22절의 "생육하고 번성하여……땅에 충만하라"는 말씀이 무슨 뜻인지 새삼 깨닫곤 한다. 우리가 하나님 나라를 이 땅에 세우고, 믿음으로 이 세상을 정복하는 한 가지 비결이 있다면, 바로 믿음의 결혼을 통해 많은 믿음의 자손을 퍼뜨리는 것이다.

조나단 에드워즈와 그의 친구 맥스 쥬크의 이야기를 잘 알고 있을 것이다. 한 기자가 그들의 자손을 20세기 후반까지 추적해서 직업별로 분류해 보았다. 그랬더니 조나단 에드워즈 가문은 다음과 같은 통계가 나왔다.

대학총장 12명, 대학교수 65명, 의사 60명, 변호사 100명, 작가 및 저술가 80명, 목회자 100명, 장교 75명, 판사 30명, 공무원 80명, 하원의원 3명, 상원의원 2명, 부통령 1명.

반면에 10대 초반에 하나님을 떠나 불경건한 삶을 살고, 신앙 없는 여인과 결혼했던 맥스 쥬크의 자손의 면면은 다음과 같았다.

유아 사망 309명, 직업적 거지 310명, 질병 및 성병환자 440명, 상습적 도둑 60명, 매춘업자 50명, 살인자 70명, 사업 종사자 20명, 그저 그런 사람 53명.

얼마나 대조적인가? 믿음의 한 가정과 불신의 한 가정의 미래가 이렇게 판이하게 차이가 날 수 있다. 그러므로 우리는 절대적으로 믿음의 사람과 결혼해서 믿음의 가정을 이루어야 할 것이다.

이스라엘 백성들이 애굽에서 노예생활할 때 바로가 어떤 명령을 내렸는가? 이스라엘 산모에게서 남자아이가 태어나면 다 죽이라는 명령이었다. 바로는 하나님 나라의 확장 원리를 잘 알고 있었던 것이다.

요즘 젊은 부부들 중에는 "자녀를 안 낳겠다. 하나만 낳겠다."는 사람이 많다고 한다. 어쩌면 이것은 하나님 나라에 역행하는 행위일지도 모른다. 전도도 안하면서 자녀도 안 낳겠다는 것인가? 만약 엘리사벳, 마리아가 오늘날 젊은이들같이 아이를 낳지 않겠다고 했다면 세례 요한과 예수님을 수태하는 축복을 누리지 못했을 것이다.

시편 128편 3절에서는 "네 상에 둘린 자식은 어린 감람나무 같으리로다"라고 했다. 아이들이 많은 가정의 모습을 아름답게 묘사하고 있는 말씀이다. 성경의 전체적인 메시지는 자녀들이 많으면 많을수록 하나님께서도 기뻐하시고 하나님 나라도 더 크게 확장된다는 것이다.

애굽에 내려간 야곱의 일가가 최초 70명이었는데, 400년 후 출애굽 할 때는 60만 명 이상이 나오게 되었다는 것을 기억하길 바란다. 아브라함에게 주신 하나님의 축복도 무엇인가? 그 자손들을 하늘의 별과 같이 바다의 모래알같이 많게 하시겠다는 말씀이었다. 한 가정 안에 숨겨진 하나님 나라의 위대한 비전과 꿈을 보게 하는 말씀이다. 그러므로 우리에게는 믿음의 자손들을 많이 낳을 의무가 있다고 하겠다. 하나님은 결혼을 통해 많은 경건한 자손을 퍼뜨리기를 원하신다.

믿음의 청년들이 믿음의 사람을 만나 아름다운 가정을 이루고 믿음의 자손을 많이 낳는 것이 얼마나 중요한지 모른다. 마태복음 1장에도 믿음의 계보를 타고 오시는 예수 그리스도를 통해 믿음의 가정이 얼마나 중요한지 알 수 있다. 만일 믿음의 사람들이 불신 결혼을 계속하게 된다면 100년이 가지 않아 이 땅은 하나님을 모르는 불신 자손으로 가득 차고 말 것이다.

기억하라.

결혼은 경건한 자손의 모판이다.

배우자와 함께할 시간의 길이 때문이다

결혼이 왜 중요한가? 부부가 함께 살아야 할 날들이 길기 때문이다. 서른 살에 결혼한다 치더라도 죽을 때까지 최소한 40년은 같이 살아야 한다는 계산이 나온다. 강산이 4번 바뀔 때까지 함께 살아야 하는 것이다.

미국의 한 퀴즈 프로그램에서 이런 문제가 나왔다.

"뉴욕에서 런던까지 여행할 때 가장 빠르게 가는 방법은 무엇일까?"

정답은 "사랑하는 사람과 같이 가는 것"이었다. 왜 그런가? 사랑하는 사람과 같이 있으면 지루하지 않고 시간이 빨리 흘러가기 때문이다. 힘든 일도 힘들지 않게 할 수 있다. 마찬가지로 부부가 서로 사랑하면서 함께 간다면 아무리 힘한 인생길도 능히 헤쳐 나갈 수 있을 것이다.

하지만 반대로 결혼 후 마음과 성격이 서로 맞지 않고 다툰다면 그것보다 큰 곤욕은 없을 것이다. 그렇다고 쉽게 헤어질 수도 없는 노릇이다. 만일 이세벨 같은 여자와 40년을 같이 산다고 생각해 보라. 지옥이 따로 없을 것이다. 반면에 에스더나 아비가일 같은 현숙한 여인과 한평생을 산다고 생각해 보라. 그것보다 행복한 인생은 없을 것이다. 그러므로 부부가 함께할 긴 시간을 생각하면서 신중에 신중을 기해 배우자를 선택하고 결혼해야 할 것이다.

결혼하면 부부는 서로 닮아간다. 성격도, 생김새도, 표정까지도…. 항상 많은 부부들을 보면 이런 생각이 든다.

"어쩌면 저렇게 닮을 수 있을까?"

그런데 처음부터 서로 닮은 두 사람이 결혼한 것이 아니고, 오랜 시간 같이 살다보니 그렇게 닮게 되었다는 사실을 알았다. 그러므로 나의 현재 모습이 내 배우자의 미래의 모습임을 깨닫고 착하고 선한 마음을 품고, 항상 기쁨이 넘치는 얼굴로 가꿔 나가야 할 것이다.

그 뿐만이 아니다. 믿음의 결혼을 하게 되면 평생 같이 사는 정도가 아니라 천국에서까지 영원한 삶을 함께하게 될 것이다. 하지만 불신 결혼을 하게 되고, 내 배우자가 살아 생전 예수를 믿지 아니하면 영원한 이별이 기다리고 있을 뿐이다.

함께하는 수십 년의 세월이 행복하기를 바라는가? 상대방의 선한 얼굴을 닮기를 원하는가? 천국에서도 영원히 삶을 같이하고 싶은가? 그렇다면 믿음의 배우자를 만나야 할 것이요, 주님을 가정의 주인으로 삼아야 할 것이다. 부부가 주님을 인생의 선장으로 모신다면 함께할 40년의 항해도 기쁨의 유람이 될 것이다.

epilogue | 에필로그 |

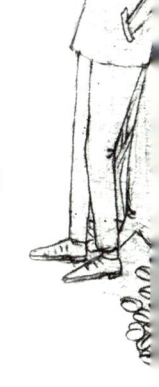

　서울 한복판에 위치한 대형서점에 가보니 연애와 결혼에 관한 책들이 참 많이도 쏟아져 나와 있었다. 하지만 그 책들을 읽어봐도 뭔가 아쉬움이 남고 부족함이 느껴졌다. 그래서 내가 한번 크리스천 청년들에게 적합한 연애와 결혼에 관한 책을 써봐야겠다는 결심을 하기에 이르렀다.
　이 책을 쓰면서 시중에 쏟아져 나오는 세상 책들과 차별화된 내용을 담아내려고 애썼다. 그러면서 '재미와 은혜'라는 두 마리 토끼를 동시에 잡고자 했다.
　이 책 안에는 연애와 결혼에 대한 딱딱한 이론만 들어 있는 것이 아니라 수천 명의 삼일교회 청년들과 부딪히면서 느끼고 경험한 생생하고 재미있는 삶이 담겨 있다. 무엇보다도 연애와 결혼, 배우자 선택의 최고 지침서이자 매뉴얼인 성경 말씀을 기초로 해서 써 내려갔다. 예화를 드는 과정에서 혹시 개인의 신상에 누가 될까 봐 약간의 각색을 한 점은 양해 바란다.
　우리가 배우자 선택과 결혼생활에 있어서 하나님 말씀에 순종했다면 오늘날의 수많은 불행한 부부와 가정은 많이 사라졌을 것이다.

최초의 남과 여, 아담과 하와를 만드신 분도 하나님이시요, 최초의 주례자도 하나님이시요, 결혼제도를 만드신 분도 하나님이시라는 것을 생각한다면, 그분의 말씀이 남녀관계, 결혼과 배우자 선택, 결혼생활의 최고의 가이드북이 된다는 것은 당연한 이치다.

이전에 주일 저녁예배 설교의 주제가 공교롭게도 '매력녀'였다. 몇 주째 계속 그 주제로 말씀이 선포되었다. 하나님께서 목사님의 그 말씀들을 통해 많은 통찰을 주셨다. 그리고 지난주 서점에서 우연히 산 연애에 관한 책들도 글을 쓰는 데 큰 도움이 되었다.

부디 이 책을 통해 많은 크리스천 청년들이 믿음의 배우자를 만나 외로움과 고독을 훌훌 떨쳐 버리고 기쁨과 환희와 행복이 가득한 가정을 이루기를 간절히 소망한다.

생명의말씀사

사 | 명 | 선 | 언 | 문

> 너희가 흠이 없고 순전하여……세상에서 그들 가운데 빛들로
> 나타내며 생명의 말씀을 밝혀 (빌 2:15-16)

1. 생명을 담겠습니다.
만드는 책에 주님 주신 생명을 담겠습니다.
그 책으로 복음을 선포하겠습니다.

2. 말씀을 밝히겠습니다.
생명의 근본은 말씀입니다.
말씀을 밝혀 성도와 교회의 성장을 돕겠습니다.

3. 빛이 되겠습니다.
시대와 영혼의 어두움을 밝혀 주님 앞으로 이끄는
빛이 되는 책을 만들겠습니다.

4. 순전히 행하겠습니다.
책을 만들고 전하는 일과 경영하는 일에 부끄러움이 없는
정직함으로 행하겠습니다.

5. 끝까지 전파하겠습니다.
모든 사람에게, 땅 끝까지, 주님 오시는 그날까지
복음을 전하는 사명을 다하겠습니다.

생명의말씀사 서점안내

광화문점 110-061 종로구 신문로1가 58-1 구세군 회관 2층
TEL.(02) 737-2288 / FAX.(02) 737-4623

강 남 점 137-909 서초구 잠원동 75-19 반포쇼핑타운 3동 2층 전관
TEL.(02) 595-1211 / FAX.(02) 595-3549

구 로 점 152-880 구로구 구로 3동 1123-1 3층
TEL.(02) 858-8744 / FAX.(02) 838-0653

노 원 점 139-200 노원구 상계동 749-4 삼봉빌딩 지하1층
TEL.(02) 938-7979 / FAX.(02) 3391-6169

분 당 점 463-824 경기도 성남시 분당구 서현동 273-1 대현빌딩 3층
TEL.(031) 707-5566 / FAX.(031) 707-4999

신 촌 점 121-806 마포구 노고산동 107-1 동인빌딩 8층
TEL.(02) 702-1411 / FAX.(02) 702-1131

일 산 점 411-370 경기도 고양시 일산구 주업동 83번지 레이크타운 지하 1층
TEL.(031) 916-8787 / FAX.(031) 916-8788

의정부점 484-010 경기도 의정부시 금오동 470-4 성산타워 3층
TEL.(031) 845-0600 / FAX.(031) 852-6930

인터넷서점

http://www.lifebook.co.kr